2025 出国留学蓝皮书

中信银行股份有限公司 著

中信出版集团 | 北京

图书在版编目（CIP）数据

2025 出国留学蓝皮书 / 中信银行股份有限公司著 . --北京：中信出版社，2025.7. -- ISBN 978-7-5217-7883-0

Ⅰ.G649.1

中国国家版本馆 CIP 数据核字第 20253KP859 号

2025 出国留学蓝皮书

著者：	中信银行股份有限公司
出版发行：	中信出版集团股份有限公司
	（北京市朝阳区东三环北路 27 号嘉铭中心　邮编　100020）
承印者：	北京通州皇家印刷厂

开本：787mm×1092mm　1/16　　　印张：19　　　字数：292 千字
版次：2025 年 7 月第 1 版　　　　印次：2025 年 7 月第 1 次印刷
书号：ISBN 978-7-5217-7883-0
定价：69.00 元

版权所有·侵权必究
如有印刷、装订问题，本公司负责调换。
服务热线：400-600-8099
投稿邮箱：author@citicpub.com

《2025 出国留学蓝皮书》编审委员会名单

王旭松　任志鹏　任子文　曾庆祥　甄金辉
时　慧　王　烨　缪逸峰　刘　畅　朱敏佳
张树峰　许思敏　杨东芳　陈华珊　包　放
王　昕　孟可姗

目 录

前 言   III

第一章   AI 时代大变局，留学前景广阔
- 第一节   留学依旧是寻求多元发展的重要选择之一   011
- 第二节   留学需求变化明显，选择更加务实理性   017
- 第三节   学历膨胀趋势明显，科研需求增长快   024
- 第四节   海外实习与求职难成为留学生群体的新痛点   030
- 第五节   时代大变局下留学选择与心态变化明显   036

第二章   留学北美：开放创新的前沿探索
- 第一节   留学北美是多元选择下的理想解决方案   046
- 第二节   多元与创新并存的美国教育体系   053
- 第三节   开放与务实并行的加拿大教育实践   061
- 第四节   美国名校的精准定位与录取偏好   065
- 第五节   加拿大名校精准定位与录取偏好   103
- 第六节   学科优势地图及职业转化路径   109

第三章   留学英国：严谨传统的学术传承
- 第一节   英国教育体系的精髓与精英教育密码   120
- 第二节   高效精准的大学申请路径   123
- 第三节   英国名校入学要求与录取偏好   130
- 第四节   英国大学学科优势解读与职业转化全攻略   158

第四章   留学欧洲：人文理想与实践主义相结合的培养模式
- 第一节   严谨与工科至上的德国教育优势   168
- 第二节   精英主义与平等主义共生的法国教育体系   171

第三节　卓越与创新实践的丹麦教育模式　　　175
　　　第四节　欧洲名校精准定位与录取偏好　　　177
　　　第五节　欧洲学科优势地图及职业转化路径　　　194

第五章　留学澳大利亚：产学研一体的教育体系
　　　第一节　以实用主义构建全球竞争力的澳大利亚教育优势　　　206
　　　第二节　精准定位下的申请全攻略及方法论　　　210
　　　第三节　澳大利亚名校精准定位与录取偏好　　　213
　　　第四节　学科优势地图与职业转化路径　　　227

第六章　求学亚洲：中西融汇充满活力的高热度增长地区
　　　第一节　融合与高效协同的新加坡教育　　　234
　　　第二节　精工与产学融合的日本教育　　　237
　　　第三节　国际化与商业领航的香港教育优势　　　240
　　　第四节　亚洲名校精准定位与录取偏好　　　243
　　　第五节　亚洲学科优势地图及职业转化路径　　　261

第七章　出国金融服务，助力留学之路
　　　第一节　留学金融服务清单　　　272
　　　第二节　留学前：兵马未动，粮草先行　　　273
　　　第三节　留学中：好的金融产品让留学生活事半功倍　　　284
　　　第四节　留学后：善用金融服务让归来之路更顺利　　　293

前言

2025年是中信银行股份有限公司（简称"中信银行"）出国金融业务发展27周年，值此之际我们出版《2025出国留学蓝皮书》，为怀揣留学梦想的家庭提供专业的指导、有温度的服务。这本蓝皮书持续追踪留学行业动态，准确把握留学发展的最新趋势，深刻洞察留学生的机遇与困惑，尤其是在当前变幻莫测的世界形势下，本书为有意向留学的家庭提供了众多可参考的意见和解决方案。

近20年来，我国外出留学人员的数量不断增长，我国已经成为许多国家和地区国际生的最大生源输出地。随着自费留学群体日益扩大，大众的留学需求日趋多元化。不同国家和地区多样化的教育体系、专业选择日益多元化以及近两年留学后的求职困境，都需要留学家庭认真考虑。本书通过对当前正处于留学准备阶段的学生与已经成行的留学群体的调查，梳理了留学目的地的选择趋势与变化，以及最新求职就业方向，以帮助有留学意愿的学生与家长掌握留学申请趋势。

中信银行自2017年起持续推出广受欢迎的"出国留学蓝皮书"系列图书，旨在通过对学生群体和家长群体的深入调查，为留学家庭提供温暖、贴心的服务。今年，中信银行再次展开调研，以全面分析不同学生群体和家长群体从留学准备阶段到境外学习阶段所面临的选择、收获、思考和困惑，为大众提供最新留学发展趋势和留学准备动态。

本次调研的样本数据来自中信银行2025年在国内外采集的5 120份有效样本，覆盖了我国8个主要城市（包括一线城市和准一线城市）以及主要留学国家与地区（如美国、英国、加拿大、澳大利亚、德国、法国、丹麦、日本、新加坡等）。需要特别说明的是，我国内地学生去香港和澳门上学并不能称为"留学"，但由于特殊的历史因素，我国香港与澳门作为中西融汇的地区，一直沿袭英联邦教育体系，且拥有独特的全英文教学环境，近几年颇受内地学生及家长的青睐，因此本书将它们纳入，以满足广大读者的需求。为了更好地从家庭层面了解留学选择、需求和困惑，我们分别对家长群体和学生群体进行了问卷调研。调研团队反复精简、优化调查问卷，采用多平台投放的方式，尽可能提高问卷的回收率、回收质量和样本覆盖率，以增强样本的代表性，缩小调研误差，力求真实全面地呈现国内留学市场的现状。总体而言，这次调研在样本量、样本结构和样本代表性等方面都达到了较高水准。在调研过程中，我们紧贴从留学申请到留学生活的全过程，针对学生可能遇到的学业与生活层面的挑战与机遇，比较了学生与家长对于留学活动的不同期待，分析了处于留学准备期的学生与正在留学的学生的思维差异。

作为一本"可学习、可预测、可指导"的留学状况分析和规划指南，《2025出国留学蓝皮书》新增了大量有关各高校新专业及相关新产业、实习与求职方面的内容，以解决广大学子与留学家庭的痛点，同时对欧洲和亚洲等地的留学新热点国家和地区进行了深入分析，以满足高等教育阶段国际教育与交流的需求。通过定性分析和对国际学校等机构的专家进行访谈，本书详尽地分析和解读了留学过程中的新趋势和新做法，旨在帮助留学家庭更好地应对不断变化的留学申请要求，帮助学生克服因文化差异和信息不对称而产生的学业与社交障碍。通过本书，家长与学生基本可以了解留学规划及申请的全景，解决留学申请道路上碰到的种种难题与挑战，提前做好专业的留学规划，从容步入境外名校。

本书由中信银行联合北京紫实教育科技有限公司和中国社会科学院的专家与学者共同撰写。在成稿过程中，我们一直遵循客观严谨的原则，逐步呈现调研结果，对调研结果进行客观阐释，并且结合近期留学发展趋势进行专业分析。为了尽快给留学家庭提供有用参考，成稿时间比较紧迫，书中难免有疏漏之处，欢迎广大读者批评、指正。本书能够顺利付梓，要感谢多方团队与人员的支持和通力合作！

中信银行股份有限公司
2025年6月

第一章

AI 时代大变局，留学前景广阔

AI（人工智能）给教育行业带来了巨大冲击，让人们重新审视这个世界。未来十年，无论是全球化与本土化之间的平衡，还是技术平权滋生的教育变革，抑或是在未来教育中可持续发展理念的不断植入，都在提醒着：未来已来，我们必须在这一重大变革中重构竞争力，而国际教育正是众多中国家庭选择的一条寻求多元发展的道路。

我国教育部最新公布的数据显示，2025年中国留学人数约100万人。其中，自费留学人数约80万人，公派留学人数约20万人。与2024年相比，留学人数增长了约10%，而在2000年，这一数字仅为5万人左右，25年间，留学人数增长了20倍。随着我国经济的快速发展和人民生活水平的提高，让孩子出去留学，看到更大的世界，成就更好的自我，是许多家庭的选择。

为了客观全面地对留学趋势进行分析，中国社会科学院的陈华珊老师带领团队进行了抽样调查和分析。本次调研基于线上和线下问卷结果，调研对象覆盖全国8个主要城市和10个主要留学国家与地区，共收回有效样本5 120份。同时，曾在普林斯顿大学任教的甄金辉老师带领团队收集了200份定性问卷访谈，并对目前热门留学国家（地区）的教育体系、申请规划及留学趋势与变化进行了专业的梳理和总结。本书的调研对象不仅包括有留学意愿的学生，还包括正在留学或有过留学经历的人群。此次调研专注于调查和了解中国学生在留学的各个阶段产生的不同需求、问题与困惑，系统梳理了学生在各个阶段应重点注意的环节，重点增加了近两年留学家庭最为关注的实习与求职问题。

本章对2025年的调研数据进行了专业分析，2025年我们共发放调研问卷5 700份，其中学生问卷有4 150份，家长问卷有1 550份，占比分别约为72.8%和27.2%。国内样本主要分布在广州、上海、北京、深圳、杭州、成都、武汉、苏州8个城市，境外样本主要分布在当前主流求学国家与地区，包括美国、英国、澳大利亚、日本、加拿大、新加坡、德国、法国、丹麦、中国香港等（见表1-1）。此次调研样本的代表性较强，覆盖面较广，这样的深度与广度使我们的调研报告更具参考价值。

表 1-1　2023—2025 年调研情况一览

项目	2023 年	2024 年	2025 年
调研时间	5—6 月	4—5 月	3—4 月
调研方式	线上调研	线上调研	线上、线下调研
调研样本	家长样本 1 560 份、学生样本 4 140 份	家长样本 1 576 份、学生样本 4 160 份	家长样本 1 550 份、学生样本 4 150 份
学生结构	计划留学、正在留学	计划留学、正在留学	计划留学、正在留学
调研城市	广州、上海、北京、成都、武汉、杭州、深圳、苏州	广州、上海、北京、成都、武汉、杭州、深圳、苏州	广州、上海、北京、成都、武汉、杭州、深圳、苏州
调研国家与地区	美国、英国、加拿大、澳大利亚、日本、新加坡、德国、法国等	美国、英国、澳大利亚、日本、加拿大、新加坡、德国、法国、丹麦、中国香港等	美国、英国、澳大利亚、日本、加拿大、新加坡、德国、法国、丹麦、中国香港等

在数据分析方面，我们首先区分了家长样本和学生样本，从家长和学生的视角分别剖析留学现状。为了进一步洞察学生在留学各个阶段的不同经历和想法，我们又将其细分为计划留学和正在留学两大群体，把留学过程拆解为留学前、留学中、留学后三个时期进行深入探究。

- 留学前的准备工作：我们对学生群体的留学目标、留学申请筹备等进行了分析，在把握国内留学整体趋势的基础上，比较了家长和学生对留学的不同期待。
- 留学中在生活、学习方面的困难和收获：我们深入调研了学生群体在留学期间的真实状况，涉及生活和学业上的障碍，以及留学生最为关注的一些现实问题等。
- 留学后的求职困境、职业转化路径以及归国打算：我们通过调研，分析了留学生在制订未来发展规划与做出择业决策时所考虑的种种因素与面临的困难。

2025 年的调研显示，由于近两年世界格局的变化，无论是民众心态还是留学方向，都出现了新的态势，具体表现为：赴美留学需求下降，亚洲地缘优势凸显，就近求学心理更为广泛；低龄求学出现明显的两极分化，更多家庭开始推迟留学阶段；择校决策更为理性，通过留学进一步提升学历背景的要求更为普遍；留学性价比首次成为影响留学决策的主要因素之一；实习与求职难成为留学生最大的痛点，

"留学后归国继续提升学历背景"的想法首次出现在调研中；等等。以上新趋势意味着，留学进入了一个新的时代，不再固守过去数年的态势。这是世界格局的变化带来的，也是AI时代下实现技术平权与教育平权所带来的新变化与新视角。

调研数据显示，学生回答者分别有81.8%和18.2%来自国内和国外。从所在地区看，学生回答者主要分布在8个国内城市及5个海外国家。分别有20.3%、18.6%、15.2%、9.4%、8.2%、6.9%、6.6%、5.8%的国内学生回答者位于北京、上海、广州、深圳、成都、武汉、杭州、苏州，还有9.0%来自其他城市（见图1-1）。超过六成的国内学生回答者集中在北京、上海、广州、深圳这4个特大城市，可见超大城市的学生参与度明显高于其他城市的。

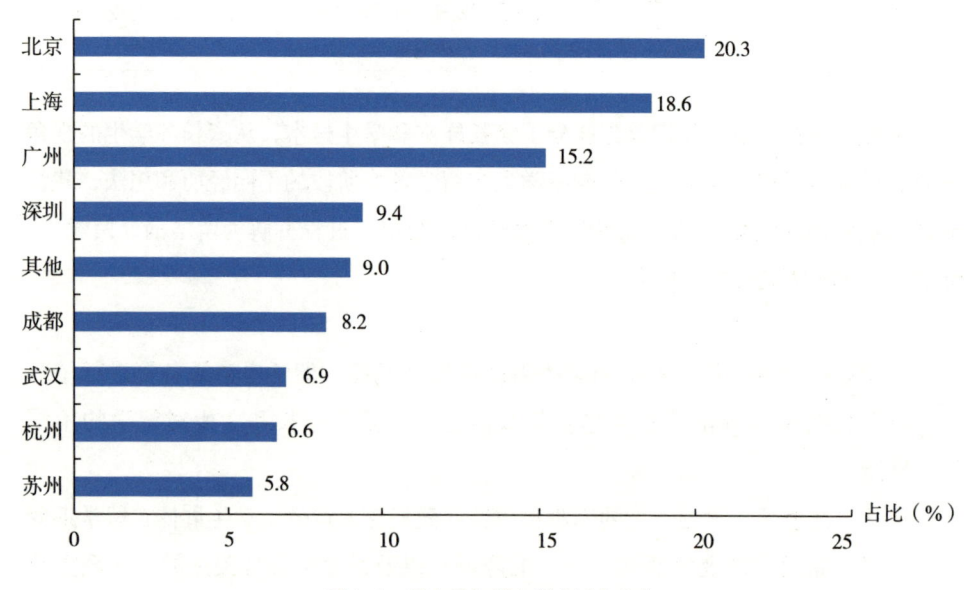

城市	占比(%)
北京	20.3
上海	18.6
广州	15.2
深圳	9.4
其他	9.0
成都	8.2
武汉	6.9
杭州	6.6
苏州	5.8

图1-1 国内学生样本所在城市分布

在境外学生样本中，身处美国和英国的留学生最多，占比分别为27.6%和24.3%（见图1-2）。此外，分别有14.1%、8.3%、7.9%的留学生分布在澳大利亚、日本和加拿大。除了英国和日本，分别还有8.4%和9.4%的留学生分布在欧洲和亚洲的其他国家与地区。

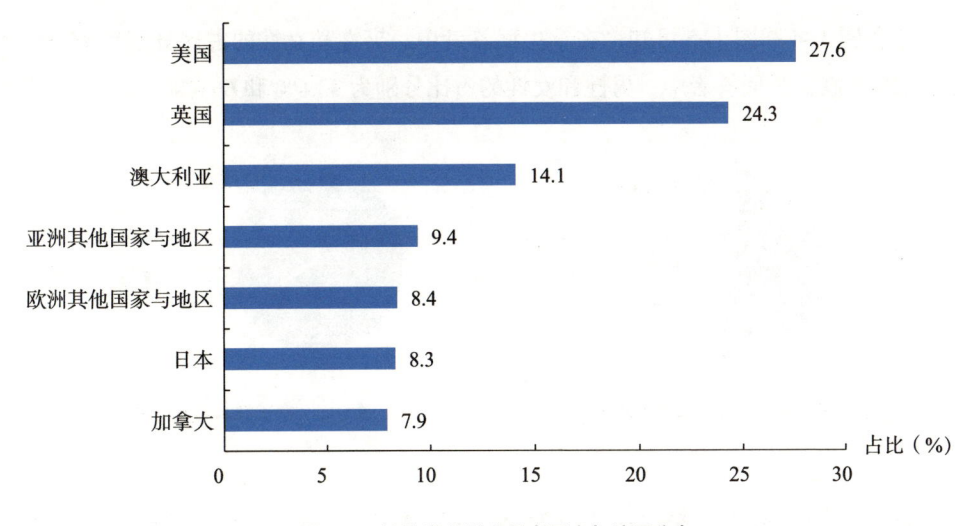

图 1-2 境外学生样本所在国家与地区分布

在 2025 年的调研数据中，根据学生群体的反馈，留过学、正在留学和计划留学的学生占比分别为 6.7%、16.8% 和 76.5%；根据家长群体的反馈，其子女分别有 4.5%、25.7%、69.8% 处于留过学、正在留学和计划留学的状态。由图 1-3 可知，绝大部分受访者（或其子女）都处于计划留学状态。

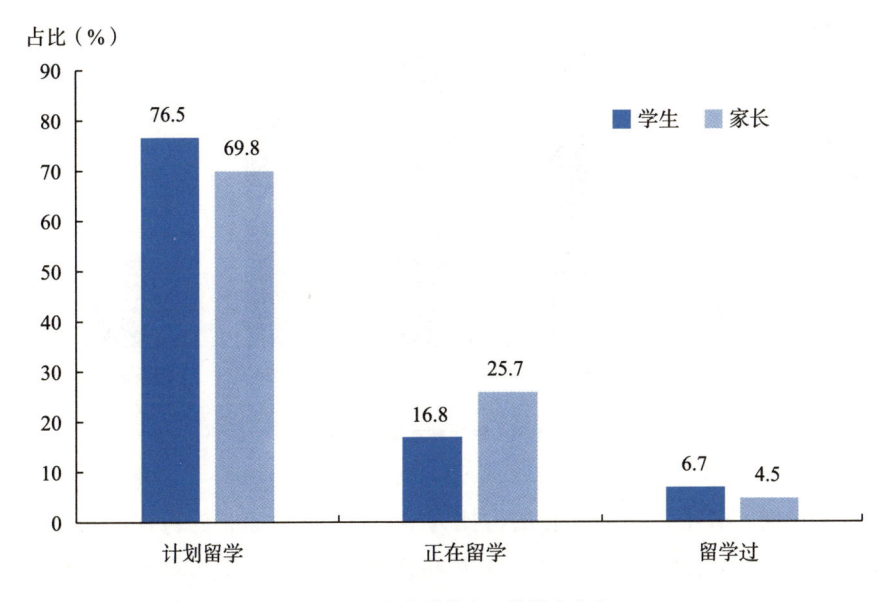

图 1-3 不同留学状态下的样本分布

结合图1-4和图1-5可知，在学生回答者中，男性和女性的占比分别为45.9%和54.1%；在家长回答者中，男性和女性的占比分别为33.6%和66.4%。

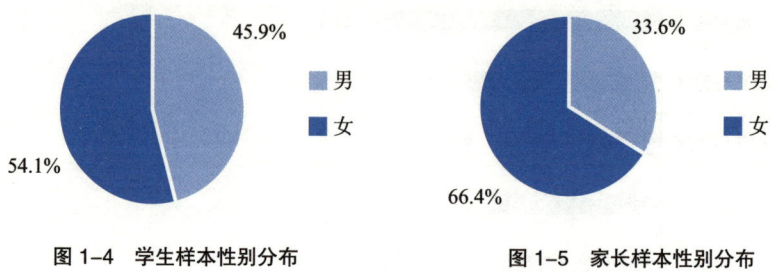

图1-4 学生样本性别分布　　图1-5 家长样本性别分布

在学生回答者中，年龄在12~14岁、15~17岁、18~21岁、22~24岁、25岁及以上的学生占比分别为6.2%、28.5%、37.8%、18.6%、8.9%（见图1-6）。其中18~21岁的学生占比最高，接近四成，15~24岁的学生占比超过八成（84.9%）。

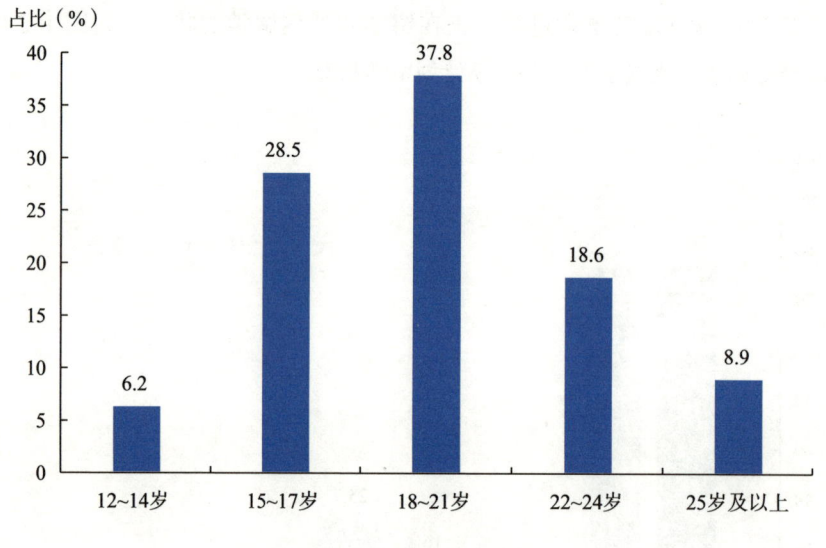

图1-6 学生样本年龄分布

在家长回答者中，60后家长的占比为17.6%，70后家长的占比为48.7%，80后家长的占比为33.7%（见图1-7）。家长回答者的出生年份集中在1960—1988年，最大年龄为63岁，最小年龄为37岁。

17.6%
48.7%
33.7%

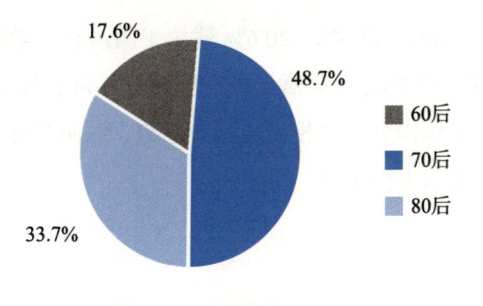

■ 60后
■ 70后
■ 80后

图1-7 家长样本年龄分布

关于学生的就学阶段，在学生回答者中，分别有8.8%、57.2%、26.6%、7.4%的学生处于初中、高中、本科、研究生（含博士研究生）阶段，高中阶段的学生占比最高，接近六成。在家长回答者中，其子女的就学阶段为初中、高中、本科、研究生（含博士研究生）的占比分别为22.5%、33.8%、35.6%、8.1%（见图1-8）。在调研样本中，处于高中和本科阶段的学生占比较高。

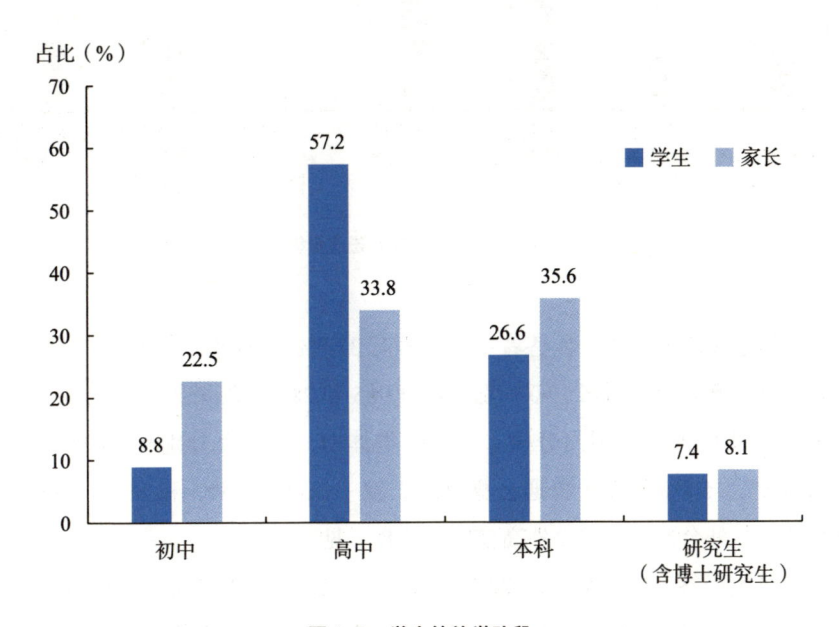

图1-8 学生的就学阶段

在就读中学和班级类型方面，在学生回答者中，就读中学和班级类型占比较高的有国内公立学校普通班（30.1%）、国内公立学校国际部或国际班（23.8%）、国内民办双语学校（13.8%）和国内的国际学校（17.9%）。根据家长回答者的反馈，其子女分别有37.5%、17.1%、11.3%、20.6%就读于国内公立学校普通班、国内公立学校国际部或国际班、国内民办双语学校、国内的国际学校（见图1-9）。总体而言，大部分学生就读于国内公立学校，包括普通班、国际部或国际班，就读于各类国际学校和双语学校的学生也较多。

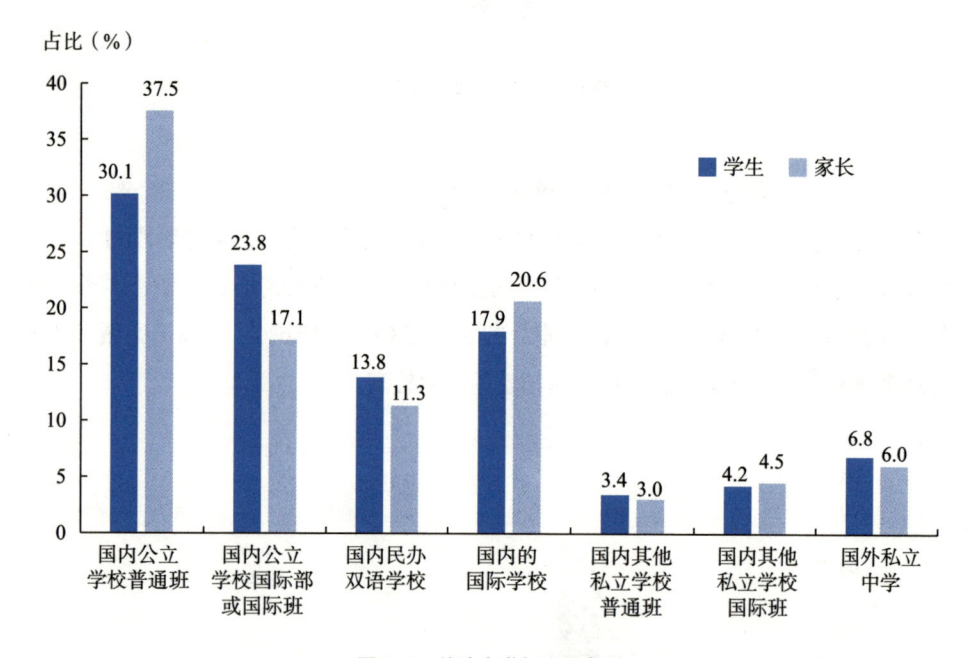

图1-9 就读中学与班级类型

在大学生（含研究生）回答者中，分别有33.8%、28.6%、24.3%、7.1%、6.2%的学生就读于普通公立高校、双一流高校（985和211）、国外大学、民办高校、中外合作高校或境外高校国内分校。在家长群体中，其子女分别有19.2%、28.7%、41.8%、4.5%、5.8%就读于普通公立高校、双一流高校（985和211）、国外大学、民办高校、中外合作高校或海外高校国内分校（见图1-10）。

在本科生回答者中，分别有22.7%、23.7%、27.8%、22.8%、0.8%的学生就读本科一年级、本科二年级、本科三年级、本科四年级、本科五年级。在家长回答者中，其子女就读本科一年级、本科二年级、本科三年级、本科四年级、本科五年级的占比分别为22.7%、32.3%、26.6%、14.9%、0.7%（见图1-11）。

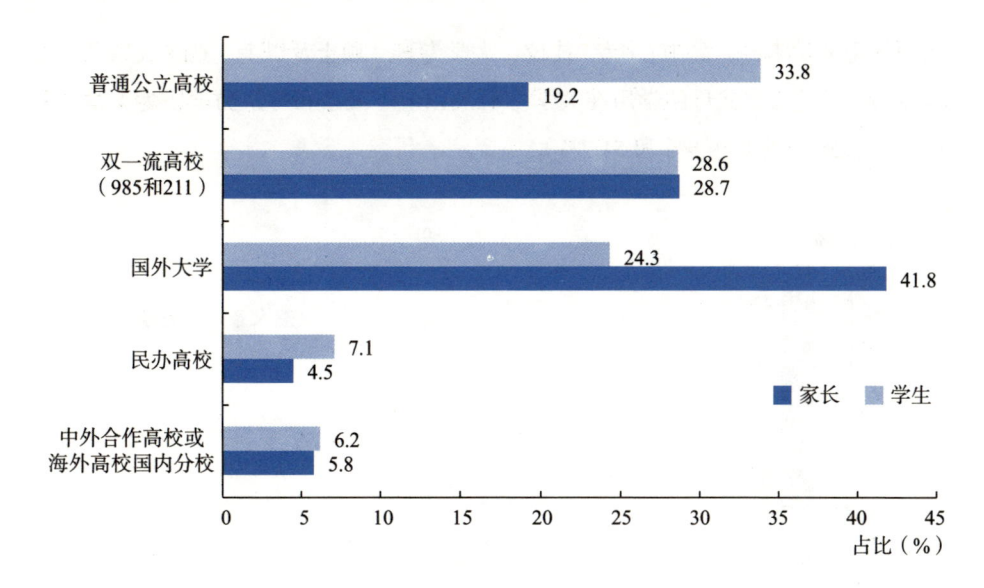

图 1-10 就读大学类型

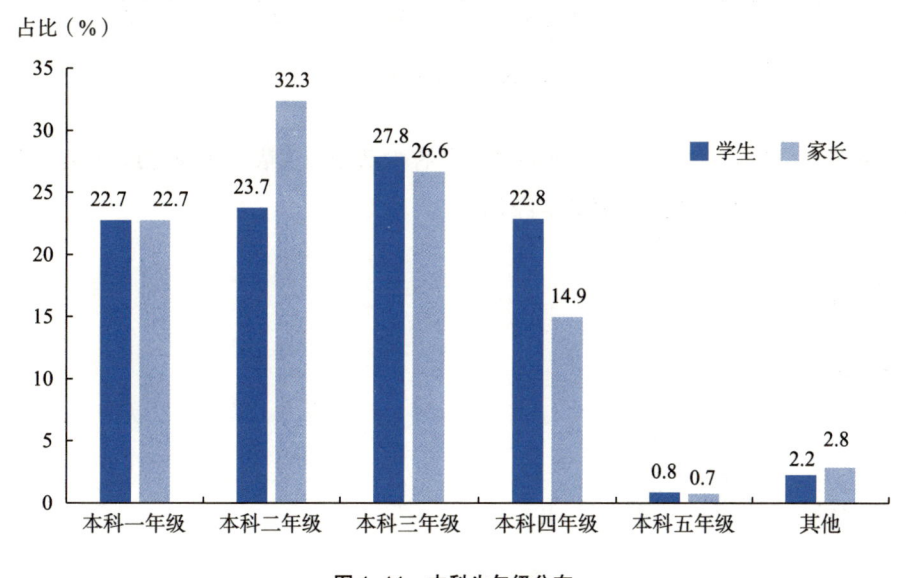

类型	家长	学生
普通公立高校	19.2	33.8
双一流高校（985和211）	28.7	28.6
国外大学	24.3	41.8
民办高校	4.5	7.1
中外合作高校或海外高校国内分校	5.8	6.2

图 1-11 本科生年级分布

年级	学生	家长
本科一年级	22.7	22.7
本科二年级	23.7	32.3
本科三年级	27.8	26.6
本科四年级	22.8	14.9
本科五年级	0.8	0.7
其他	2.2	2.8

在此次调研中，我们发现在留学家庭中，父母的教育背景与社会经历会在很大程度上影响留学决策。在学生回答者中，分别有47.4%、16.3%、17.8%、12.5%、6.0%的学生表示其父亲的学历为大学本科、高中/中专/技校、大学专科、硕士及以上、初中及以下；分别有43.2%、20.1%、17.5%、8.5%、10.7%的学生表示其母

亲的学历为大学本科、高中/中专/技校、大学专科、硕士及以上、初中及以下（见图1-12）。超过五成父母的学历在大学本科及以上（父亲和母亲的学历为大学本科及以上的占比分别为59.9%和51.7%）。

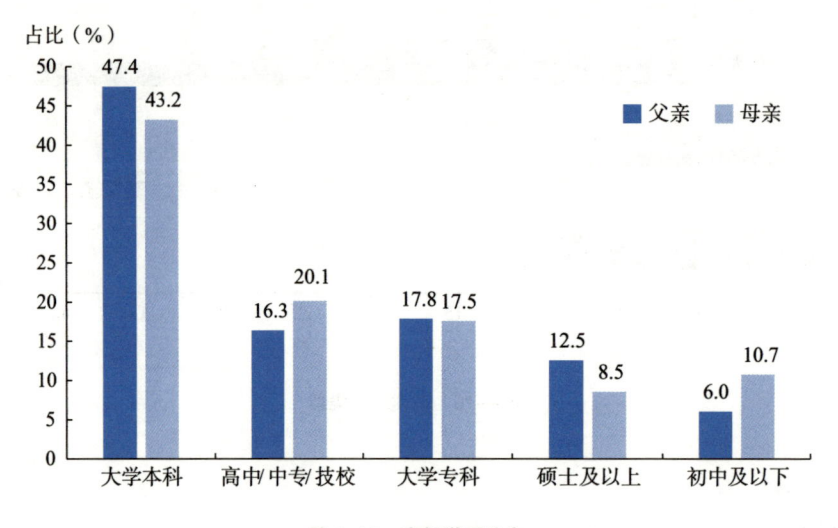

图 1-12　家长学历分布

由图1-13可知，在学生回答者中，只有少部分学生表示其父亲或母亲有海外留学（工作）和海外交流（访学）经历。

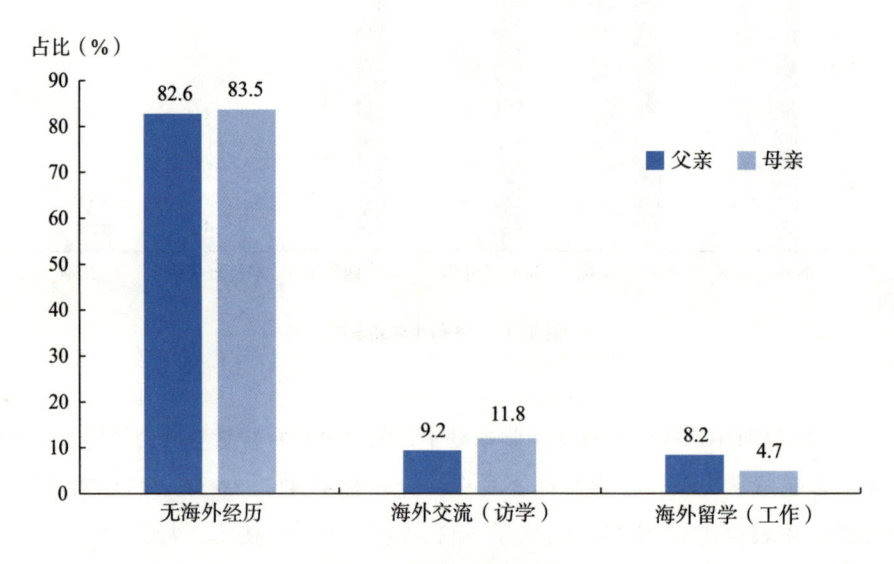

图 1-13　家长海外经历分布

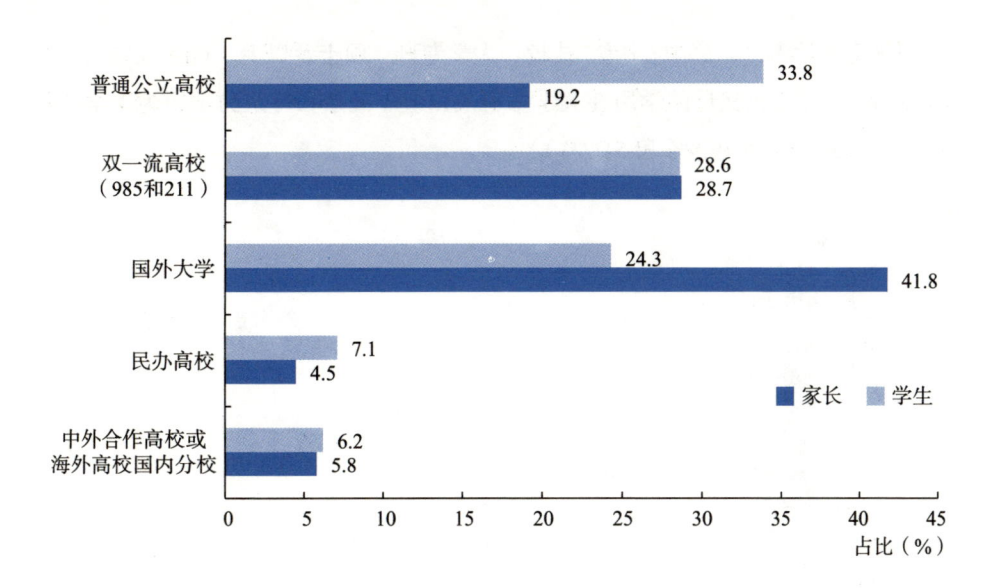

图 1-10　就读大学类型

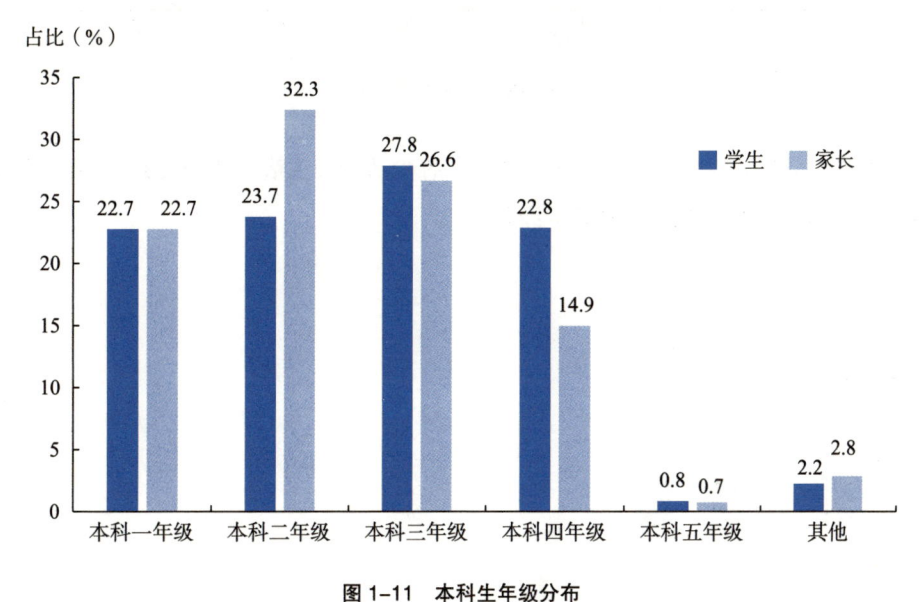

图 1-11　本科生年级分布

在此次调研中，我们发现在留学家庭中，父母的教育背景与社会经历会在很大程度上影响留学决策。在学生回答者中，分别有 47.4%、16.3%、17.8%、12.5%、6.0% 的学生表示其父亲的学历为大学本科、高中/中专/技校、大学专科、硕士及以上、初中及以下；分别有 43.2%、20.1%、17.5%、8.5%、10.7% 的学生表示其母亲的学历为大学本科、高中/中专/技校、大学专科、硕士及以上、初中及以下（见图1-12）。超过五成父母的学历在大学本科及以上（父亲和母亲的学历为大学本科及以上的占比分别为59.9%和51.7%）。

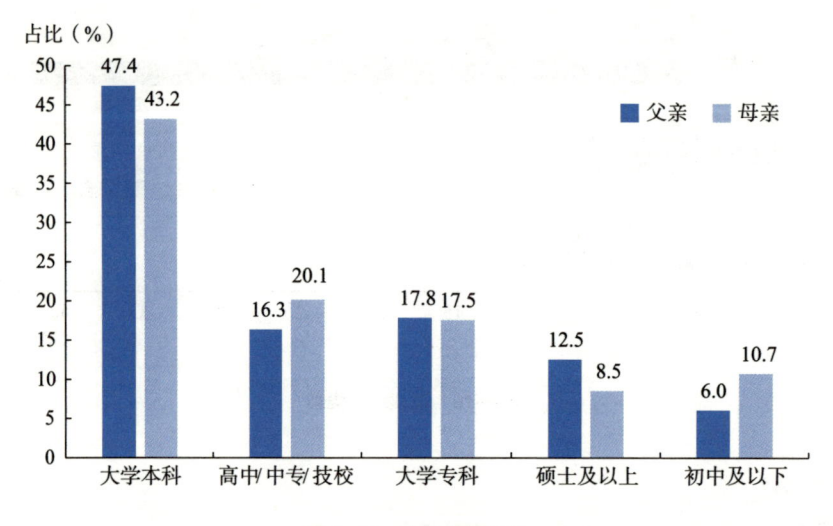

图1-12　家长学历分布

由图1-13可知，在学生回答者中，只有少部分学生表示其父亲或母亲有海外留学（工作）和海外交流（访学）经历。

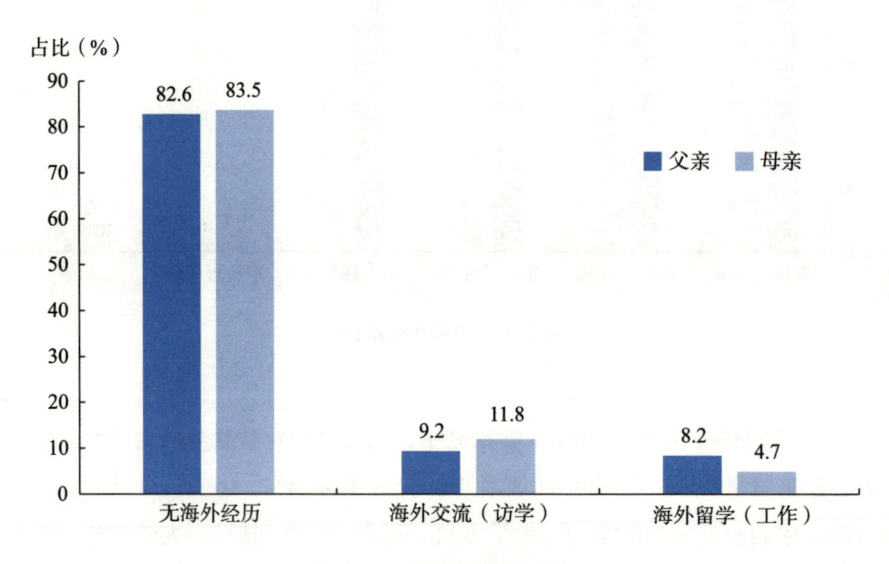

图1-13　家长海外经历分布

第一节
留学依旧是寻求多元发展的重要选择之一

美国国际教育研究所（IIE）发布的《2024美国门户开放报告》显示，印度15年来首次超越中国，成为美国最大的留学生来源国，但中国依旧是本科阶段美国国际生的第一大生源国。英国大学及院校招生事务处（UCAS）官方数据显示，截至2025年1月29日，来自中国的申请人数共31 160人，较去年同期上涨2 540人，占所有非欧盟国际申请者的31.52%，申请人数达到近十年新高。虽然世界格局动荡不断，但教育依旧是中国家长重点关注的议题，留学是许多中国家庭破局内卷的重要选择。

一、留学需求依旧旺盛，多元选择成为显著特征

对于许多选择留学的学生而言，留学是增长见识、开拓视野的机会，对于提高自身实力与能力也是一种锻炼。结合图1-14可知，家长回答者认为，子女选择留学最重要的五个原因分别是国外高校选择多/教育质量好（65.1%）、国内升学压力大（60.4%）、获得国际化教育经历（53.2%）、接受多元文化（51.6%）、提高自身实力（45.4%）。学生回答者选择留学的原因与家长群体的反馈结果有一些差异，学生认为最重要的是获得国际化教育经历（64.3%）、国外高校选择多/教育质量好（57.2%），然后是提高自身实力（55.9%）和拓宽国际视野（51.8%）。家长与学生反馈结果的差异，体现了家长更看重解决现实压力和助力未来发展，而学生更关注个人能力提升与开阔眼界。

在留学申请选择方面，目前的典型特征是多国多地区联申。如图1-15所示，大部分家长选择多国多地区联申，其中"英美新＋中国香港"联申占34.5%、英美联申占33.6%。而在学生回答者中，有超过七成的学生选择多国多地区联申，其中英美联申占38.5%，"英美新＋中国香港"联申占24.5%。根据家长与学生的回答可以看到，意向留学家庭最青睐的留学申请计划就是英美联申，再加上中国香港和新加坡。但学生与家长的想法也有些许不同，学生更倾向于英美联申，而很多家长加上了亚洲地区的一些选择。还有一个显著的不同是，在"只选择一个国家或地区"的选项中，家长只有11.8%，但有22.2%的学生选择只申请一个国家或地区。

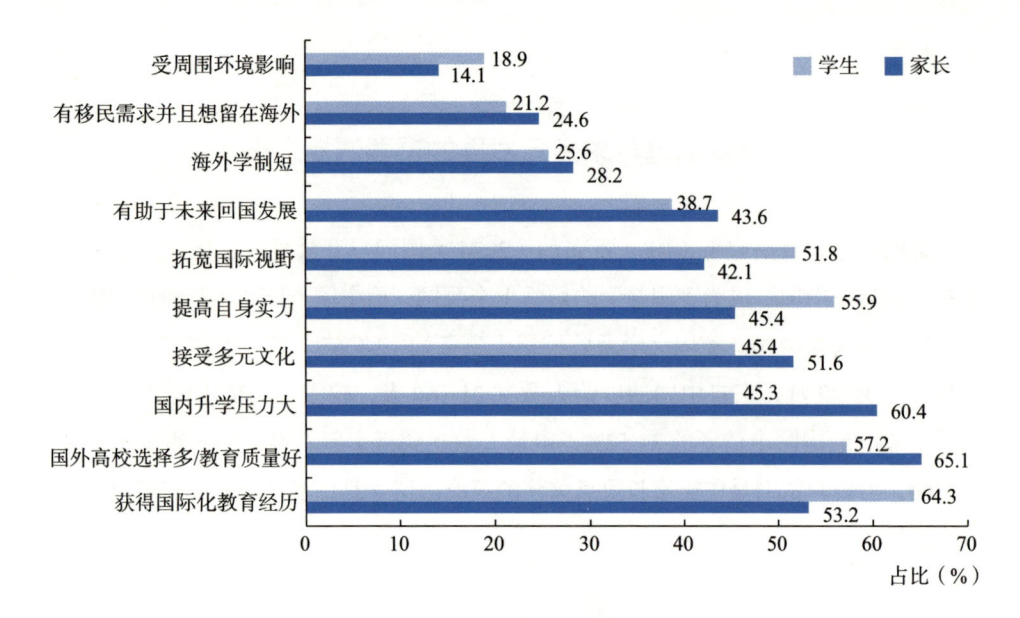

图1-14 选择留学的原因

原因	学生	家长
受周围环境影响	18.9	14.1
有移民需求并且想留在海外	21.2	24.6
海外学制短	25.6	28.2
有助于未来回国发展	38.7	43.6
拓宽国际视野	51.8	42.1
提高自身实力	55.9	45.4
接受多元文化	45.4	51.6
国内升学压力大	45.3	60.4
国外高校选择多/教育质量好	57.2	65.1
获得国际化教育经历	64.3	53.2

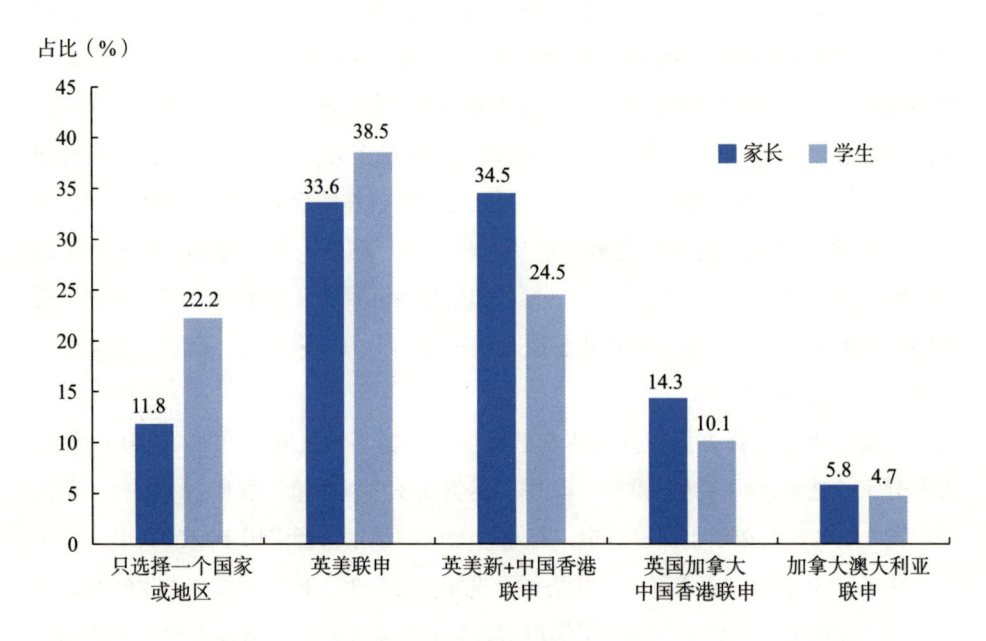

图1-15 留学申请选择分布

选择	家长	学生
只选择一个国家或地区	11.8	22.2
英美联申	33.6	38.5
英美新+中国香港联申	34.5	24.5
英国加拿大中国香港联申	14.3	10.1
加拿大澳大利亚联申	5.8	4.7

这些差异说明家长会从稳妥、务实的角度考虑升学问题，而学生大多根据自己的真实喜好来考虑升学问题。

二、留学英美依旧是最优选择，但美国留学需求呈下降趋势

2025年的调研数据显示，对于求学目的地，英国在家长回答者中位居榜首（54.3%），其次是美国（46.6%）、澳大利亚（43.6%）、中国香港（42.2%）、加拿大（41.8%）和新加坡（38.8%）。学生回答者的选择与家长较为一致，学生将英国、美国、中国香港、新加坡、澳大利亚列为前五，选择加拿大的学生只有29.1%，远低于家长群体的选择占比（见图1-16）。近两年，美国的留学热度持续下降，英国已超过美国成为中国留学生群体的首选国家，同时中国香港和新加坡的热度明显上升。从2025年的申请趋势看，这一热度还将持续，这与国际形势以及汇率变动造成的学费上涨有一定的关系。

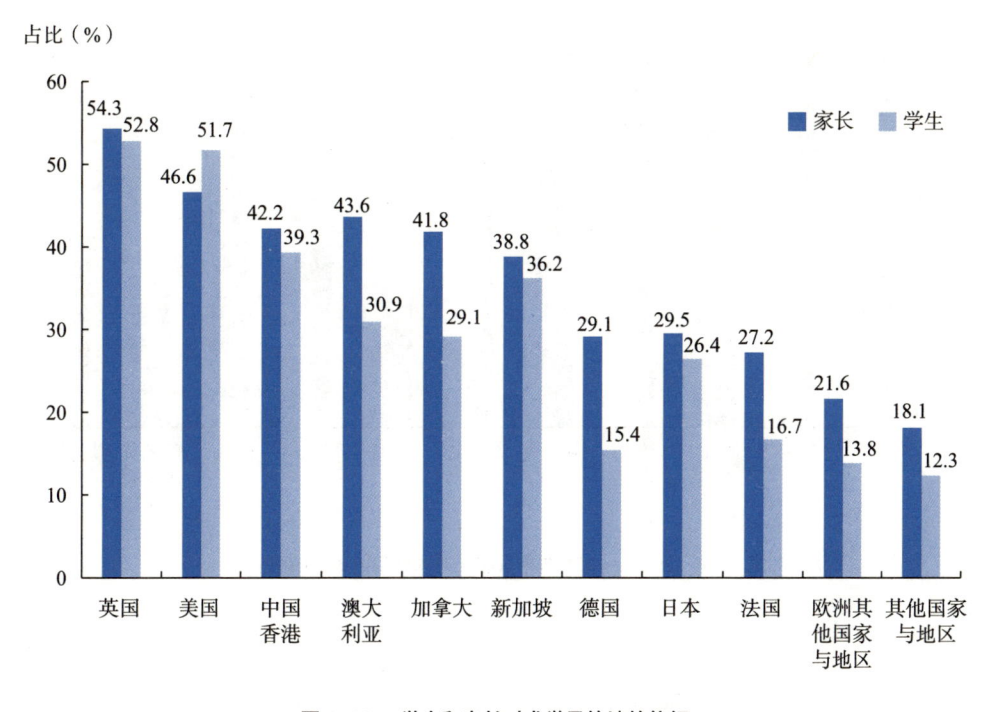

占比（％）

国家/地区	家长	学生
英国	54.3	52.8
美国	46.6	51.7
中国香港	42.2	39.3
澳大利亚	43.6	30.9
加拿大	41.8	29.1
新加坡	38.8	36.2
德国	29.1	15.4
日本	29.5	26.4
法国	27.2	16.7
欧洲其他国家与地区	21.6	13.8
其他国家与地区	18.1	12.3

图1-16　学生和家长对求学目的地的偏好

图1-17显示了2024—2025年中国家长对求学目的地的偏好变化，这两年的调研数据显示，中国家长对求学目的地的选择并没有发生结构性变化。但除了英国和美国，越来越多的中国家长和学生开始将亚洲的新加坡、日本以及中国香港纳入计划。2024年中国家长选择新加坡、日本和中国香港的占比分别为35.6%、25.4%、

28.8%，而 2025 年分别有 38.8%、29.5%、39.3% 的家长表示将新加坡、日本和中国香港纳入计划。其中，增长最多的是中国香港，增幅为 10.5%。而选择美国的比例出现了显著下降，从 2024 年的 61.8% 减少到 2025 年的 46.6%，减幅为 15.2%。这一趋势不仅与当前的国际形势有关，也与这些国家和地区的社会环境稳定性有关。在当前的国际形势和背景下，亚洲国家或地区对中国学生而言是性价比较高的选择之一。

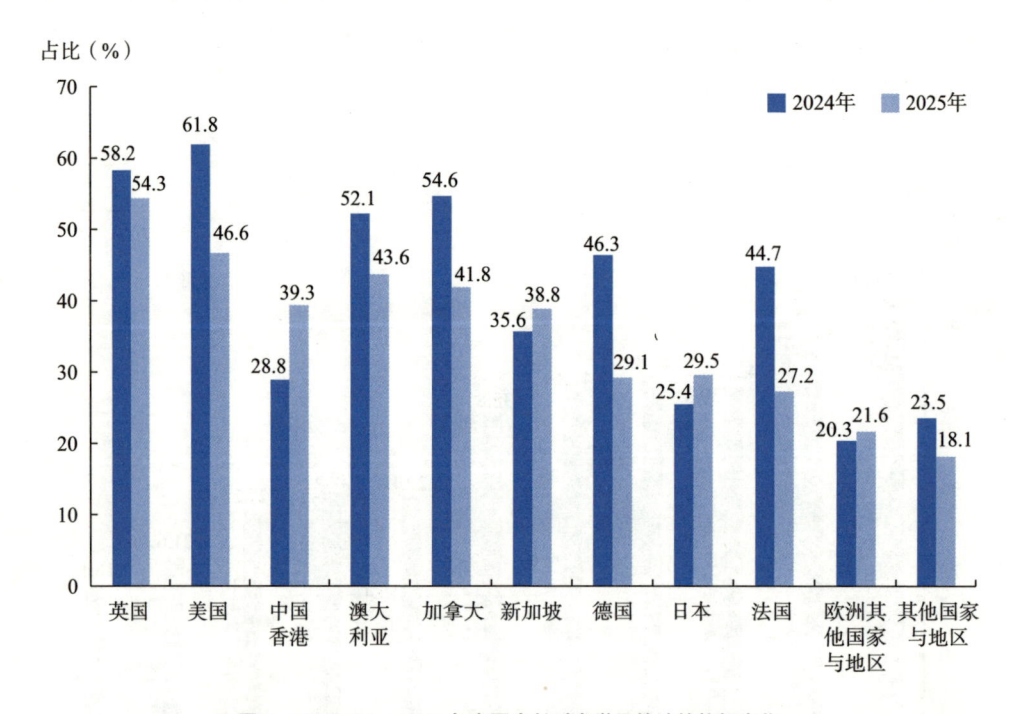

图 1-17　2024—2025 年中国家长对求学目的地的偏好变化

2025 年的调研数据显示，分别有 69.2%、48.4%、45.2%、42.3%、40.3% 的家长回答者表示，在选择求学目的地时主要考虑的因素是教育水平高、学费便宜/性价比高、综合实力强、与中国外交关系较好、科技发达，而移民政策友好（29.1%）、学时较短（18.5%）和地理环境优越（16.7%）三个因素对其选择求学目的地的影响较小。在学生回答者中，有 65.7% 的学生表示，教育水平高是他们在选择求学目的地时考虑的首要因素，其次是科技发达（53.1%）、综合实力强（51.5%）和就业率高（39.8%）。移民政策友好（22.4%）、学时较短（20.7%）

和地理环境优越（18.6%）三个因素对学生选择求学目的地的影响也较小（见图1-18）。

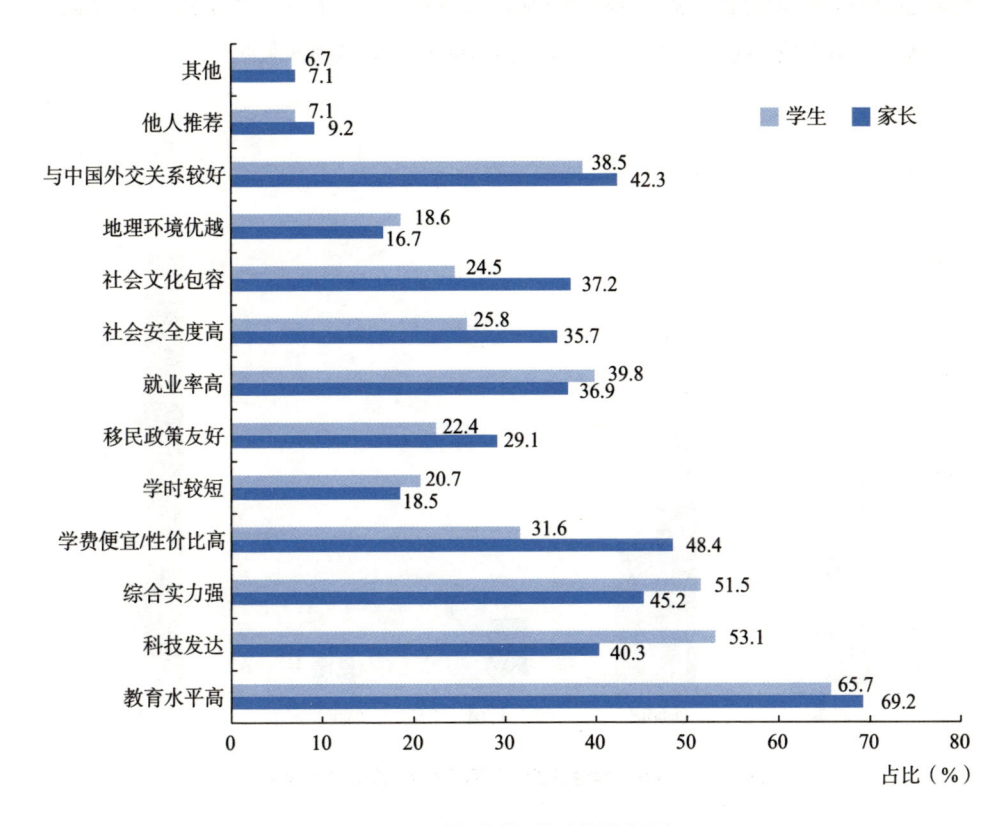

图1-18 选择求学目的地的影响因素

影响因素	学生	家长
其他	6.7	7.1
他人推荐	7.1	9.2
与中国外交关系较好	38.5	42.3
地理环境优越	18.6	16.7
社会文化包容	24.5	37.2
社会安全度高	25.8	35.7
就业率高	39.8	36.9
移民政策友好	22.4	29.1
学时较短	20.7	18.5
学费便宜/性价比高	31.6	48.4
综合实力强	51.5	45.2
科技发达	53.1	40.3
教育水平高	65.7	69.2

从家长和学生的回答中可以看出，在影响因素中，学费便宜/性价比高是家长重点考量的指标之一，而学生较为看重就业率高这一项。这说明家长更注重从现实角度综合评估求学目的地，而学生更关注求职等未来发展问题。

三、亚洲地缘优势凸显，就近求学成为热选

图1-19显示了家长与学生对亚洲不同国家或地区的求学倾向。在家长回答者中，位居前三的分别是中国港澳地区（40.8%）、新加坡（30.4%）、日本（18.2%）。学生回答者的反馈略有不同，位居前三的分别是新加坡（38.1%）、中国港澳地区（30.9%）、日本（21.3%）。这说明家长更愿意让孩子就近求学，而学生更愿意选择

不同国家或地区。虽然从留学生总量看，近几年前往东南亚国家的留学人数不断上涨，但主动选择东南亚国家的家长与学生比较少，只有3.5%的家长和1.5%的学生主动选择去东南亚国家。这与当地经济和科技发展水平及社会安全度有着很大的关系。家长与学生更愿意到科技发达、综合实力强的国家或地区求学。

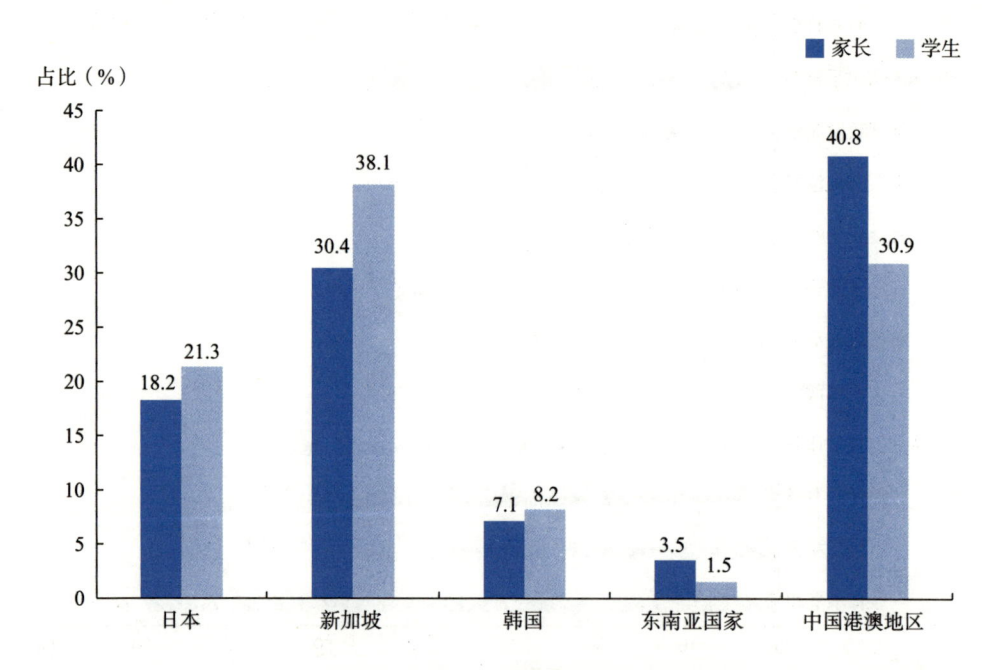

图1-19 家长和学生对亚洲不同国家或地区的求学倾向

图1-20展示了影响家长与学生选择亚洲国家或地区的因素，分别有65.7%、56.4%、45.2%、35.9%、35.2%的家长回答者表示，社会安全度高、学费便宜/性价比高、教育水平高、就业率高、综合实力强是他们选择亚洲国家或地区的主要原因。而学生回答者则把学费便宜/性价比高（58.6%）、社会安全度高（45.8%）、就业率高（42.8%）、教育水平高（35.7%）、科技发达（23.1%）作为主要原因。可见，性价比、安全度以及就业率因素在全球经济下行的大环境下，对求学决策有很大的影响。

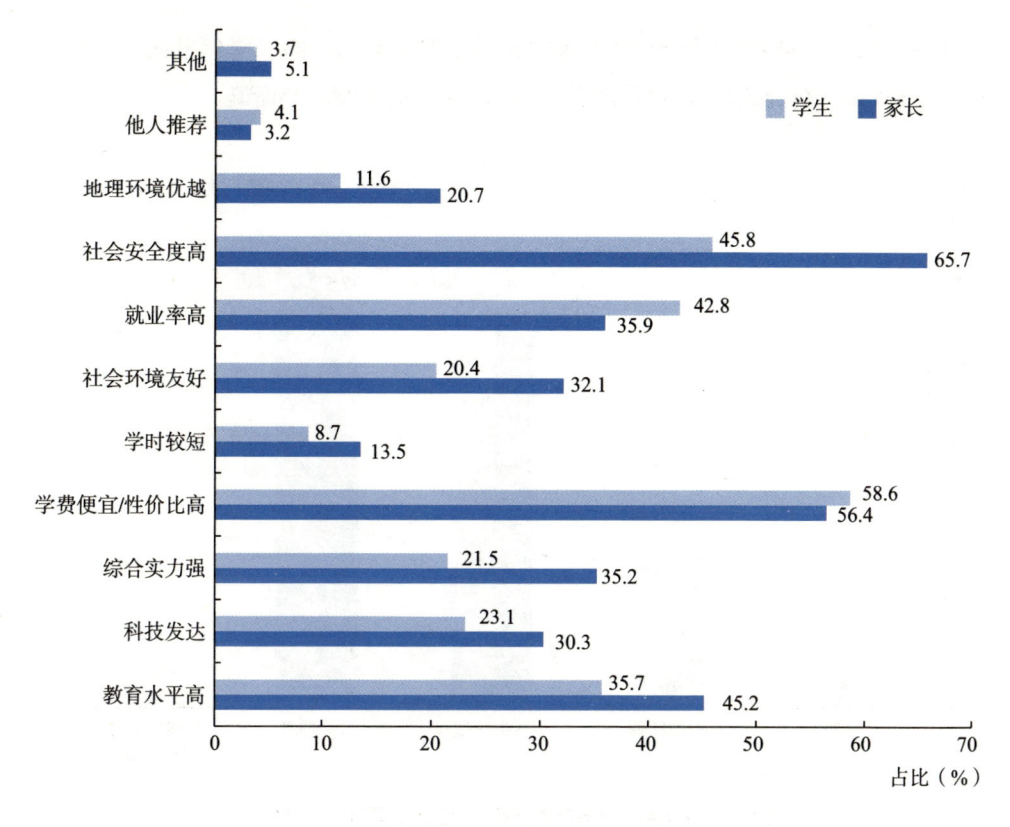

图1-20 选择亚洲国家或地区的影响因素

第二节
留学需求变化明显，选择更加务实理性

2025年的调研数据显示，家长的决策更为理性与务实，转向"成本—能力—收益"相结合的综合考量。低龄求学需求两极分化明显，高等教育阶段选择留学的比例提升，这凸显了大众对学术深度、就业资源、移民政策的综合权衡。这一变化说明中国家庭正以更理性的姿态在全球教育版图中寻求风险可控的最优解决方案。

一、低龄求学需求两极分化，更多家庭推迟留学阶段

图1-21显示，2024—2025年家长眼中适合子女留学的最早阶段呈现显著的结构化调整。低龄求学降温，小学、初中、高中阶段的占比下降，分别从2024年的

11.3%、15.2%、34.4%下降至2025年的8.5%、13.4%、26.4%，降幅分别达2.8%、1.8%、8.0%。这反映出家长对低龄求学风险的评估更为保守与谨慎。

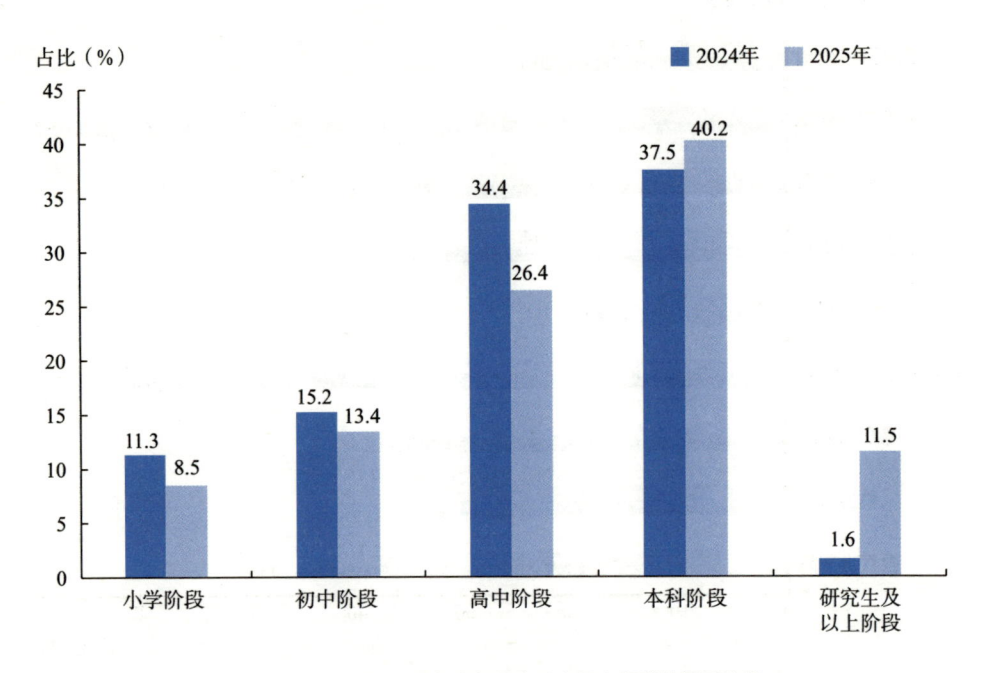

图1-21　2024—2025年家长眼中适合子女留学的最早阶段

让子女在本科阶段留学是大多数家长的选择，这一占比从2024年的37.5%微升至2025年的40.2%，而让子女在研究生阶段留学的占比从1.6%激增至11.5%。这些数据反映了两大趋势：本科留学需求持续稳定、职业竞争前置。2025年的相关数据显示，国内考研报录比突破5∶1，这促使研究生留学需求增长，而人工智能、商业分析等一年制热门硕士项目因"低成本、高回报"的特点颇具吸引力，不少职场人士加入留学大军。

图1-22揭示了家庭收入水平与留学阶段选择的相关性，家庭收入越高，留学决策越前置。同时这折射出不同家庭的教育投资差异，年收入200万元以上的家庭通常具有超长战线的教育规划意识。以低龄求学为例，年收入200万元以上的家庭选择让子女在小学（17.4%）、初中（26.1%）、高中（34.0%）阶段留学的占比达77.5%，这体现了"全链条国际化"策略。年收入100万~200万元家庭的选择体现了性价比优先的实用主义，21.7%的这类家庭选择让子女在高中留学，49.2%选择在本科留学。年收入80万~100万元的家庭倾向于在本科阶段投资子女教育

（50.8%），年收入 50 万元家庭的选择体现了生存理性，63.9% 的家庭选择让子女在研究生阶段留学。

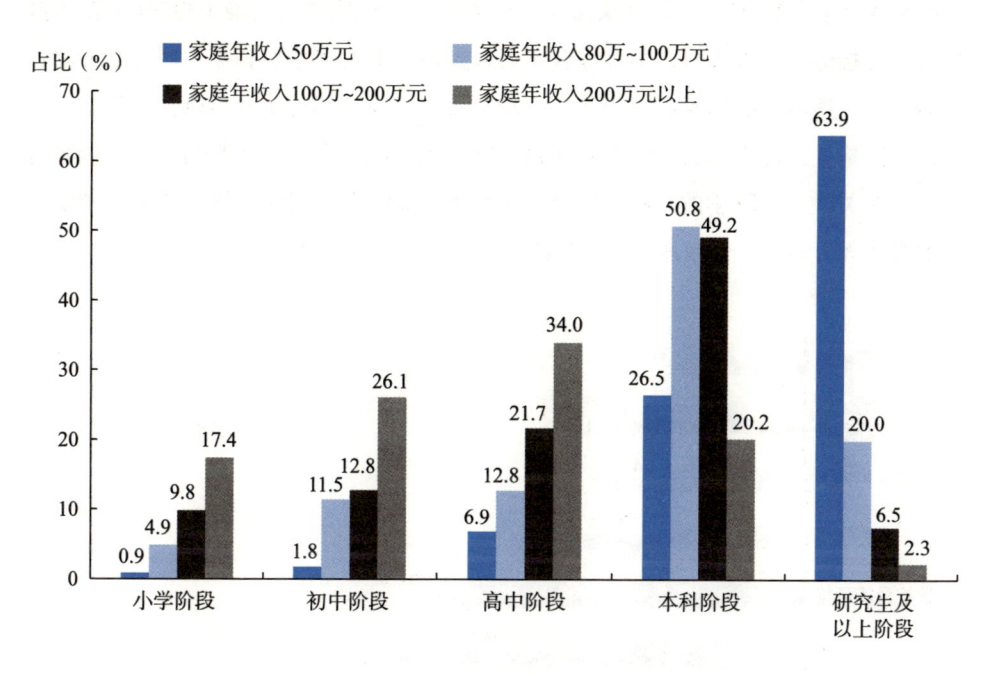

图 1-22　不同收入家庭对最早留学阶段的选择

显而易见的是，随着年收入的增加，家长计划在小学及更早阶段就送子女出国留学的比例逐渐上升。当家庭年收入从 50 万元上升到 200 万元以上时，这一比例相应从 0.9% 上升到 17.4%。这呈现出明显的两极分化，即低龄求学需求基本集中于高收入家庭。随着家庭年收入的增加，家长计划让子女在初中阶段留学的比例也呈现稳步上升的趋势，从 1.8% 上升到 26.1%，增幅显著。这与高净值家庭对子女早期教育的重视有关，这些家庭更倾向于较早为孩子提供国际化的教育环境，以培养其全球视野和跨文化交流能力。而对于中等收入家庭来说，子女的计划留学阶段有显著后延的趋势，计划让子女在本科阶段留学的比例相对较高，留学选择更加理性。

二、择校更为理性，专业选择更为务实

图 1-23 展示了影响家长和学生选择留学院校的因素。家长认为学校综合排名（65.1%）、国内认知度（58.0%）、学校所在地区的工作机会和安全（均为 50.1%）、

毕业后就业率（46.4%）、学校风气与氛围（42.1%）、学校课程体系（41.2%）会对择校产生重要影响，而学生则将学校综合排名（55.6%）、毕业后就业率（52.8%）、学校专业排名（52.4%）、国内认知度（51.4%）、学校风气与氛围（39.3%）作为择校的重要指标。整体来看，学校综合排名和国内认知度在学生和家长回答者中的占比均较高，这显示出品牌效应和社会声誉对留学院校选择的重要影响。在学生问卷中，选择毕业后就业率和学校专业排名的比重明显高于家长回答者的。这一差异说明学生更关注自己所学的专业，以及毕业后的求职机会，而家长更重视孩子留学过程中的受教育体验、学校风气和教学体系。

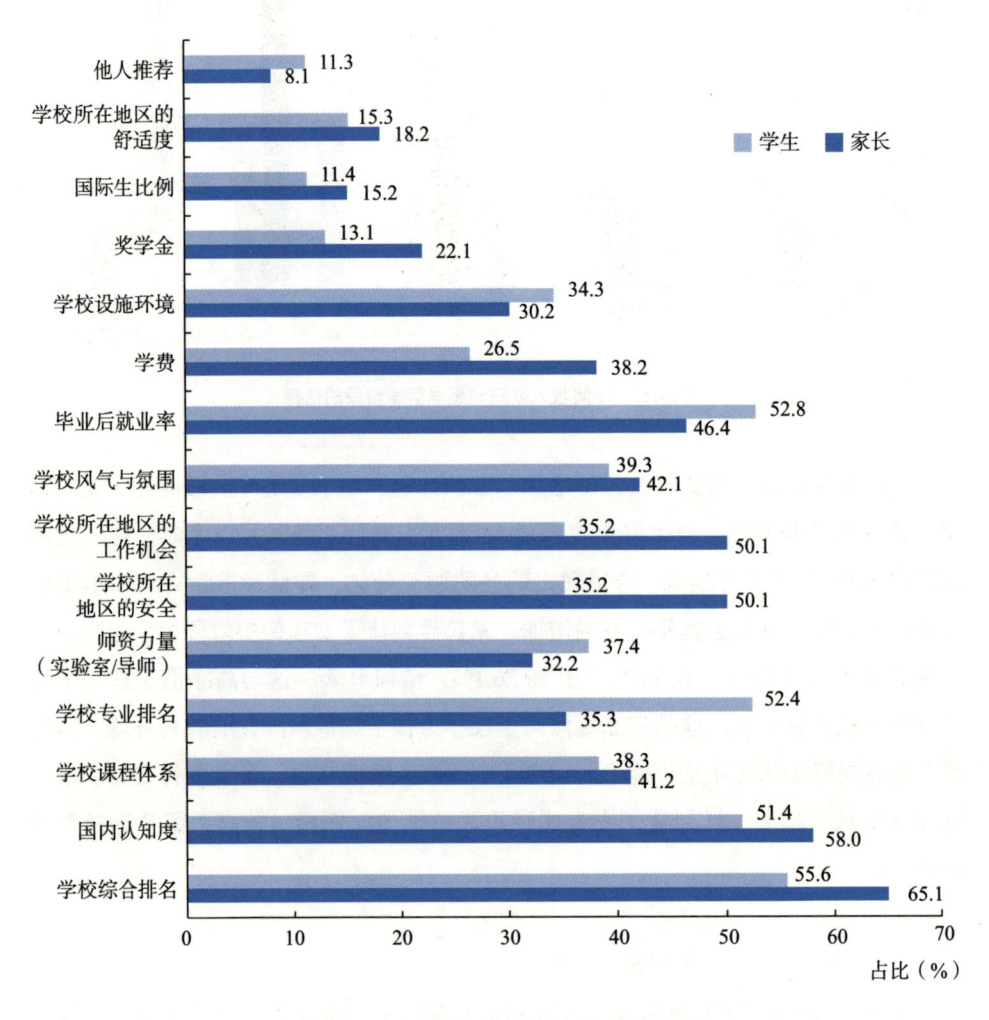

影响因素	学生	家长
他人推荐	11.3	8.1
学校所在地区的舒适度	15.3	18.2
国际生比例	11.4	15.2
奖学金	13.1	22.1
学校设施环境	34.3	30.2
学费	26.5	38.2
毕业后就业率	52.8	46.4
学校风气与氛围	39.3	42.1
学校所在地区的工作机会	35.2	50.1
学校所在地区的安全	35.2	50.1
师资力量（实验室/导师）	37.4	32.2
学校专业排名	52.4	35.3
学校课程体系	38.3	41.2
国内认知度	51.4	58.0
学校综合排名	55.6	65.1

图1-23　家长与学生选择留学院校的影响因素

2025年的调研数据显示，家长与学生对学校的选择日趋理性。如图1-24所示，在家长回答者中，分别有67.3%、42.8%的家长表示，其子女计划申请QS排名[①]前51～100、美国前31～50的学校。其余选择的占比从高到低依次是美国前51～100（39.8%）、QS排名前50（35.2%）、美国前30（30.5%）、英国G5[②]（29.5%）。根据学生回答者的反馈，计划申请美国前31～50、美国前51～100、QS排名前50的比例分别为42.3%、36.6%、32.5%，其余选择的占比从高到低依次是QS排名前51～100（32.4%）、美国前30（19.8%）、英国G5（12.1%）。虽然中国学生与家长依旧非常看重综合排名，但在选择学校时，其理性与务实的倾向是明显的，尤其是近几年因课业压力而导致患心理疾病或申请休学、退学等现象频繁发生，越来越多的家长与学生以更加务实的态度来选择学校。而QS排名前100的学校能满足绝大多数家庭的留学需求（比如就业），成为众多家长与学子的目标院校。

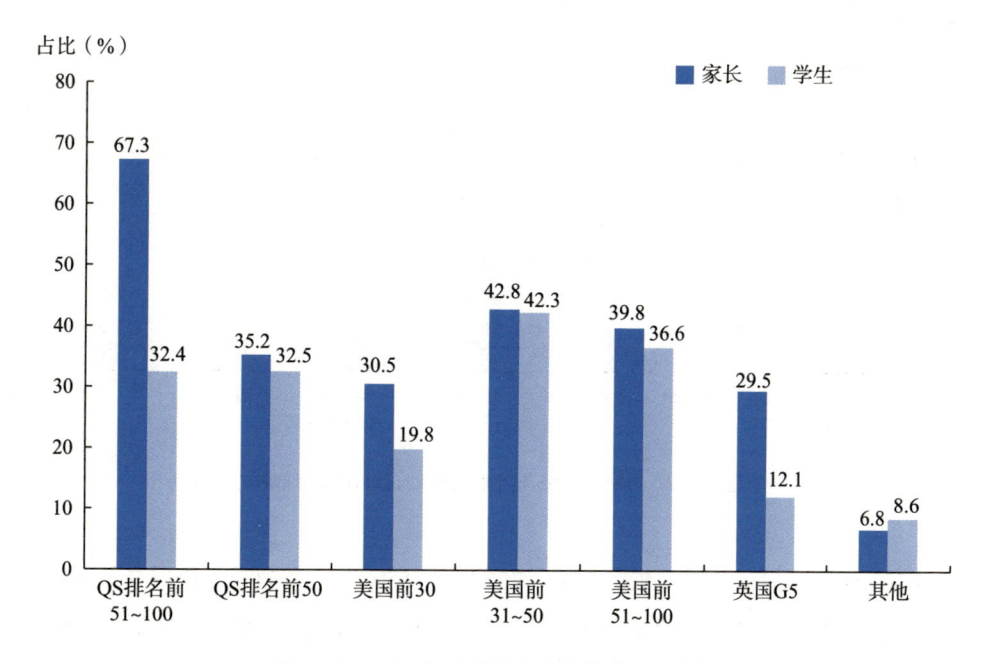

图1-24 2025年中国学生计划申请的目标院校

比较2024年和2025年的数据（见图1-25），学生的目标院校区间没有太大

---

① QS排名是指由英国咨询公司Quacquarelli Symonds所发表的年度世界大学排名。
② G5是剑桥大学、牛津大学、帝国理工学院、伦敦大学学院和伦敦政治经济学院的统称。

变化。美国前 31~50 院校的占比略有变化，从 2024 年的 23.9% 上升至 2025 年的 42.3%，美国前 51~100 院校的占比从 19.3% 上升至 36.6%。这个结果与美国近年来名校录取难度不断加大有关，多年前的传统保底学校，比如普渡大学、威斯康星大学麦迪逊分校等公立大学，近年来不断提高录取标准，并减少中国区的录取人数（比如工程大校普渡大学 2024 年入学的中国籍本科生只有 14 人），大批学生再也无法用这些学校保底。这一变化也与留学生毕业后在美国择业时，专业优势比大学排名更为重要这一现实有关，这些现象都让家长与学生变得更加务实和理性。

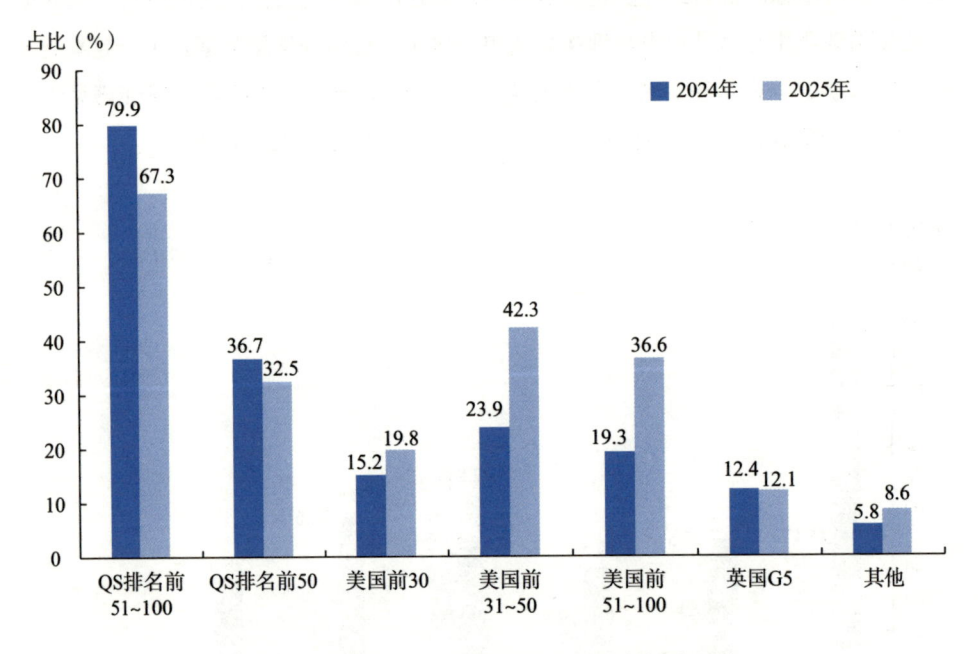

图 1-25　2024—2025 年中国学生计划申请的目标院校

《2024 美国门户开放报告》显示，2024 年，55% 的在美留学生都选择了 STEM［科学（Science）、技术（Technology）、工程（Engineering）、数学（Mathematics）］类专业，包括工程学、数学和计算机科学、物理与生命科学、卫生和农业。而在美中国留学生选择这类专业的比例低于平均值，大约为 51%。

结合图 1-26 可知，分别有 31.2%、20.5%、19.8%、16.3% 的家长表示子女计划选择的专业是计算机科学与应用数学、工程、人文社科、生物医学。在学生群体中，选择计算机科学与应用数学专业的占比为 27.1%，选择生物医学专业的占比为 22.4%，选择人文社科专业的占比为 17.4%，选择工程专业的占比为 15.8%。由此可知，在中国留学生群体中，目前最热门的专业依旧为 STEM 类专业，尤其是计算机科学与应用数学，其次是人文社科，商科管理和艺术类专业则比较小众，选择就读的学生相对较少。这一倾向与全球经济下行有关，也与英美等国这两年不断减少文科类学科有关，越来越多的学生意识到了这一趋势，开始谨慎务实地选择就读专业。

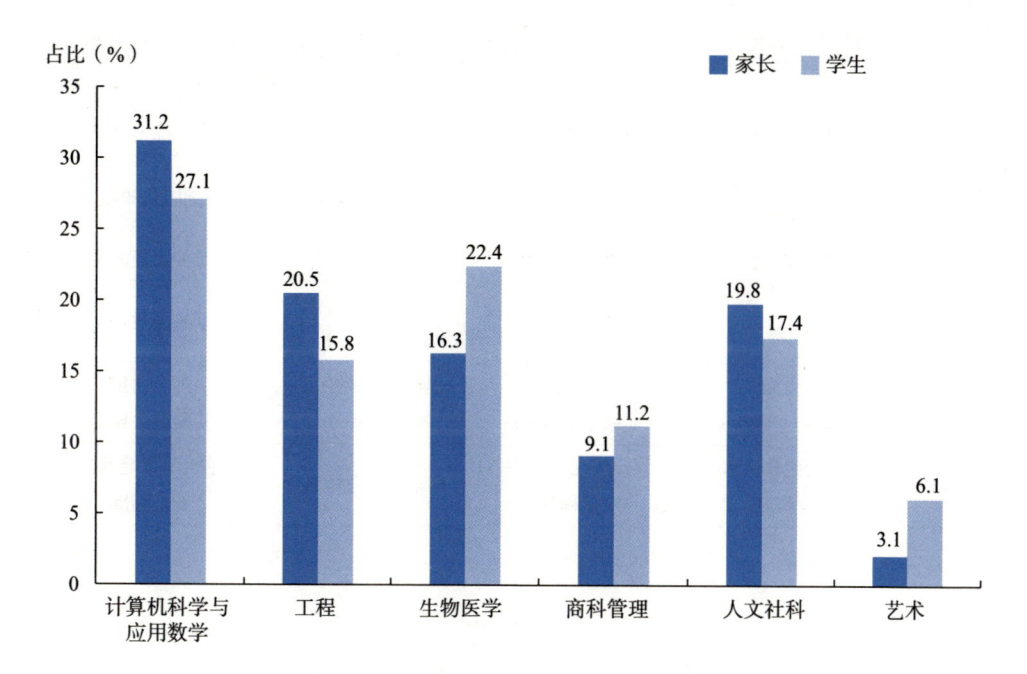

占比（%）

专业	家长	学生
计算机科学与应用数学	31.2	27.1
工程	20.5	15.8
生物医学	16.3	22.4
商科管理	9.1	11.2
人文社科	19.8	17.4
艺术	3.1	6.1

图 1-26 2025 年意向留学生计划选择的专业

三、影响留学选择的因素更为多元，性价比首次成为主要因素

鉴于 2025 年留学政策的变化以及国际环境的影响，越来越多的留学家庭更为谨慎地选择留学目的地以及未来所学的专业。在影响留学的因素中，性价比首次成为主要因素，可见全球经济下行对留学的巨大影响。在 2020 年之前，中产阶层是留学最大的主力军。时隔五年，虽然整体出国留学人数并没有大的改变，但考虑到性价比，留学目的地的选择发生了很大变化。

由于国际局势的变化以及 AI 带来的技术平权与知识平权，越来越多的人对世界格局的变化持观望态度，这在很大程度上影响了留学决策。

2025 年的调研显示，在影响留学的因素中，家长和学生分别将"学费与支出"

排在第二位和第三位，近五年来性价比首次处于留学家庭最关注问题的前三名（见表 1-2）。这充分体现了汇率因素及国外通胀因素对留学家庭的真实影响。而"学校所在地区的实习和工作机会"同时被家长和学生列入，体现了近两年境外实习难和求职难的现实困境。

表 1-2　2024—2025 年留学家庭最关注的六大问题

排名	学生问卷 2025 年	学生问卷 2024 年	家长问卷 2025 年	家长问卷 2024 年
1	学校匹配度	学校综合排名	学校综合排名	学校综合排名
2	学校所在地区的实习和工作机会	国内认知度	学费与支出	国内认知度
3	学费与支出	学校课程体系	国内认知度	学校课程体系
4	学校就业率	学校专业排名	学校所在地区的实习和工作机会	学校专业排名
5	师资力量（实验室、导师）	师资力量（实验室、导师）	学校所在地区的安全程度	师资力量（实验室、导师）
6	学校所在地区的安全程度	学校所在地区的安全程度	学校专业排名	学校所在地区的安全程度

第三节
学历膨胀趋势明显，科研需求增长快

美国国际教育研究所发布的《2024 美国门户开放报告》显示，2023—2024 学年，中国在美本科生人数为 87 551 人，在美研究生人数为 122 778 人，在美研究生人数已连续 3 年超过了在美本科生人数，并且呈稳定增长趋势。这一现象与求职中的学历膨胀有关，比如硅谷的许多大厂在招聘与机器学习相关的岗位时，绝大多数都要求有博士学位。职场的高要求以及求职难度加大，使更多学子在本科毕业后申请研究生，在提升自我能力的同时加强未来的职场竞争力。这也促使很多在读留学生提早规划职业生涯，积极寻找各种科研实习机会以求得到更多锻炼。

一、学历膨胀趋势明显，研究生留学人数稳定增长

2025 年的调研数据显示（见图 1-21），家长选择让子女在研究生阶段留学的占比从 2024 年的 1.6% 激增至 2025 年的 11.5%，增速远超其他学段。这一现象与国内学历竞争白热化密切相关。而海外硕士以"短周期"（英国一年制）、"高适配"（专业细分方向多）的特点，成为突围路径。

图 1-27 显示了学生申请海外研究生的原因，分别有 34.2%、25.3% 的学生表示主要原因是国内外求职难、用人单位要求提高，还有 26.1% 的学生是为了进一步提升学术水平，而 18.9% 的学生是为了缓冲就业压力，避开目前的困境。另外，想进入学术界继续深造的学生有 11.2%。这说明就业压力以及用人单位学历膨胀给留学选择带来了更多影响，学生期望研究生毕业后能够在职场上更为顺利。

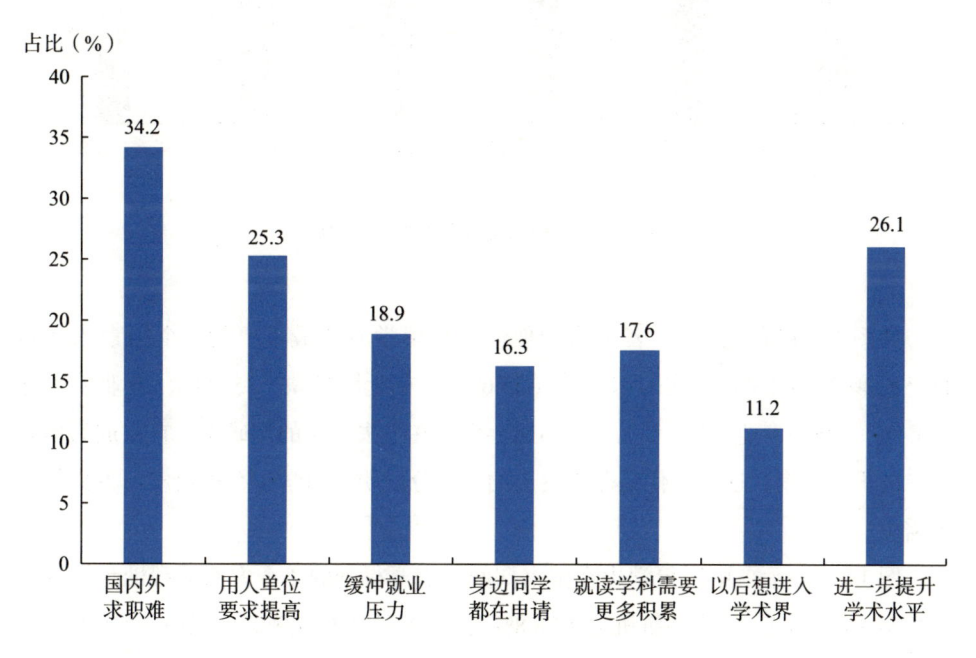

图 1-27 学生申请海外研究生的原因

二、理工科专业依旧是主流，科研实习需求增长迅速

2025 年的调研数据显示，有超过六成（65.3%）的意向学生计划申请 STEM 类专业（包括计算机科学与应用数学、工程、生物医学），有近 1/5（17.4%）的意向学生计划申请人文社科专业，其他专业的占比从高到低依次是商科管理（11.2%）、艺术（6.1%）。在留学生群体中，选择 STEM 类专业的占比超过六成（65.0%），其次是人文社科（16.8%），选择商科管理和艺术专业的留学生人数较少，占比分别为 13.4% 和 4.8%（见图 1-28）。

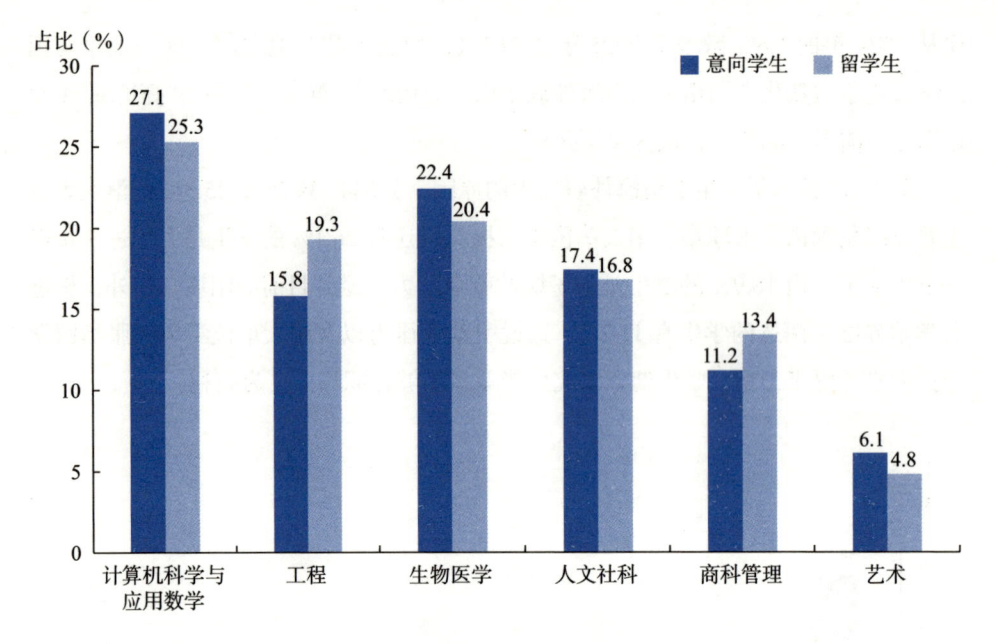

图 1-28　中国学生对留学专业的选择

如图 1-29 所示，学生表示影响他们选择留学专业最重要的 5 个因素依次是自己感兴趣（68.3%）、实习机会多（55.6%）、专业排名高（35.7%）、就业前景好（35.4%）、热门专业（22.1%）。"实习机会多"在过去 5 年的调研中，首次成为排名第二的重要因素。这种变化是非常突出的，充分说明了留学生在科研实习方面的巨大需求。

图 1-30 显示，中国留学生在读书期间最需要得到的 4 个方面的帮助是寻找实习机会（65.3%）、寻找科研机会（38.8%）、学业辅导（34.9%）以及 OPT（专业实习身份）申请服务（23.1%），而租房等生活类服务需求的占比只有 6.4%。这个结果与国内外求职难的现状有很大的关系，也充分说明了留学生在寻找科研实习的过程中遇到了困难。这种需求在国外也滋生了新的产业，即出现了专门辅导留学生寻找科研实习机会的服务机构和专业的实习辅导机构。

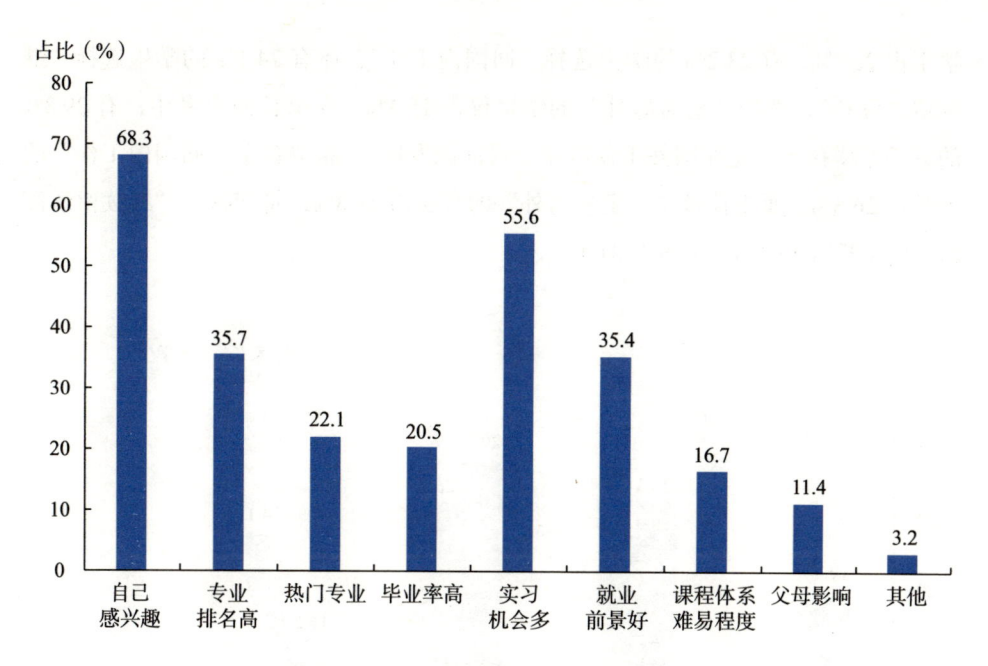

图 1-29 学生选择留学专业的影响因素

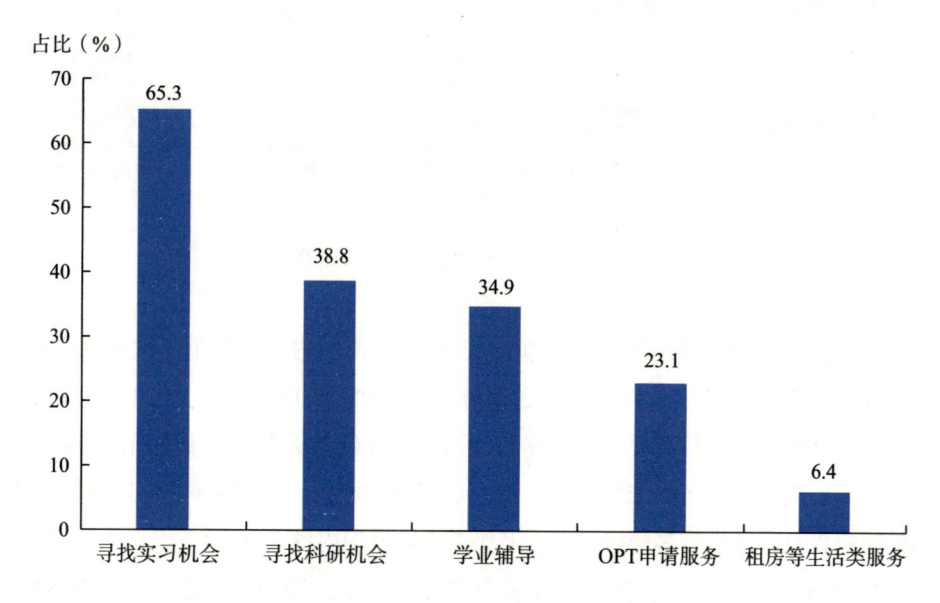

因素	占比(%)
自己感兴趣	68.3
专业排名高	35.7
热门专业	22.1
毕业率高	20.5
实习机会多	55.6
就业前景好	35.4
课程体系难易程度	16.7
父母影响	11.4
其他	3.2

图 1-30 留学生在读书期间最需要的帮助

帮助类型	占比(%)
寻找实习机会	65.3
寻找科研机会	38.8
学业辅导	34.9
OPT申请服务	23.1
租房等生活类服务	6.4

三、留学后路径更为多元，留学生回国提升学历的需求增加

最新调查数据显示，在学生回答者中，"先在国外工作两年，再回国发展"的

学生占 26.2%，有 23.2% 的学生选择"回国内工作"，还有 24.1% 的学生选择"继续留学深造"，选择"定居海外"的学生仅占 15.3%。在家长回答者中，有 29.3% 的家长希望孩子"先在国外工作两年，再回国发展"，希望孩子"回国内工作"的家长占 26.3%，而想让孩子"定居海外"的家长占 19.8%，希望孩子"继续留学深造"的家长占 16.2%（见图 1-31）。

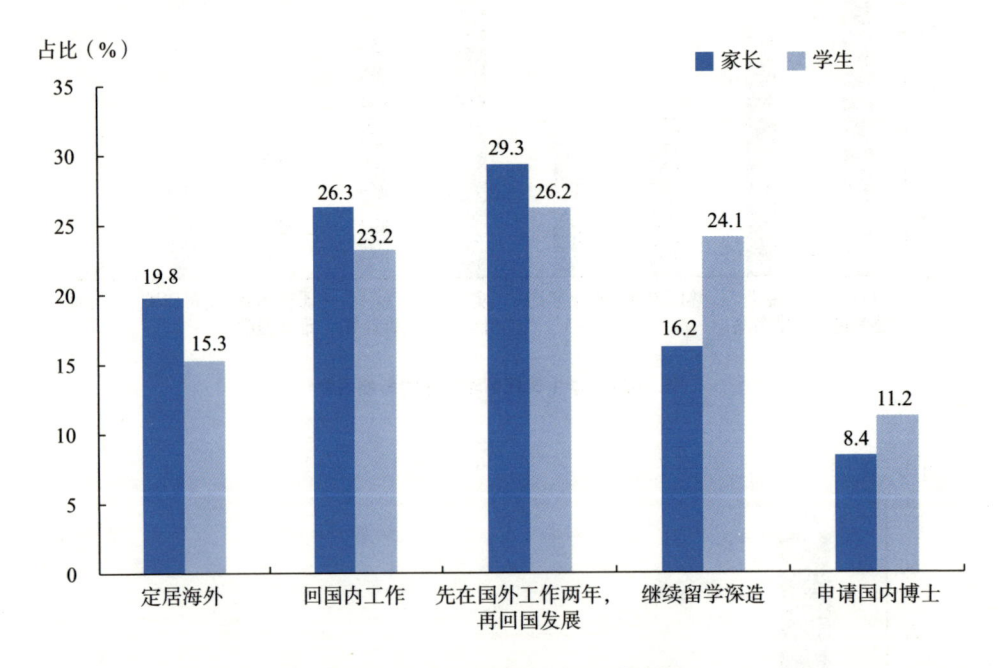

图 1-31 2025 年留学生毕业后的选择

同时，今年的调研结果出现了新的变化，"申请国内博士"第一次出现在留学生毕业后的选择中，家长与学生的占比分别是 8.4% 和 11.2%。这种回流新现象与中国多个 985 大学开放海外留学生本科直博或海外硕士研究生直接申请国内博士的通道有关。随着美国等国家留学政策的不稳定性加剧，以及国内科技实力和综合国力的快速提升，越来越多的海外学子开始考虑回流国内继续深造。

2025 年的调研显示，国外工作机会多（58.0%）、国外工作收入高（55.3%）、国外工作压力小（51.2%）和更适合自己的专业发展（43.7%）是学生群体选择留在国外发展的 4 个主要原因。而家长群体选择最多的则是国外工作机会多（65.0%）、日后可以定居移民（51.2%）、喜欢国外的生活环境（46.8%）和国外工作压力小（46.5%）这 4 个因素（见图 1-32）。可见，无论是家长还是学生，都非常看重个人的长期职业发展，会做出对个人未来发展更有利的选择，而且都希望未来的生活少些压力。在"日后可以定居移民"这一选项上，家长与学生的差异很大，分别占比51.2%和28.7%，学生的选择比例远远低于家长的。这说明年轻的留学生们以更为开放的视野看待这个世界，走出国门后的看法也更为全面与客观。

选项	家长	学生
国外工作机会多	65.0	58.0
国外工作收入高	46.2	55.3
国外工作压力小	46.5	51.2
更适合自己的专业发展	38.2	43.7
喜欢国外的生活环境	46.8	38.2
日后可以定居移民	51.2	28.7

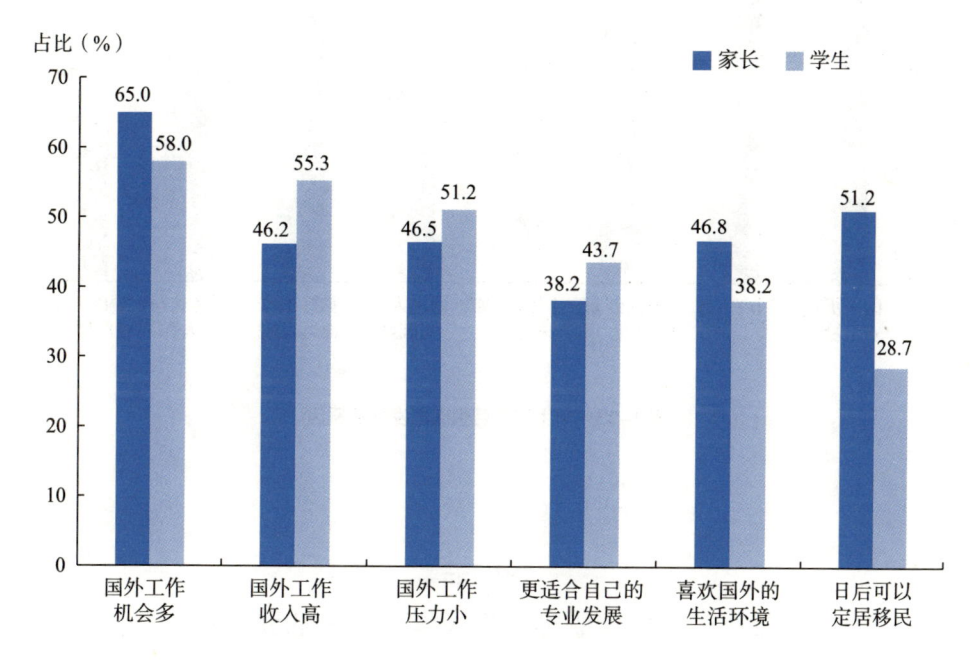

图 1-32　学生毕业后想在国外发展的原因

2025年的调查结果显示（见图1-33），国内更加安全稳定（55.2%）、国内人才政策到位（46.5%）和看好国家长远发展（42.2%）是学生群体在做出回国发展决策时考量的3个重要因素。这个排序与家长群体的选择完全一致。除此之外，国内创新创业潜力大也是学生选择回国发展的一个重要因素。由此可见，国内安全稳定的社会环境、积极的人才政策以及创新创业潜力，特别是民众对国家长远发展的信心，是吸引海外学子归国的重要因素。

占比（%）

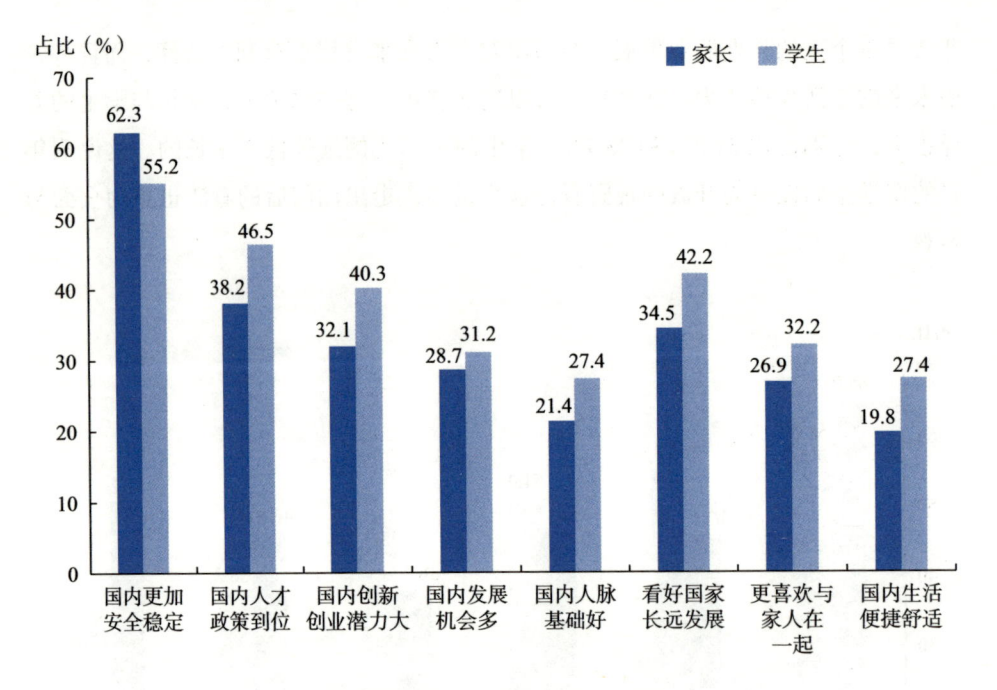

■ 家长　■ 学生

原因	家长	学生
国内更加安全稳定	62.3	55.2
国内人才政策到位	38.2	46.5
国内创新创业潜力大	32.1	40.3
国内发展机会多	28.7	31.2
国内人脉基础好	21.4	27.4
看好国家长远发展	34.5	42.2
更喜欢与家人在一起	26.9	32.2
国内生活便捷舒适	19.8	27.4

图 1-33　学生毕业后想回国发展的原因

第四节
海外实习与求职难成为留学生群体的新痛点

留学生在海外不仅面临学业压力、社交障碍与文化适应性等问题，在寻找实习机会和工作机会时，还面临着全新挑战。这两年，海外实习与求职难成为留学生群体的新痛点，这与全球经济下行有密切联系，在这种形势下，留学生面临着更大的挑战与考验。

一、海外实习与求职越来越难

图 1-34 展示了学生在留学过程中遇到的困境与障碍，超过七成（74.8%）的学生认为寻找科研和实习机会是自己遇到的最大困难，其次为孤独情绪、学业压力、文化适应性和社交障碍，其占比分别为 56.8%、55.4%、46.9% 和 46.2%。而家长群体认为学业压力是孩子遇到的最大困难（72.3%），其次为寻找科研和实习机会、孤独情绪、文化适应性和社交障碍，占比分别为 65.2%、47.5%、45.2% 和 38.6%。由

此可见，寻找科研和实习机会、学业压力和孤独情绪是留学生面临的三大困境，其中海外实习与求职难是最大痛点。

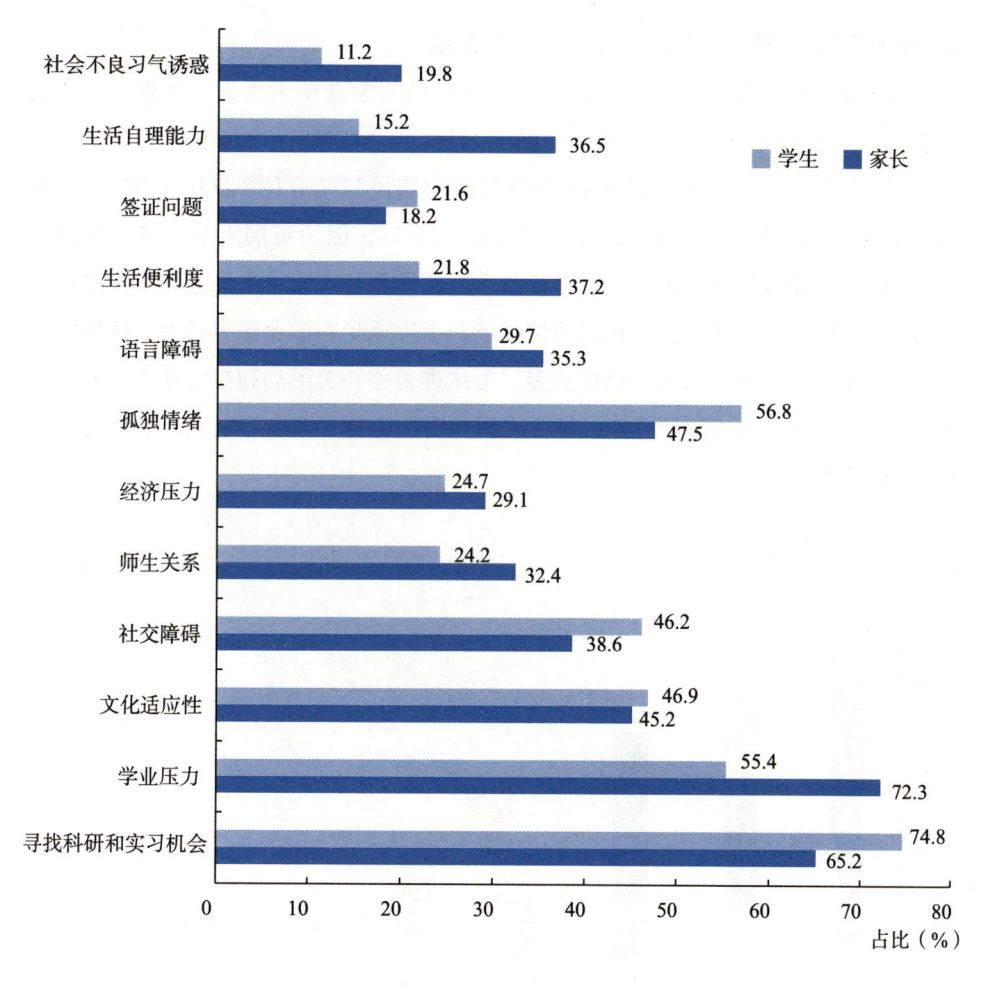

项目	学生	家长
社会不良习气诱惑	11.2	19.8
生活自理能力	15.2	36.5
签证问题	21.6	18.2
生活便利度	21.8	37.2
语言障碍	29.7	35.3
孤独情绪	56.8	47.5
经济压力	24.7	29.1
师生关系	24.2	32.4
社交障碍	46.2	38.6
文化适应性	46.9	45.2
学业压力	55.4	72.3
寻找科研和实习机会	74.8	65.2

图 1-34　学生在留学过程中遇到的困境与障碍

除此之外，有 21.6% 的学生和 18.2% 的家长担心签证问题，这与美国等国家留学政策的不稳定性有一定关系。但从历史经验看，这类问题属于暂时性问题，不必过于惊慌。

学生海外实习和求职难的原因涉及多个方面：首先，全球经济处于下行周期，海外的工作与实习机会越来越少，竞争十分激烈；其次，留学生面临信息不对称、人脉资源短缺、求职技能与经验不足、职业规划不清晰、身份与签证限制等问题。

面对这些挑战，留学生需要积极调整心态，提升求职技能，拓宽人脉资源，明确职业规划，并努力适应海外职场文化，这样才能在激烈的职场竞争中脱颖而出。

二、学业压力大导致心理问题成为不可言说的痛

2025年的调研显示，有一半以上的留学生认为学业压力太大（55.0%），其次是考试压力大（46.7%）、找不到合适的实习机会（44.2%），而与老师有社交障碍（26.4%）和人际交往困难（23.6%）分别排在第四位与第五位（见图1-35）。我们的调研还发现，这些问题在英国留学生中更为明显，因为英国大学的弹性机制较少，一些大学没有补考机制，而且学校对学生的作业与考试采取补查制度，即每年都会抽查学生的作业和考试。在这种情况下，学生承受的学业压力极大，这是留学生产生心理问题的主要原因。以作业多、考试难著称的美国加利福尼亚大学伯克利分校等学校也存在这类问题，所以学生在择校时应充分了解各项信息，选择与自己实力匹配的大学。

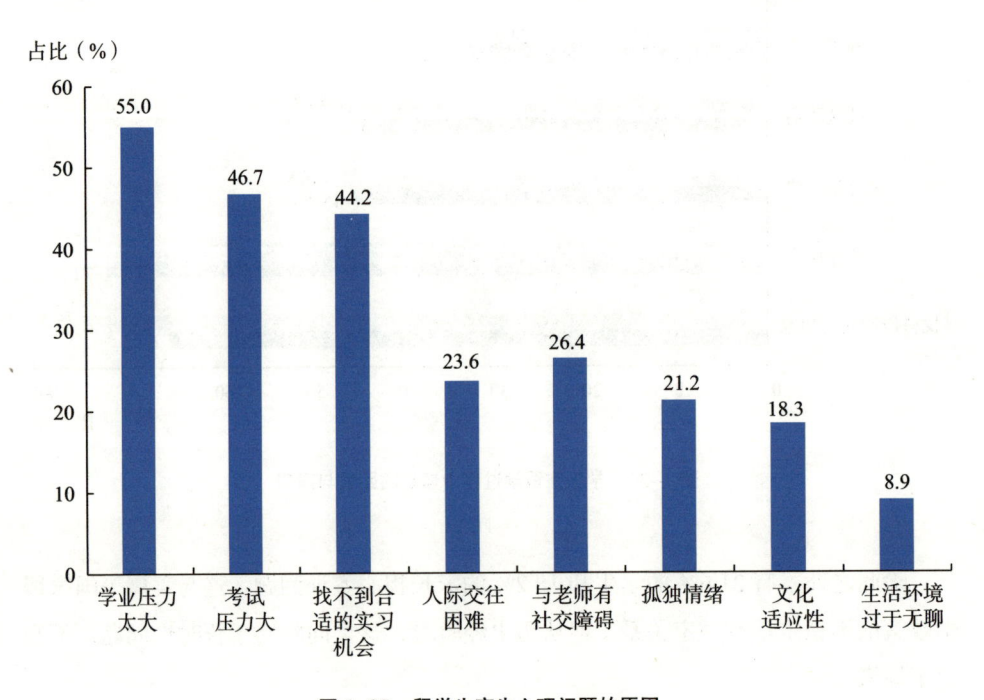

图 1-35 留学生产生心理问题的原因

三、用人单位看重专业匹配度与创新能力

本次调研还对企事业单位进行了定性访谈和定量调研，考察了用人单位对留学生的态度与看法。

图 1-36 展示了留学生的竞争力与优势，企事业单位认为留学生具备的能力包括创新能力（55.8%）、合作能力（51.6%）、独立能力（47.2%）、适应能力（44.2%）、表达能力（34.2%）、学习能力（31.1%）、公共关系能力（28.9%）、执行力（26.2%）与稳定性（18.4%）。其中，创新能力与合作能力是留学生的突出优势。

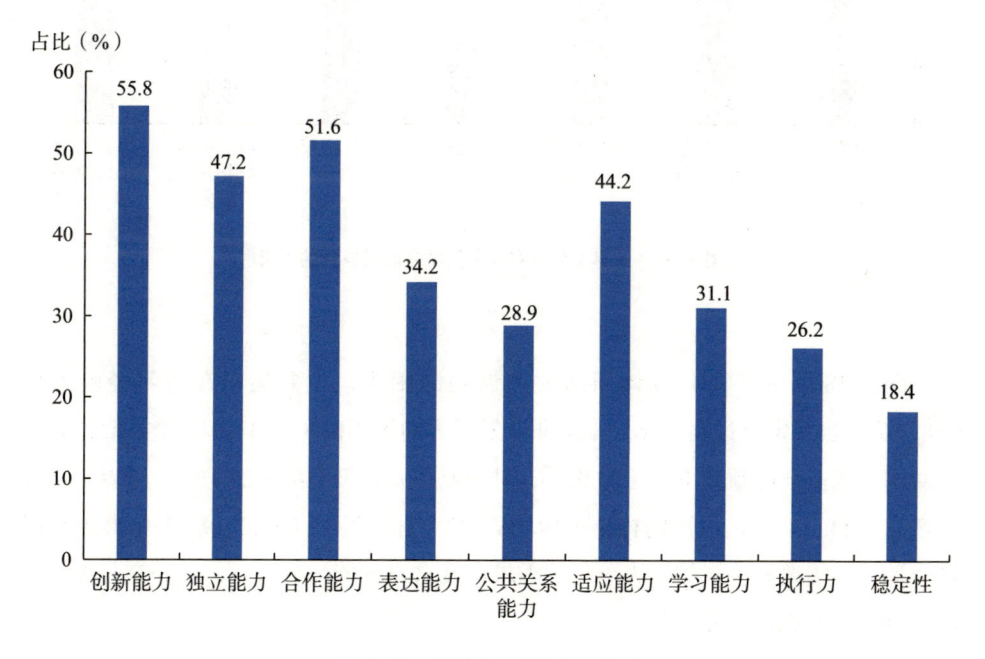

图 1-36 留学生的竞争力与优势

如图 1-37 所示，企事业单位在录用留学生时最看重的因素分别是专业匹配度（72.1%）、海外工作经历与经验（54.2%）、毕业院校（46.3%）、海外多段实习经历（43.2%）、海外行业人际网络（23.2%）、行业证书（18.2%）以及留学期间承担的社会事务（13.5%）。大多数留学生选择毕业后先在海外工作两年，再回国发展，这与用人单位的需求高度吻合。当然，专业匹配度是最重要的因素。

占比（%）

因素	占比(%)
专业匹配度	72.1
海外工作经历与经验	54.2
海外多段实习经历	43.2
行业证书	18.2
毕业院校	46.3
留学期间承担的社会事务	13.5
海外行业人际网络	23.2

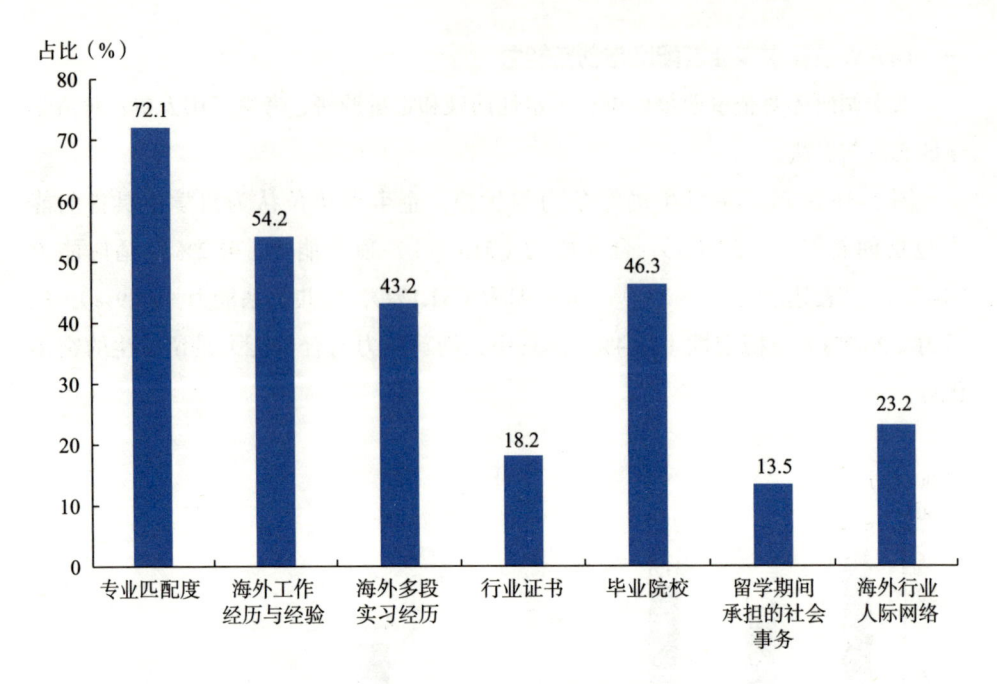

图1-37 企事业单位在录用留学生时最看重的因素

图1-38展示了海归群体回国就业遇到的困难，主要集中在实习经验不足（38.7%）、自我定位过高（36.8%）、职业发展方向不明确（32.3%）三个方面，其次是对国内就业环境预判不足（28.9%）、对企业用人政策不清（25.4%）、国内竞争过于激烈（24.5%）、错过国内校招（19.8%）和专业不匹配（16.2%）。海归群体在回国求职时，需要充分了解用人单位的需求以及自身的能力和潜力，做好充分准备才能找到自己的职业发展方向。

图1-39展示了海归群体的就业方向，大多数海归选择央企或国企（38.7%）和上市公司（36.5%），其次是高科技公司（21.2%），也有一部分海归选择自由职业（11.3%）和自主创业（16.8%），这体现了海归就业的多元化选择。

图1-40展示了海归群体选择就业城市所考虑的因素，主要包括薪酬待遇（38.2%）、人才政策（36.5%）和职业发展前景（32.2%），这种选择体现了务实的态度。一线或准一线城市比较受海归青睐（27.4%），而方便照顾家庭（19.8%）、人文环境（15.4%）等因素不在重点考虑范围内，这与前几年的调研结果有一些区别。此前，方便照顾家庭是海归选择就业城市所考虑的重要因素之一。2025年的调研结果从侧面说明，随着中国养老体系的完善，年轻海归有了更为自由宽松的选择空间。

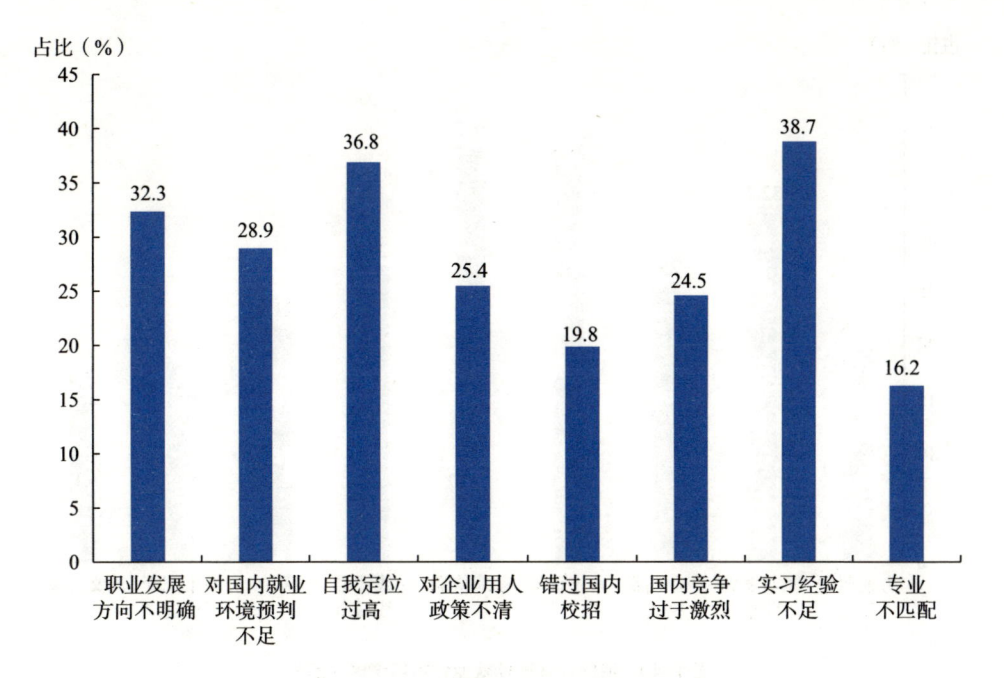

图 1-38 海归群体回国就业遇到的困难

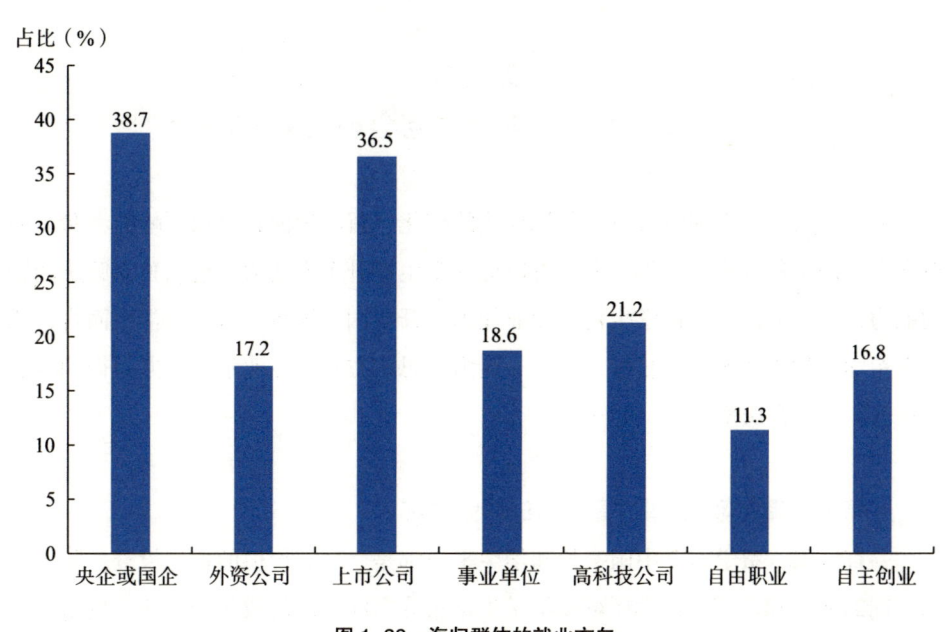

图 1-39 海归群体的就业方向

占比（%）

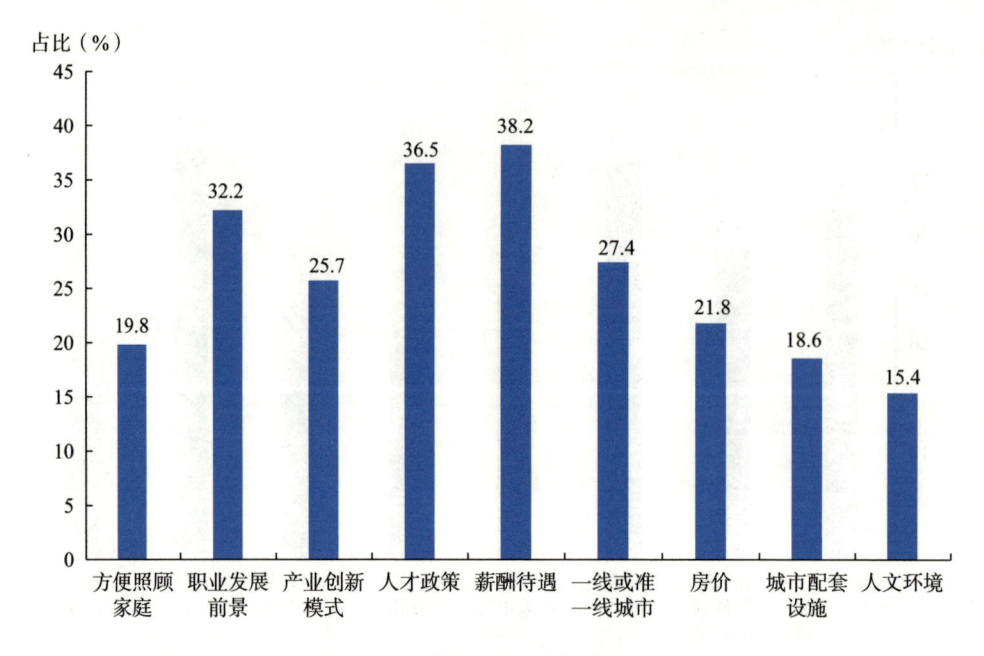

方便照顾家庭	职业发展前景	产业创新模式	人才政策	薪酬待遇	一线或准一线城市	房价	城市配套设施	人文环境
19.8	32.2	25.7	36.5	38.2	27.4	21.8	18.6	15.4

图 1-40　海归群体选择就业城市所考虑的因素

第五节
时代大变局下留学选择与心态变化明显

近几年来，由于国际形势和留学环境的变化，留学生面临更加严峻的考验。面对众多不确定性因素，留学一方面可以促使学生提升个人能力，包括独立解决问题的能力，另一方面可以使学生精进专业能力、开拓国际视野。对于留学生而言，能够在留学过程中实现预期目标，在个人能力、思维方式、专业水平等方面得到深层次提升，是值得庆幸的。

一、提高独立解决问题的能力是留学的最大收获

一直以来，留学对于中国家长和学生来说都是一项有价值的长远投资。除了接触不同的文化和语言，留学还可以给学生带来许多深层次的成长和收获。例如，留学可以提高学生独立解决问题的能力，因为学生需要自己面对各种挑战和困难，包括学习、生活和文化等方面的问题。同时，留学会对学生的思维方式产生影响，他们能更加开放、包容地理解和接纳多元文化。此外，留学能提升学生的专业知识水

平、开阔学生的视野，这对学生的个人成长和未来职业规划都有着积极影响。

学生群体普遍认为，留学过程中的最大收获是提高独立解决问题的能力（24.2%）、专业知识的提升（21.0%）、有更好的事业发展机会（18.7%）和思维方式的改变（13.8%）；家长群体也认为提高独立解决问题的能力（26.9%）是留学带给孩子的最大收获，这表明家长高度重视孩子在留学期间的个体成长。同时，家长群体认为有更好的事业发展机会（20.5%）、专业知识的提升（15.8%）和思维方式的改变（13.1%）是孩子在留学过程中的重要收获（见图1–41）。在这项调研中，学生与家长的认知高度统一，都将提高独立解决问题的能力作为留学过程中的最大收获，这一选择也体现了留学群体成熟的心态。

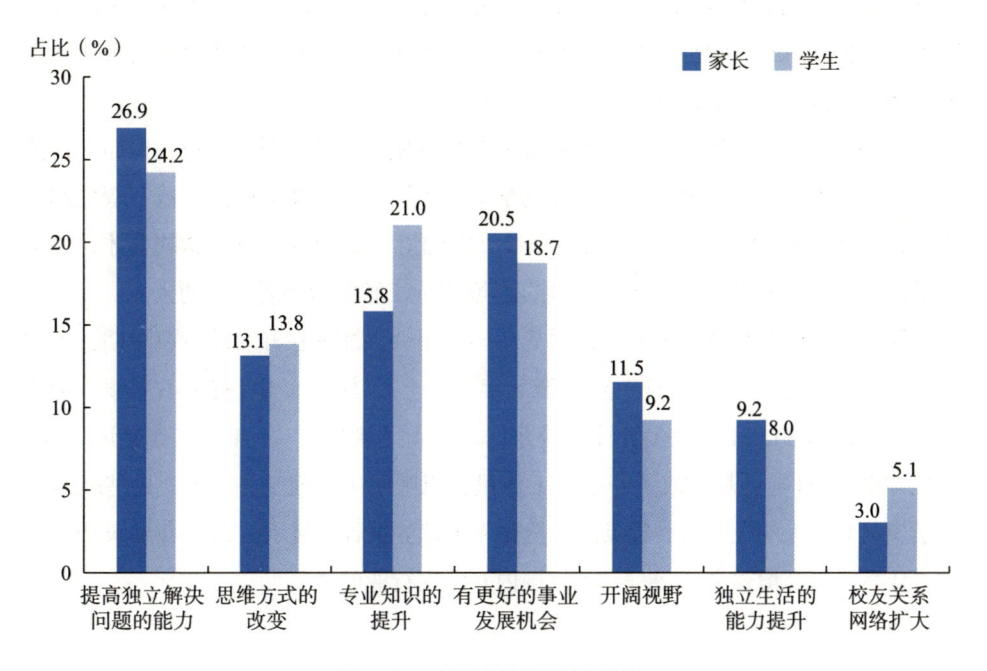

图 1–41 留学过程中的最大收获

二、从"跟随者"到精准投资未来的"引领者"

近年来，国际关系的变化、全球局部冲突以及中国在高科技领域的多重突破，都影响着中国留学家庭的选择，大众的留学心态日趋理性与成熟。

越来越多的家庭开始精准"算账"，权衡留学目的地的政策和不同学校的学制，寻找性价比更高的选择，比如"英国本硕＋中国香港博士"、"美国本科＋国内985

院校直博"、"中国香港本科＋美国直博"等。不仅在投入上"算账"，对于所学专业，留学生也开始寻找精准赛道。金融、会计、计算机曾是三大留学热门专业，现在逐渐被交叉学科所替代，尤其是 AI 时代，人工智能与其他细分领域的交叉学科是未来的方向。

通过差异化竞争，留学生职业发展的加速度优势主要体现在以下两个方面。

第一，教育模式优势。目前英美院校均以"跨学科＋实战化"模式重塑人才培养标准，比如：帝国理工学院的生物工程专业将 CRISPR 技术课程与癌症药物研发项目绑定，学生未毕业就手握专利；美国创新型大学密涅瓦大学推行"全球轮转制"，学生前往多国学习，解决真实社会议题。除此之外，留学生可得到的学习机会更多，比如在我国 2025 年硕士研究生的录取中，计算机专业的报录比高达 23∶1，而英国布里斯托大学同专业的录取率为 41%，且 93% 的课程模块由行业导师设计。这些都是留学人数持续稳定增长的原因。

第二，职业赛道优势。留学生在抢占新兴领域方面具有明显优势，比如：德国慕尼黑工业大学"工业元宇宙"专业的学生，未毕业就可能被西门子数字孪生部门锁定；新加坡国立大学"气候金融"方向的毕业生是碳交易市场的紧缺人才；加拿大滑铁卢大学"AI 伦理"专业的学生，是欧盟人工智能治理署青睐的人才。

除了以上两个维度，近两年，世界各国为争夺人才都在开启政策窗口期：英国 PSW 签证（毕业生工作签证）延长至 5 年（博士），加拿大 BC 省（不列颠哥伦比亚省）开始向 STEM 毕业生直接发放永居证，荷兰则推出"1 年找工作签证 +30% 免税津贴"，日本更是开放了一系列工作机会以吸纳中国理工科学子。这些政策对留学生具有强大的吸引力。领英的《全球人才趋势报告》显示，2025 年留英毕业生的 5 年薪资复合增长率达 28%，远超国内互联网行业的 9%。

三、从"教育投资人"到"风险管理大师"

对广大学生和家长而言，留学不再是"一劳永逸"的选择。理性留学正从"备选项"升级为"必修课"。从某种意义上讲，留学也需要进行风险管理，在不确定中寻找确定因素。家长从以前的专职"教育投资人"，逐渐转变成"风险管理大师"。

政策风险、学业风险和职业风险在留学生涯中如影相随。针对政策风险，已在海外就读的学子需要以积极的心态面对，遇到问题时谨慎解决；而对于正准备留学的学生来说，最佳解决方案是采取多国多地区联申的留学申请策略。哈佛大学 2025

年4月首次宣布，国际新生可以同时接受哈佛大学和另一所非美国大学的入学许可，这都是对冲政策风险的努力。所以，在2025年的调研报告中，大多数家长与学生都选择"英美联申"或者"英美新＋中国香港联申"，这都是对冲政策风险的积极做法。

图1-42展示了家长与学生对留学过程中不同风险的态度。在学生回答者中，学业风险、职业风险和留学政策风险是最受关注的，占比分别是37.4%、32.7%和29.5%。而家长回答者最关注的则是留学政策风险、安全风险和签证风险，占比分别是54.8%、45.9%和34.1%，家长回答者将学业风险（28.9%）排在了第四位。这说明家长更关注国际关系的变化，更关注安全问题。而学生更多关注的是自己的学业以及未来求职方面的问题，但留学政策风险也被学生回答者排在了第三位，说明近期美国留学政策的不稳定性已经全面影响到了留学人群的心态。

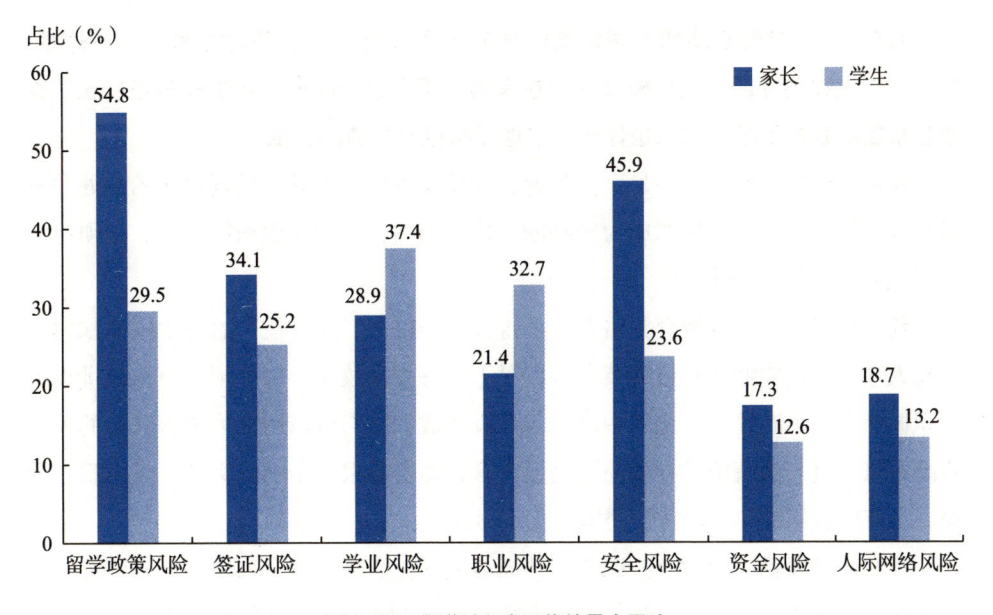

占比（%）

风险类型	家长	学生
留学政策风险	54.8	29.5
签证风险	34.1	25.2
学业风险	28.9	37.4
职业风险	21.4	32.7
安全风险	45.9	23.6
资金风险	17.3	12.6
人际网络风险	18.7	13.2

图1-42 留学过程中面临的最大风险

学业风险管理是一个较为漫长的风险管理过程，2025年的调研数据也充分印证了学业压力是留学生面临的主要困难之一。每年英美等国的高校中都有不少中国学子面临退学困境，尤其是英国高校，其大多以学术严谨、学科难度大著称，加之英国一些大学不允许学生补考，这给学生带来很大的学业压力。对冲学业风险的有效方式是提前预案，不存任何侥幸心理，学生可以补课或提前学习课程。而美国高校大多允许学生重修学分，或者参加校内夏校以补充学业方面的不足。一切风险皆可控，但这需要学生提前准备，积极应对。

留学是一个家庭中最重要的一项投资，也是一个需要全家良性联动的系统工程，在这个系统中，良好的亲子关系与沟通方式、相互鼓励的积极心态、遇到困难与坎坷时的温暖托举，都是不忘留学初心、走向未来的重要因素。

专家观点

李文平
清澜山学校理事、书记、校长，清华大学附属中学国际部前执行校长

国际教育要培养"出得去、回得来、立得住"的有中国根基的国际化人才

问题1：您曾经在清华大学附属中学工作了30多年，经历过中考、高考体系，也曾担任该校国际部的执行校长，现在来到清澜山这所民办国际学校担任校长，在您看来国际教育的核心理念是什么？您做了哪些有价值的尝试？

我认为国际教育的核心是全人教育，即让学生全面发展，发现学生的长处并不断拉长长板，让每个学生都成为独特的个体。当然，在中国做国际教育，必须坚守中国根基，进行中西融合。

我一直坚信，国际教育要培养"出得去、回得来、立得住"的有中国根基的国际化人才，他们能够用地道的英文在世界上讲好中国故事，为中国发声，向世界展示积极向上、不断发展变化的中国。待学有所成，他们可以回来为中国社会的发展贡献力量。这与清澜山的办学使命高度契合，即培养根植于中国文化、学术积淀深厚、具有创新精神和突出特长的国际化杰出人才。

我们通过设置中西融合的课程、开展多元文化活动，以及采用中英双语言、双文化的教育模式来培养学生对中国文化的了解和认同，同时提升国际理解力。

清澜山形成了独特的学校价值体系，营造的是蓬勃向上的校园文化。

"尝试一切可能"是清澜山的校训。在低年级阶段，这是一种鼓励孩子广泛探索的精神——他们可以加入交响乐团、合唱团、戏剧社，参与网球、击剑、篮球、足球、编程与科创等多元课程。而当孩子们逐渐成长，校训则内化为"尝试，一切可能"的坚定信念——只要愿意尝试，一切皆有可能。

教育要坚持长期主义，不能急功近利。好成绩和名校固然重要，但绝非唯一标准，孩子的快乐成长、全面发展才是基础教育最重要的功能。

我的学生观是"眼里有光、心中有梦、脚下有路"，我希望清澜山的孩子不把自己拘泥于书本，每天埋头刷题。单纯卷学术或许能赢得考试，带来短暂的成功，但未必能抵过岁月的洗礼，赢得人生。我认为学校不仅要关注学生的学术表现，还要注重孩子的身体健康、心理健康与全面发展。"无体育，不清澜"，清澜山有30多名体育老师，无论是哪一年级，每天都有一节体育课。此外学校还有配备精良的网球学院、击剑学院，全面开花的足球、篮球、游泳、啦啦操等各式校队，它们都是清澜山学子放学后钟爱的去处。

我的教师观是"心中有爱、眼里有人、手中有法"。我认为老师要善于点燃和激发孩子，让孩子们在赏识和激励中向上、向善。我时常对老师们说："也许并非每个学生都能成为老师眼中最优秀的学生，但是我们清澜山的每一位老师都要力争成为学生眼中最优秀的老师。"为此我特别重视激发教师的内驱力和赋能教师，让他们"想干且能干"。为了支持教师的专业成长，学校制定了全面的教师发展指导框架，建立了系统化的教师培养机制，并提供了充足的资金支持。我们坚信，只有教师足够优秀，学校才能培养出更优秀的学生。

我们的校园文化是"校风正、学风浓、爱阅读、重体育、重创新"。我们希望校园是一个充满活力的、能装下师生热爱的场域。

问题2：清澜山2025届毕业生的大学录取结果很出色，不但有牛津、剑桥以及知名藤校的录取通知，而且80%的学生被QS前30的大学录取。作为一所创校仅8年，今年才有第三届毕业生的学校，你们是如何做到的？

清澜山是一所既重视学术，又强调全人教育的学校。这些顶尖大学对清澜山学子的认可，主要基于学生扎实的学业能力，以及每个学生的独特性。这也促使我们学校在过去的几年中保持定力，坚持自己的办学理念，全方位托举学生。

我们坚持深耕学术、发展内涵，全面提升教育教学质量，优化并不断丰富课程设置，完善各项工作，坚持把学生的成长放在第一位。学校在2024年初获得了WASC[①]认证，这是对学校高质量教育教学的认可。

我们非常注重每一名学生的成长和个性发展，对于学有余力的学生，我们在高中部开创了"清翔计划"——聘请25位清华大学教授、多个行业领军人物以及20

---

① WASC是指"西部学校与学院教育联盟"（Western Association of Schools and Colleges），是美国教育部授权的为公立和私立学校、学院和大学进行认证的六大教育联盟之一，也负责认证位于亚太地区的国际学校。

多位大湾区高校教授担任学生的学术导师，帮助学生找到热爱，在顶尖实验室拓展学术边界。

此外，我们还建设了高研实验室，这是中学阶段极为少见的专业科研实验室，配备了多个高端实验设备，这些设备会随着学生课题的需求持续添置。同时，我们开设了基于艺术和设计的跨学科实验室，实验空间包含人工智能、艺术、生物、工程等跨学科领域，并配置了大量前沿设备，以满足学生在创作中的跨学科需求，真正打破学科壁垒。总之，我们全力支持学生的学术探索，全方位为学生的成长赋能。

2024年开学之际，我提出"每个人都要找到自己的热爱（passion），成为最好的唯一"。现在，各个学部都在推进"惊澜计划"（Passion Project），目的是让学生发现自己的兴趣和特长，并为此深耕。我深知，我们不能期待每个孩子都是第一，但他们可以在不同领域成为有突出特长的唯一。

美国哥伦比亚大学教育学院的托马斯·哈奇（Thomas Hatch）教授曾评价我们学校的学生："松弛但专注"（relaxed but focused）。这正是因为清澜山的学生都在做自己热爱并擅长的事情。

为此，我们坚持学术与特长发展并重，校内设有美术学院、交响乐团、网球学院和击剑学院。其中美术学院有四大工作室，为那些对艺术感兴趣的学生提供挖掘潜力的机会；交响乐团由国内外资深演奏家担任老师；网球学院、击剑学院聘请了曾是国家级运动员的教练。

同时，我们鼓励学生社团自主发展，为学生提供展现和提升自我的机会。这些举措不仅丰富了学生的校园生活，也为他们未来成为有突出特长并全面发展的社会公民奠定了坚实的基础。

问题3：在人工智能迅猛发展的当下，您认为当今国际教育面临哪些挑战？作为一名校长和教育工作者，您计划如何应对这些挑战？

确实，人工智能正以前所未有的速度发展，这对传统教育模式提出了深刻挑战——当AI能迅速获取、处理和应用海量知识时，以知识记忆和技能训练为主的教育体系将难以为学生的未来赋能。我认为未来教育的核心将从"教什么"转向"如何教"与"为何学"。为了应对挑战，我们必须在理念转型和技术革新两个层面同步推进。

在理念层面，教育者要更新观念，把AI看作教学辅助工具；在技术层面，我们要尝试将AI工具融合在教学中，以更好地适应信息时代对教育的呼唤和需求。

基于此，我们正在扩建"科技创新中心"，搭建 AI 教育应用的研发与实验平台，探索 AI 如何在课堂教学、资源开发和学生评价中发挥积极作用。同时，我们正在加强教师培训，提升教师的数字素养和教学设计能力，使其创造性地融合 AI 工具，推动教育的个性化、公平化与终身化。

此外，面对 AI 带来的新环境，教师应特别注重引导学生正确使用 AI。其中，培养学生的批判思维尤为关键。面对 AI 可能生成的虚假信息、偏见内容甚至"幻觉数据"，我们鼓励学生保持质疑精神，并掌握系统的判断方法。

面对不确定的未来，我们始终把"培养学生受益终身的能力"作为出发点，致力于培养学生的核心素养，即创新能力、批判思维、提出并解决问题的能力以及团队协作精神。

从成为教师、站在讲台的那一刻起，我就坚持教书育人、不断追问教育本质，坚持做正确的事。未来，我们将继续保持定力，坚持做坚守教育本质的事，让清澜山成为一所百年名校，成为教育界鲜明的旗帜。

本章结语

留学可以开阔学生的眼界，提高职场竞争力，其更深远的价值在于"认知升维"：经历文化震荡与冲击的留学生，其决策复杂度指数可以提升 74%（世界一流商学院 INSEAD 测评），这种能力在当今时代尤为稀缺。当困于存量厮杀时，留学正在增量市场书写新规则：它不仅仅关乎教育选择，更是对人生可能性的重新探索与定义。留学在某种意义上是寻求多元发展的终极武器：在人工智能时代，培养不可替代的人类创造力。

第二章

留学北美：开放创新的前沿探索

美国国际教育研究所发布的《2024美国门户开放报告》显示，中国留美本科生人数为 87 551 人，研究生人数为 122 778 人。美国 CA 系统（Common Application，美国大学最常用的网申系统）最新数据显示，在 2024—2025 学年，约 1.84 万名中国学生通过 CA 系统提交了申请，在经历连续 3 年下滑后，申请人数首次回升，较去年上涨 6%。另外，加拿大移民局（IRCC）的统计数据显示，截至 2024 年，在加拿大的中国留学生数量约为 10 万人。中国留学生约占加拿大国际学生总量的 28%，其中安大略省聚集了 46% 的中国留学生。

美国的大学给予了学生高度的自主选择权，学生可以在多元化的课程设置与学术实践中深度挖掘个人潜能。凭借鲜明的特质与显著优势，美国各个大学持续吸引着大批优秀学子，很多学生将美国作为留学首选地。加拿大的大学则以"实用主义教育"为核心竞争力，将学术研究、产业需求与政策红利深度融合，构建了独特的留学价值体系，同样受中国留学生青睐。

第一节
留学北美是多元选择下的理想解决方案

在全球化教育布局成为主流选择的当下，留学家庭面临战略重心选择的系统性挑战——如何在不同学术生态系统中实现资源最优配置？美式文理教育、英联邦模块化培养与亚洲速成模式形成三足鼎立之势，本节可以帮助读者找到理想的留学解决方案。

一、美国、英联邦与亚洲教育体系的差异化规划方案

本节内容基于英国 G5 和 U.S.News[①] 美国前 30 大学的基本标准进行阐述，以下为对三大体系的对照分析。

---

① U. S. News 全称为 US News & World Report，是美国的一家新闻媒体和教育信息服务机构，每年发布美国及全球大学排行榜。

（一）美国：扬长式教育与"通才"培养体系

美国教育体系以"全人教育"为核心理念，将学术成绩作为基本准入门槛，构建了通过深度参与课外活动来挖掘学生个性的扬长式教育模式，致力于培养兼具学科深度与综合素质的通才。在这种教育体系下，学生的升学准备犹如一场持续四年的"学术马拉松"——从 9 年级步入高中到 12 年级高中毕业，都需要进行系统规划（见表 2-1）。

表 2-1　U.S.News 美国前 30 大学升学路径规划表

阶段	重点任务	具体规划与建议
9~10 年级	兴趣探索与学术筑基	■ 通过公益类或兴趣类活动（如组建学科社团）探索学术发展方向 ■ 开展初级科研实践（完成文献综述或基础实验） ■ 参加入门级学术竞赛（如 AMC10、物理碗） ■ 启动托福备考（首考目标 95 分以上）
11 年级	学术突破与差异化塑造	■ 选修 4~6 门 AP 课程并冲刺 5 分 ■ 强化 SAT/ACT 训练（目标 1 500 分以上 /34 分以上） ■ 发表学术论文或参加国际竞赛（如 ISEF、USACO 等） ■ 升级公益类活动为区域性、系统性项目
12 年级	申请叙事整合与策略执行	■ 打磨 CA 主文书核心故事线（建议预留 3 个月迭代优化周期） ■ 补充文书，提高与目标院校的匹配度 ■ 优化推荐信组合（学术能力证明＋人格特质刻画） ■ 制定 ED/EA/RD 轮次申请战术

注：AMC10 是美国数学竞赛（10 年级以下、17.5 周岁以下的学生）；AP 课程是美国大学理事会开发和管理的高中先修课程体系，采用 1~5 分制（5 分为最高分）；SAT 是美国大学理事会主办的学术能力评估测试；ACT 是指美国大学入学考试；ISEF 是指国际科学与工程大奖赛；USACO 是指美国计算机奥林匹克竞赛；ED/EA/RD 是指美国大学申请轮次（ED 是绑定性早申请，EA 是非绑定性早申请，RD 是常规申请）。

资料来源：根据美国大学官网公开信息整理。

除了上表所列的基础项目，高含金量的夏校、国际竞赛、个性化项目（比如公益创业）、独立研究，均是美国大学申请中不可或缺的背景提升要素和竞争力加分项。

对于招生官而言，优质的活动经历犹如申请文书的预叙写照，能让学生从成绩清单上的数字蜕变为有血有肉的潜在校园贡献者。因此，在规划这些活动时，建议遵循"早探索、深参与、强链接"原则——9~10 年级广泛尝试以确认方向，11 年级聚焦 1~2 个核心项目进行纵向深耕，并力争与学术导师、行业专家建立持续联系，最终形成贯穿申请主题的"影响力轨迹"（见表 2-2）。

表2-2 U.S.News 美国前30大学申请核心指标

评估指标	基础标准	建议
GPA	未加权GPA≥3.7，年级排名前10%	申请Top30院校建议≥3.9
标化考试	托福≥110分（单项≥25分）SAT≥1 500分/ACT≥34分	Test-Optional政策下，高分成绩仍可以显著提升竞争力
课程强度	至少完成5门AP课程且成绩均达5分	优先选择跨学科组合，如2门STEM+人文学科

注：GPA是指平均学分绩点；Test-Optional政策是指大学在录取过程中不强制要求申请人提交SAT或ACT等标化考试成绩，而是由申请人自行决定是否提交。

资料来源：根据美国大学官网公开信息整理。

（二）英联邦：学术深耕与"专才"培育模式

英联邦教育体系以"学术专精"为核心理念，将学科能力作为核心评价标准，构建了从选课阶段就锁定专业方向的垂直培养模式，致力于塑造兼具知识深度与研究能力的专才。与美国的"全人教育"形成鲜明对比，英联邦教育体系更像是一场"学术登山"，从GCSE[①]阶段（9~10年级）到A-Level或IB[②]阶段（11~12年级），均以专业化为导向（见表2-3）。

表2-3 英国G5大学升学路径规划表

课程体系	具体要求与建议	热门专业申请关键节点
GCSE或A-Level路径	■ GCSE阶段（9~10年级）：锁定3~4门核心科目（如数学+物理+经济） ■ AS阶段（11年级）：至少完成2门核心科目预修，冲刺A* ■ A2阶段（12年级）：A-Level大考达AAA*~AAA（理工科要求数学达A*）	■ 牛剑医学专业：建议在10年级结束前确定目标课程组合 ■ G5泛商科：在11年级暑期完成UCAS个人陈述初稿撰写，并启动核心学科竞赛冲刺
IB路径	■ HL（高阶）课程应精准匹配目标专业（比如申请剑桥大学自然科学专业应选数学+物理+化学） ■ TOK（知识理论）或EE（拓展论文）主题需要与专业方向关联 ■ IB总分达40分以上	

资料来源：根据英国大学官网公开信息整理。

[①] GCSE是指英国普通初级中学毕业文凭。
[②] A-Level是指英国普通中等教育证书；IB是指国际文凭组织为全球学生开设的从幼儿园到大学预科的课程，其与A-Level、VCE、AP课程并称全球四大高中课程体系。

除此之外，英国大学在录取中高度重视学生的学术能力与潜力，包括专业相关性强的高质量实习（比如投行实习对申请伦敦政治经济学院经济系至关重要）、方法论严谨的学术论文（比如发表期刊论文、会议论文需要体现文献综述与实证方法）以及高含金量的学科竞赛成绩，这些都是加分项。

（三）亚洲：高效灵活的务实教育路径

亚洲教育体系以日本、新加坡和中国香港地区为代表，既体现了传统亚洲教育重视学术能力的特点，又兼顾学术素养与本地教育适应性（见表2-4）。

表2-4 亚洲代表性国家及地区的大学规划路径

申请路径	关键时间节点与任务	核心学术要求	语言要求	附加准备建议
新加坡或中国香港体系	高三上学期： ■ 完成高考复习与语言考试冲刺 ■ 启动大学网申系统（比如香港大学首轮12月截止）	高考成绩：650分或750分以上（超过一本线150分）；重点科目单科排名省前5%	■ 雅思6.5分以上（单项≥6.0分） ■ 托福90分以上（写作≥23分）	■ 参加新加坡国立大学或南洋理工大学线上学术营（提升专业认知） ■ 准备中英文课程描述（学分转换备案）
日本EJU（日本留学生考试）路径	高二暑假至高三： ■ EJU日语强化（目标350分或400分以上） ■ 文综或理综模块化突破 ■ 校内考模拟训练（早稻田大学或庆应大学真题）	■ EJU总分：700分或800分以上（日语达320分以上为基本门槛） ■ 数学或理科：85%以上的正确率	■ 日语达到N1级（文科硬性要求） ■ 托福达80分以上（东京大学、京都大学要求）	■ 小论文专项训练（每周2篇时事评析） ■ 面试礼仪特训

资料来源：根据各大学官网公开信息整理。

除此之外，中国香港地区的大学在面试环节会重点考察本土化实践经历（比如参与粤港澳大湾区调研项目），而日本院校比较重视申请者的跨文化适应能力。

二、三大教育体系的适配群体定位

下文从核心适配群体、学术特点、经济成本及学生画像四个维度，对比分析美国、英联邦、亚洲的留学路径差异，为升学规划提供参考（见表2-5）。

表 2-5　三大教育体系适配群体对照表

类型	核心适配群体	学术特点	经济成本	学生画像
美国	兴趣多元的探索者；社会活动积极参与者；高抗压能力挑战者	跨学科自由度高（双专业率超过60%）；录取采用综合评价制	本科4年总费用200万~300万元	■ 坚持公益项目3年以上并形成个人叙事逻辑 ■ 有文理兼修倾向（如计算机科学+哲学双专业规划） ■ 能承受Top30院校低于10%的录取风险
英联邦	学术早慧型专才；职业目标明确者；时间效率优先者	专业纵深培养（大一确定专业）；3年本科学制（压缩学习周期）	非伦敦地区年均35万~50万元	■ 高中阶段就明确专业方向 ■ 理工科学生参与2项以上学科奥林匹克竞赛 ■ 接受模块化课程结构（转专业灵活性较低）
亚洲	务实型决策者；区域发展聚焦者；文化适应优先者	高考、EJU双轨申请通道；产教融合度高	新加坡本科年均15万~25万元；中国香港本科年均18万港元；日本本科年均4万元	■ 高考成绩650分以上，英语单科不低于135分 ■ 高考发挥稳定，规避"洋高考"风险 ■ 计划未来深耕亚洲职场（如香港投行、新加坡科技公司）

资料来源：根据各大学官网公开信息整理。

三、美国自由探索的全人教育与其他教育模式的差别

（一）美国：全方位的自由探索模式

（1）自由探索的通识教育：美国大学前两年以通识课程为主，学生需要修满人文社科与自然科学的学分，大二结束后再确定专业方向，这充分给予了学生学术探索的弹性空间。

（2）多元化的评估体系：除考试外，论文、小组项目、课堂参与度均占重要权重。

（3）本科生科研资源丰富：本科生可深度参与学校科研项目，比如密歇根大学安娜堡分校向本科生开放400多个实验室。

（二）英联邦：精准定位的学术导向模式

（1）贯穿始终的专业教育：学生在大一就锁定专业方向，有的专业甚至无选修课，比如牛津大学PPE（哲学、政治学与经济学）专业。

（2）年终大考权重高：学业评价以年终考核为核心，比如剑桥大学Tripos考试

的权重达 70% 以上，考核形式相对单一。

（3）高年级才有科研实习机会：英国大学不向大一学生开放科研实习机会，但导师制提供了高强度学术训练。

（三）亚洲：就业驱动的实用主义模式

（1）课程设置紧密结合产业需求：以就业为导向的教育体系特征明显，比如新加坡国立大学开设"金融科技"微专业。

（2）考试与实习并重：比如香港大学商学院要求学生完成 500 小时企业实践，类似美国部分院校的 Co-op 项目（Co-operative Education，校企合作带薪实习教育项目）。

（3）校企合作形式较多：这为学生就业提供了很多便利。

四、美国教育"超兼容系统"的独特优势

选择不同国家和地区的高等教育，本质是选择不同教育模式与就业渠道。北美以常春藤盟校为代表的"学术生态圈"模式具有跨学科资源密度大的优势，英联邦体系以罗素集团为核心的"职业通道"设计具有学科认证标准化程度高的优势，而在当前热门的亚洲求学板块中，新加坡、中国香港高校的"产业研究转化"特色突出。

其中，北美教育体系展现出了不可替代的兼容优势：其学术自由的教育机制可无缝对接英联邦学分认证体系，同时通过 Co-op 项目吸纳亚洲产业资源。这种"超兼容系统"特性，使留学北美成为全球化教育布局中应对政策波动的高效解决方案。

多国多地区联申的留学规划策略通常依照美国路径进行全链条规划，这样学生可顺利申请各个国家与地区的大学。按照美国路径进行留学规划具有以下优势。

（一）学术成绩的全球通用性

美国的标化考试（SAT/ACT）在全球 72 所顶尖院校形成了分数互认机制，AP 课程通过"5 分等效原则"实现了学分跨区域流通，比如伦敦政治经济学院的经济学系认可学生用微积分 BC 课程 5 分抵换 A-Level 课程的 A* 学分，新加坡国立大学工程学院将物理 C 纳入先修课认证清单。

（二）课外活动的跨教育体系适配性

美式深度科研项目（比如麻省理工学院的 PRIMES 项目）在英联邦院校申请中具备显著竞争优势，尤其对 G5 名校而言，此类经历可显著提升申请者的竞争力。

亚洲院校同样青睐国际化活动背景，例如新加坡、中国香港的高校普遍重视美国学术竞赛和辩论赛成果。

（三）教育叙事的跨区域复用价值

美国大学要求的 CA 文书，尤其是"why major"（为何选择该专业）部分，可以直接迁移至英国的 UCAS 系统，经本土化扩充后作为英国大学申请文书。

在亚洲大学面试中，美式文书的"story telling"（故事讲述）模式，可作为跨文化表达的有效样本。

美国升学申请最复杂，材料要求最全面，以美国升学规划为基准，同步覆盖英联邦与亚洲院校的独特需求，可形成"一核多效"的规划优势。借助美国大学的全球教育兼容性，以北美留学为支点，学生可实现多元化升学目标的高效统筹，这是应对复杂留学环境的理想解决方案。

专家观点

邓悦
美国约翰百斯特高中（John Bapst School）国际生项目兼国际生招生负责人

"爬藤"是国际教育的一大误区

问题1：您一直在美国东海岸的中学从事教学及国际事务管理工作，美国高中有哪些特质是您想分享给中国留学生的？

我们学校是私立中学，我从 2014 年起负责国际生项目，也负责国际生招生，至今 10 余年了。我们学校属于中等规模，有 500 多名学生，本地生占 85% 左右，国际生来自全球各地，以亚洲和欧洲为主，中国学生占国际生的一半，国际生毕业后大多能进入美国前 50 的院校。我们学校的学术实力较强，开设了 25 门 AP 课程、20 多门荣誉课程，加上注重个性发展的选修课，共计 100 多门课程。同时我们提供了很多运动项目、社团及各种课外活动，以丰富学生的生活，培养他们的综合能力。

美国高中是四年制，我校 9~12 年级的学生相当于中国国内的初三至高三学生。所有课程均采用学分制，毕业条件是修满 20 个学分，每年至少 5 个学分，必修课包括每年必学的英语和数学，学生要修满 3 年的社会科学、3 年的自然科学，还要修 1 年人文素养方面的艺术或音乐类课程以及 2 年的外语课程。学生可以和学校的升学指导老师沟通选什么课，每个学生的课表都是根据自己对不同课程的掌握程度和个人兴趣量身定制的，所以一门课中各个年级的学生都有，没有同班同学，只有同课同学。教材和讲义由任课老师根据教学内容自己选定，没有统一教材，非常灵活。

学校每天下午两点放学，同学们放学后忙着参加运动训练、乐团排练、话剧和音乐剧排练等社团活动，或者找老师辅导、参加社区或其他社交活动，当然也要做作业、复习、查专业课资料、准备考试等。

美高的优势体现在学习环境、人际交往、社会活动等方面，学校给孩子提供了个人成长的舞台、提升自己的机会，学生在关爱友善的环境中学习宽容、合作，顺应自然天性成长。青少年时期只有一次，这段时期的经历对一个人的一生有很大影响。我们希望学生在一个开放创新、可以激发自身各方面潜能的环境中成长，体验不一样的学习内容和方式，变得更加独立。

问题2：您接触了大量中国留学生与留学家庭，在您看来，哪些误区需要消除？

目前不少家庭和学生的误区是，把进入藤校视为唯一目标。他们认为上了藤校就万事大吉，至于之后的路怎么走，考虑得比较少。进入藤校并不能保证人生之路从此继续迈向成功；没上藤校，毕业后的就业和人生同样可以很精彩。

其实根据孩子的具体能力、性格等选择最合适的学校，才是对孩子负责。进入藤校可以是求学路上的一个小目标，但不应被列为学生高中阶段和青春期成长中的唯一目标。自信、快乐、会学习、会生活、会沟通才是成功的必要因素。

鉴于目前的经济形势和美国关税政策的影响，今年申请美高的学生数量有所减少。有的家长考虑到美高四年和大学四年的总费用较高，转向亚洲等留学成本更低的地区。但美高的中等教育体制和亚洲教育体系还是有所不同，美高的优势也不是其他国家都具备的。

第二节
多元与创新并存的美国教育体系

美国教育体系与其他国家相比，有着不可替代的优势：学生享有极大的自我探索空间和纠错纠偏空间，以及大胆创新的自由度。

一、积极探索的学术自由度，允许纠错纠偏的包容机制

美国大学具有极大的包容度与自由度，这是吸引学生赴美就读的重要原因之一。

（一）入学专业可以换，用两年时间进行学科探索

在美国大学教育体系中，大一、大二是通识课程，学生除了选择规定的文科和理科通识课程，还可以选择自己感兴趣的专业课程，以充分了解自己的真实兴趣。在大二下学期期末考试后，学生才最终确定专业，除了部分热门专业的门槛很高，其他专业都较易选择。在申请美国大学时，学生填的是倾向性专业，而非最终就读的专业，学校会给学生两年时间充分进行自我探索与学科探索，学生有充足的时间对之前的选择进行纠偏与纠错。这种体系给予了学生很大的自由度与包容度，学生能真正选择自己喜欢的专业。

（二）学校可以换，两年四次转学机会

美国所有学校都允许学生转学。除了加利福尼亚大学等几所大学要求学生有足够的学分才允许其转入，即大二才可以转学，其他学校基本允许学生在大一转入，一年有春季和秋季两次转学机会，这意味着学生入学后有四次转学机会。所以，即便未申请进入理想大学，学生也有两年的时间进行积累并展现更好的自己，从而进入更好的大学。

（三）探索空间大，选课自由

美国学生在毕业时经常手持两个学位，甚至更多。这是因为美国大学基本不限制学生进行选课，学生可以跨学科、跨专业、跨学院选择自己想学的课程，甚至还可以跨学校选课。所以，许多学生除了专业课，还会学习许多貌似毫不相干的课程，比如计算机专业的学生选择学习艺术与哲学。而正是这种不受限、根据兴趣自由学习的体系，激发了跨学科下的创造力与想象力。

大学的魅力在很大程度上来自学生的就读体验，学生与大学是彼此成就的关系，而美国大学在包容度与自由度上，无疑给予了学生很好的体验。

二、通识教育与跨学科融合，形成去中心化的知识体系

美国高等教育最显著的标签是通识教育，但其本质并非简单的"文理兼修"，而是一套颠覆传统学科壁垒的知识重组机制。

（一）核心课程有其潜在的哲学内核

美国各个大学的核心课程都隐含着该大学潜在的哲学思考内核。以哈佛大学

"思维训练课程"（比如"理性与信仰""正义论"）为代表的通识教育体系，直指批判性思维的内化，学生需要在哲学思辨、科学实证、艺术表达之间反复切换视角，这种训练本质上是对工业化时代"专业螺丝钉"培养模式的否定。哥伦比亚大学的某些核心课程甚至规定学生必须阅读《荷马史诗》《独立宣言》等，这种看似"无用"的训练实则构建了跨文化对话的底层逻辑。

（二）学科交叉的制度化突破激发了创造力

美国大学通过设立跨学科学院（比如麻省理工学院的"媒体实验室"、斯坦福大学的跨学科研究计划 Bio-X），将跨界研究做到了极致。不同于停留在"合作课题"层面的学科交叉，美国高校赋予这些机构独立的招生权、预算分配权，甚至允许其颁发新型学位（比如"计算生物学""社会机器学习"）。麻省理工学院推出的"柔性电子学"项目，融合了材料科学、神经工程与工业设计，直接催生了可穿戴医疗设备领域的产业革命。

（三）知识生产链的重组与创新

从本科阶段的"Undecided Major"（不定专业）机制到博士阶段的"个性化培养方案"，美国教育体系始终在解构学科与职业的线性关系。这种去中心化模式倒逼学生成为自身知识体系的架构师。比如，加州理工学院实行"自主课程设计"制度，30% 的学生完全抛弃标准课程表，自主组合量子物理与戏剧理论的课程包。著名的文理学院斯沃斯莫尔学院也鼓励新生在入学后自己设计通过通识教育把艺术与自然科学完美联结起来的课程。这种跨学科自主设计的思维培养模式，是激发创造力的源泉。

三、本科规划的核心：完美三维下的精准人物画像

美国本科的申请最为复杂，也最具不确定性，这与美国大学的录取逻辑有关：平时成绩与标化考试所体现的硬实力，并不能保证学生进入理想大学。全链条规划下的精准人物画像是学生脱颖而出的关键。

在中学阶段，学生需要从 GPA、标化考试（语言测试和学术测试）、课外活动和文书四个方面来为本科申请做准备。良好的 GPA 和标化考试成绩可以互相印证，丰富的课外活动是打造出彩文书和塑造申请者立体形象的前提。从 9 年级到 12 年级，学生需要从宏观角度整体规划这四个方面，为申请季的工作奠定坚实的基础。下文将重点对国内学生不太熟悉的课外活动部分进行详细阐述。

（一）课外活动的四大类别及其特征

1. 学术类活动

学术类活动主要分为学术竞赛和学术研究两种。除此之外，一些以学术研究为核心内容的夏校和暑期训练营也属于学术类活动。

学术竞赛主要指被多所海外大学认可的国际竞赛，其种类繁多，每项竞赛设置的科目种类也很多（理科偏多）。优秀的竞赛奖项能体现学生出色的学术能力与敢于挑战的个人素养，从而为学生的申请增色不少。学术研究在大多数情况下是指国内外高校自身的研究项目，学生可以利用假期参与，从而在提高自身能力的同时取得一定的项目成果。

学生也可以参加目标学校的夏校或暑期深度科研项目，以此作为学术类活动的补充。需要注意的是，带学分的夏校具有更高的认可度。学术类活动是学生了解自己感兴趣的学校或专业的好机会，学生可以在低年级阶段多涉猎自己感兴趣的项目，在11年级暑假参加目标学校的夏校，以增强对学校的了解。

2. 领导力类活动

领导力类活动是指能体现学生领袖精神和领导能力的课外活动。领导力包括但不限于组织协调能力、统筹规划能力、沟通调节能力。在大学生活中，需要开展团队合作的课程与项目很多，因此领导力是美国大学招生官一贯重视的能力。领导力类活动形式繁多，校内活动包括学生会与社团管理，竞赛类活动包括模拟联合国、模拟法庭等。领导力类活动不是孤立的，当参加公益类活动、学术兴趣小组时，学生所展现的组织管理能力都属于领导力范畴。学生可以在学校创办各种社团，从而展现作为发起人的领导力。

3. 公益类活动

公益类活动主要是指志愿者活动、慈善活动以及社区服务活动。有强烈社区服务意识和公益意识的学生在申请中更受欢迎。学生需要找到真正愿意投入热情的事情，这样学生不仅有丰富的课外活动经历，为文书提供有用的素材，还能真正培养自己的综合能力以及社会责任感、同情心。一个优秀的公益类活动应有的特点是：具有持续性、热情、责任感、领导力，能通过自己的行动推动社区进步并带来改变。

4. 兴趣特长类活动

前三类活动分别展现了学生的学术能力、领袖精神和服务意识，兴趣特长类活动则回归学生个人兴趣，向招生官展示自己的爱好与特点。兴趣特长类活动包括但不限于艺术类、体育类活动，有时还可以是学生独特的"冷门"兴趣。兴趣特长类活动可以让招生官看到学生更真实、有趣的一面。如果学生有体育类、音乐类特长，那么这些都可以发展为优秀的课外活动。

（二）课外活动规划的基本原则

在美国大学的录取过程中，标化考试成绩只能证明一个学生的学习能力与潜力。而课外活动是展现学生兴趣与热情、是否具有领导力，以及未来为社会做贡献、推动社会进步愿景的一个重要环节。课外活动是建立在"硬条件"基础上的学生个性化"画像"，可以让招生官快速从众多申请材料中看到学生的特点，因此做好课外活动规划很重要。

课外活动规划是做"加法"还是做"减法"？在申请大学时，学生需要在申请表上填写5个奖项与荣誉、10个活动。这15项内容其实就是活动申请中的两条主线：一条是申请者的学术兴趣与动力；另一条是申请者的内在潜质、性格，即申请者的画像。

课外活动规划应从以下几个维度着手。

第一，认真梳理和分析课外活动是否包括学术类和非学术类两大类，是否存在一些不相关的活动。

第二，找到短板，这主要体现为质量和数量是否达到要求，课外活动与所申请专业的相关性如何，活动的深入性是否足够。

第三，聚焦活动内容，做减法。做减法主要是为了提升专业相关度，即直接放弃与所申请专业匹配度不足的活动，同时将学术研究与实践活动相结合。在活动设计上，学术类活动需要展现学术成果，非学术类活动要展现其带来的社会影响力，即为家庭、学校、社区带来的改变。

第四，检查是否有标签类活动，这是学生画像中的点睛之笔，它能让学生的个性化画像突出而鲜明。

课外活动的设计与规划有4个重要原则：一是质量比数量重要；二是各个活动之间要有内在逻辑与联系，不能"各自为战"；三是无须复制他人的活动，不"神圣化"任何活动，活动都是个性化的；四是避免"宏大叙事"，从身边的小事做起，产生看得到的改变。总之，课外活动规划应当在活动深度上做"加法"，在活动主线上做"减法"。

（三）美国本科申请方案

美国本科申请按时间分为3个阶段，按申请类别分为2个阶段（早申请阶段和常规申请阶段）。加利福尼亚大学有独立的体系，各个分校在不同申请阶段需要不同的申请方案（见表 2-6）。本书按时间段将加利福尼亚大学列在第二个阶段。

表 2-6 美国本科的六种申请方案

方案	截止日期	限制条件	放榜时间	结果类型	特点
EA	11月1日左右	无	部分学校在12月中旬，部分学校在1月份及以后	录取、拒收、延迟到常规申请	非绑定性早申请，录取了可以不去；建议申请
ED1	11月1日左右	学生一旦被录取，就必须在该学校就读	12月中旬	录取、拒收、延迟到常规申请	绑定性早申请，录取了必须去；谨慎申请，建议在出分后申请；录取率大于RD和ED2
加利福尼亚大学	12月1日	无	3月中旬到4月初	录取、拒收、加入等待名单	因为多校使用同一文书及申请材料，建议多申请
REA（Restrictive Early Action，严格限制的提前行动）	11月1日左右	学生在早申请阶段不能申请除该学校外的其他大学	12月中旬	录取、拒收、延迟到常规申请	申请后不允许申请其他ED学校，但可申请EA学校；录取了可以不去；建议有特别心仪的学校再申请，只有名校采取此政策
ED2	1月1日左右（部分学校较晚）	学生一旦被录取，必须在该学校就读	2月中旬	录取、拒收、延迟到常规申请	如果ED1失利或刚出分，那么建议申请；录取了必须去
RD或RA（Rolling Admission，滚动式录取）	1月1日左右（部分学校较晚）	无	3月中旬到4月初	录取、拒收、加入等待名单	录取了可以不去；建议此阶段参照EA录取结果选校

资料来源：根据美国大学理事会及加利福尼亚大学官网公开信息整理。

四、研究生规划：做好课程规划与科研实习规划

申请美国研究生需要做好课程规划和科研实习规划。学生只要把每年的课程规划和时间安排做好，每一学年都做好科研实习规划，大四拿到"梦校"的录取就会

水到渠成。

大一开始做全方位规划。一切规划的前提是保持优秀的 GPA，也就是说 GPA 是"1"，其他各种考试成绩及软性指标是后面的"0"。由于美国大学本科体系的复杂性，不同大学的同一专业或同一大学不同专业的课程规划千差万别，学生应多做调研，或者找专业背景极强的顾问进行充分了解。课程规划每学期都要做，GPA 每学期都要保持好。

大一暑假补充相关课程。有机会的话，学生可以参加基础实习或科研，不要怕所做的事情小，有具体内容即可。因为大一的专业课程较少，所以学生只能做最基础的工作。

大一、大二利用假期时间参加 GRE（研究生入学考试）。大一和大二全力备考，之后就不用再花时间准备 GRE 了。大二暑假必须参加与专业方向强相关的实习或科研，至少 2~3 个月，要做具体的事情，不要"打酱油"。"打酱油"的实习或科研是毫无意义的，在研究生申请简历上和面试环节会露底。

大三、大四进入高阶课程学习。选课时，应注意选择与即将申请的研究生专业高度相关的课程。这需要学生在学校官网上进行认真调研，勿将一切工作都交给家长或者留学顾问。家长应该在学生进入大学阶段时撤出，让学生独立成长。这项工作必须由学生亲自做，并且要认真、详细地做，在研究过程中，学生会对学科与自我有更深的认知，从而不断成长。

在高阶课程中，尤其是理工科专业，学生会有许多大作业，也就是我们所说的校内项目。学生必须对这类项目高度重视，在某种程度上，这可以弥补科研与实习不足的短板。

大三暑假是最重要的一个假期。因为此时学生已学完高阶课程，所以无论是实习还是科研，都进入了大学四年最深入、与专业最相关的研究阶段，这也是学生拿到校外推荐信的重要阶段。

大三面临特殊任务。大三对于申请研究生的学生来说尤为关键，学生应在认真研究各校导师的基础上，选择与自己感兴趣的专业相关的学校与教授，并通过参加学术会议、申请实习机会等方式与教授建立联系，充分展现自我。这是一个很重要的环节，也是我们通常所说的建立人脉关系，让未来的导师充分了解学生的环节。

大四进入申请季。在此阶段，除了开始进行文书等申请资料的准备，重要的是继续保持良好的 GPA。同时，科研和实习要继续，这些都会为学生的申请加分。

专家观点

黄彦
华外同文外国语学校总校副校长

真正的国际教育是培养"未来世界的解题者"

问题1：您在教育领域深耕了几十年，在您看来，什么样的教育才是"优质的国际化教育"？

真正的优质教育，绝对不是对标某国课程或名校录取率，而是培养"未来世界的解题者"。我认为国际化教育必须回答三个命题。

第一，如何让科技与人文共舞？在我们学校，学生既在知识理论中训练逻辑，也在"岭南文化研习"中培养共情力。第二，如何让成长与使命同行？我们重新定义了"服务即行动"（Service as Action），鼓励学生用CAS（创造、行动、服务）项目解决真实问题。第三，如何让今天适应明天？我们成立了米德学院和英贝学院，深度融合英语教学、人工智能赋能与国际文凭课程，通过丰富的国内外交流、学术竞赛等活动，让学生在真实情境中锻炼能力、拓宽国际视野，在AI时代强化"机器不可替代"的创新能力与文化自信。

在课程设计上，我们以国家课程为"体"，IB框架为"用"。在小学阶段的课程中，我们通过六大超学科主题开展探究式学习。到了初中阶段，我们创新性地采用"学科融合+文化浸润"的模式。语文课上，学生用IB体系的学习方法研读《诗经》，同时探究其中反映的人类共同情感；科学课则既遵循国家课程大纲，又通过"全球水资源"等单元培养学生的国际视野。这种融合不是简单的知识叠加，而是对思维方式和价值认同的深度建构。

更重要的是，我们通过"文化双轨制"来实现精神认同：一方面，学生用英文研究全球议题，用国际语言传递中国声音；另一方面，学生通过同文书院的书法、非遗等校本课程，体悟"和而不同"的文明智慧。这种融合充分体现了我们学校的办学特色——"更中国、更世界"，让学生站在两种文明的高峰上，真正具备"读懂世界，定义自我"的能力。

我们期待学生既能以中华文化的"根脉"锚定自我，又能以IB体系倡导的"开放胸襟"拥抱变革。他们不是"出国的人"，而是"改变世界的人"；他们的行囊里，既有《论语》的智慧，也有解决人类共同问题的蓝图。

问题 2：您一直强调"启发潜能，培育全人"，可以具体谈一下这个理念吗？

"启发潜能，培育全人"是我们的办学宗旨。学校以美国教育学者威廉·帕奇博士（Dr. William Purkey）创立的启发潜能教育理论（Invitational Education）为指导原则，以"建立温馨、友善、令人向往的优质学校"为办学目标。在"尊重、信任、关怀、乐观、刻意安排"五个基本理念的指引下，老师在教学过程中充分相信学生、鼓励学生，激发学生的内驱力，师生朝着同一个目标努力，共同成长。

在日常的教育教学实践中，我们会围绕"人（People）、环境（Place）、政策（Policy）、课程（Programme）、过程（Process）"五个基本因素（5P）来进行教育教学、文化建设、团队建设、家校协同育人等方面的理论指导，构建温馨友善的学习和成长环境。

除此之外，学校致力于培养具有国际视野、全面发展的高素质人才。比如，我们发起"乡村音乐课"计划，在粤北地区建成了12个数字化音乐教室；学校与大熊猫国家公园合作建立"野生大熊猫保护实践基地"，这是亚洲首个由中学主导的生物多样性保护项目。这种"教育即生活"的理念，使我们的学生在2024年"世界青年领袖峰会"上提出的《构建跨国青少年气候联盟》提案，被联合国环境规划署采纳。

第三节
开放与务实并行的加拿大教育实践

加拿大教育体系既未效仿美国私立精英教育的路径，也未照搬欧洲国家的均质化模式，而是在实用主义与社会公平之间构建出独特的全球竞争力。其内核可概括为"去中心化的集体理性"：联邦与省政府的权力博弈、英语与法语区的文化对冲、移民国家与本土价值的融合与平衡。这些共同塑造了一个既稳定又富有弹性的教育生态。

一、权力分散与协作治理：联邦制下的教育哲学

加拿大教育体系的独特性首先源于其宪法框架下的分权治理结构，这种结构既限制了中央集权，又避免了地方割据，形成了独特的协作模式。

（一）联邦与各省的二元平衡

根据加拿大的《1867年宪法法案》，教育管辖权完全归属各省，联邦政府仅通

过财政转移支付（比如社会转移拨款）和战略倡议（比如"全球技能战略"）间接影响教育方向。这种分权导致各省教育体系的差异显著。

魁北克省坚持法语优先的"文化保护主义"，安大略省推行 STEM 导向的"经济实用主义"，不列颠哥伦比亚省则强调原住民知识整合。看似分裂的系统，却通过加拿大大学与学院协会（AUCC）等组织实现了质量标准趋同。

（二）公立教育的绝对主导

与美国私立名校主导的教育格局不同，加拿大的顶尖学府（比如多伦多大学、麦吉尔大学、不列颠哥伦比亚大学）均为公立大学，其经费的 55%～70% 来自政府拨款。这种模式削弱了资本对学术的直接控制，却也带来了新的矛盾：阿尔伯塔大学在省政府削减高等教育预算后，被迫将石油工程实验室的部分股权出售给能源公司。

二、实用主义教育：从课堂到职场的无缝衔接

加拿大教育体系的核心竞争力在于其将学习成果与劳动力市场需求深度绑定，形成"教育—就业—移民"的价值闭环。

（一）Co-op 教育的规模化应用

滑铁卢大学开创的 Co-op 教育模式已被广泛效仿，其核心逻辑是将企业需求前置到课程设计阶段。工程专业的学生至少要完成 20 个月的产业实践，雇主直接参与学分认证，这种"教育外包"模式使加拿大本科毕业生的就业率长期保持在 91% 以上。

（二）微证书（Micro-credentials）革命

为应对技术迭代加速，加拿大推出全球首个国家级微证书认证框架。学习者可通过短期模块化课程（比如 12 周的人工智能伦理训练营）获取技能认证，这些证书与传统学位等效，可纳入 CRS（移民评分系统）。此举实质是将教育拆解为可堆叠的"知识积木"，打破"四年制学位"的垄断地位。

（三）移民政策的嵌入式设计

毕业工签（PGWP）与快速通道（Express Entry，EE）系统形成对教育产品的终极担保：留学生工作满一年后，CRS 评分自动增加 50 分。省提名计划（PNP）更是将专业与省份经济战略挂钩，比如阿尔伯塔省向石油工程专业的毕业生额外加码 30 分。

三、温和进步主义：社会公平的第三条道路

加拿大教育体系在效率与公平的平衡上展现出独特智慧，其核心是避免激进的"政治正确"运动，转而通过制度设计来渐进消解不平等。

（一）学费管制的社会契约

联邦政府设定了国际学生学费的年涨幅上限（通常为2%～5%），这种管制虽然削弱了高校的财政自主权，却维持了加拿大教育的价格竞争力——本科年均学费为2.7万加元（约合人民币14万元），仅为美国同级别院校的1/3。

（二）去精英化的奖学金体系

在加拿大三大国家级奖学金（NSERC、SSHRC、CIHR）的评审标准中，"研究项目的社会效益"权重达40%，远高于学术影响力的权重（30%）。这种导向使科研资源向公共卫生、气候适应等普惠领域倾斜，而非单纯追逐学术明星。

（三）隐性的阶层流动机制

社区学院（college）与大学（university）的学分互认机制，为工薪阶层子女提供了低成本上升通道。大约25%的大学三年级学生来自社区学院（转学），这种"教育接力"模式缓解了寒门学子的债务压力（社区学院的年均学费仅1.1万加元）。

四、加拿大教育体系的优势与特点

（一）加拿大高中具有代表性的三大课程体系

加拿大高中影响力最大、最具代表性的课程体系是安大略省的课程体系、不列颠哥伦比亚省的课程体系和魁北克省的课程体系。不过，其他省和地区也有自己的课程体系。加拿大的课程体系具有广泛的认可度，无论是申请美国大学还是其他国家的大学，都是被高度认可的。

1. 安大略省的课程体系

安大略省的高中教育体系非常有名，是优秀教育的典范。它的课程设置既针对学生的爱好，又达到了大学的要求和适应将来工作的要求。安大略省的课程比不列颠哥伦比亚省的简单，门槛更低。其要求学生修满30个学分，包括18学分的必修课、12学分的选修课、40小时的社区服务，并通过该省10年级英语水平测试，之后即可取得高中毕业证书。海外国际学校的学生如果选了6门大学预科课程，就不用参加公开统一考试了，可以直接用这些课程的成绩申请加拿大、美国、英国、澳大利亚、新西兰等国家的大学本科。

与新加坡、日本类似，加拿大高中课程设置的基本逻辑是，按未来目标进行分

流。以安大略省为例，高中毕业生有两个选择：继续升学读大学，或者直接就业。所以，该省 11～12 年级的课程会被分为 4 种类型：大学预科课程（U 课程）、大学或大专预科课程（M 课程）、大专预科课程（C 课程）、就业预科课程（E 课程）。选修以上课程只能从高阶向下转移，不能从低阶向上转移。

安大略省国际高中课程（OSSD）的学生都要参加 OSSLT（Ontario Secondary School Literacy Test，加拿大安大略省高中文学水平测试，由教育质量监督委员会举办，通常一年两次）。届时，全安大略省的学校都会参加。OSSLT 主要是为了检测学生的文学水平（阅读、写作）是否达到安大略省高中生所需达到的最低标准，是一项重要的英语标化考试，对于在安大略省就读的 10 年级学生来说，通过该考试是获得高中毕业证书的必要条件。

2. 不列颠哥伦比亚省（BC 省）的课程体系

BC 省的课程相对较难，含金量更高，适用的大学也更多。该省的高中选修课程非常多，大多数学校提供 150 门以上的选修课，学生可根据自己的兴趣和未来选择的专业，选修相应课程。学生获得高中毕业文凭的最低学分要求为 80 学分，其中必修课程学分不少于 48 分、选修课程学分不少于 28 分、毕业过渡课程学分不少于 4 学分，同时社区服务不少于 40 小时。国际学校的学生如果参加 BC 省的高中会考，那么会获得 BC 省教育部颁发的高中文凭，其成绩也会被加拿大、美国、英国等国家的大学广泛认可。

3. 魁北克省的课程体系

魁北克省的高中课程体系是学生进入大学预科或者职业教育的准备课程，兼具学术性和实用性。它更适合想去加拿大留学并有就业规划及移民想法的学生，课程难度较低，与大学预科衔接紧密。它依据魁北克省教育部中学教学大纲设置课程，其中英语、数学、历史、科学为必修课程。学生修满 54 个学分即可取得高中毕业证书，其中最后一年必须修满 20 个学分，必修课每门 4～6 个学分，选修课每门 2 个学分。毕业生获得魁北克省颁发的高中文凭，可选择进入大学预科或专科学院学习，进而申请全球各国的大学或直接进入就业市场。

（二）加拿大大学的分类与特点

根据办学规模、学术重点、地理位置和资金来源等因素进行分类，加拿大的大学通常分为四大类：医博类大学、综合类大学、基础类大学、专业或应用艺术与理工学院（见表 2-7）。其中，基础类大学注重本科教育，相比其他几类大学，硕士及博士项目较少。综合类大学除本科教育外，还设有一定的硕博专业，相比基础类大学，其更注重科研。而医博类大学有最全面的硕士和博士项目，并拥有医学院，其重点在于学术研究。几类大学各有特点，其中，医博类大学是中国学生的首选。

表 2-7　加拿大大学分类

类别	特点	代表院校
医博类大学	提供广泛的本科、研究生和博士课程，包括医学博士课程	多伦多大学、麦吉尔大学、不列颠哥伦比亚大学
综合类大学	提供多样的本科和研究生课程，可能包括一些专业学位课程，但不提供医学博士课程	滑铁卢大学、西蒙弗雷泽大学、卡尔加里大学
基础类大学	主要专注于本科教育，提供较少的研究生课程	特伦特大学、湖首大学、布兰登大学
专业或应用艺术与理工学院	提供特定的专业教育和技术培训，比如艺术、设计、技术、护理等	谢尔丹学院、乔治布朗学院、不列颠哥伦比亚理工学院

资料来源：根据加拿大各大学官网公开信息整理。

加拿大教育体系的真正魅力，在于其将理想主义融于实用主义的基调之中，以扎实的就业率、可负担的成本、稳定的移民通道，在全球教育市场中开辟出独特的道路。

第四节
美国名校的精准定位与录取偏好

美国有许多非常优秀且录取难度很高（比QS前30名中的一些大学录取难度高）的大学并未进入 QS 前 100 名，这是因为 QS 排名中的大学录取难度与排名高低并不是绝对的正相关。在申请美国大学时，学生需要认真参照 U.S.News 中的美国大学排名。QS 世界排名前 100 的美国大学见表 2-8。

表 2-8　QS 世界排名前 100 的美国大学一览表

QS 2025 排名	QS 2024 排名	U.S.News 2025	大学名称	优势学科
1	1	2	麻省理工学院	工程、人工智能、计算机科学
4	4	3	哈佛大学	医学、法学、公共政策
6	5	4	斯坦福大学	计算机科学、商科、创业生态

（续表）

QS 2025 排名	QS 2024 排名	U.S.News 2025	大学名称	优势学科
10	15	6	加州理工学院	物理、航天工程、基础科学
11	12	10	宾夕法尼亚大学	沃顿商学院、医学、护理学
12	10	17	加利福尼亚大学伯克利分校	计算机科学、环境科学、化学工程
16	13	11	康奈尔大学	农业科学、酒店管理、计算机工程
21	11	11	芝加哥大学	经济学、社会学、理论科学
22	17	1	普林斯顿大学	数学、理论物理、人文领域
23	16	5	耶鲁大学	法学、人文社科、国际关系、政治学
32	28	6	约翰斯·霍普金斯大学	医学、公共卫生、生物工程
34	23	13	哥伦比亚大学	金融工程、新闻学、国际政治
42	29	15	加利福尼亚大学洛杉矶分校	医学、电影艺术、心理学
43	38	30	纽约大学	金融、法律、艺术
44	33	21	密歇根大学安娜堡分校	工程、商科、医学
50	47	6	西北大学	材料科学、传媒、市场营销
58	52	21	卡内基-梅隆大学	人工智能、机器人、戏剧学院
61	57	6	杜克大学	生物医学、公共政策、商学院
66	58	30	得克萨斯大学奥斯汀分校	能源工程、人工智能、会计学
69	64	33	伊利诺伊大学厄巴纳-香槟分校	工程、计算机科学、会计学
72	62	29	加利福尼亚大学圣迭戈分校	生命科学、海洋学、生物工程
76	63	46	华盛顿大学	医学、海洋科学、计算机科学
79	73	13	布朗大学	脑科学、环境研究、创新教育模式
89	83	63	宾夕法尼亚州立大学	供应链管理、工业工程、材料科学与核工程、地球科学
89	99	46	普渡大学	航空航天工程、供应链管理

资料来源：根据QS官网公开信息整理。

一、麻省理工学院

麻省理工学院（以下称 MIT）的本科整体录取率为 4.5%，国际学生的录取率更是低至 1.41%，竞争极其激烈。据不完全统计，MIT 在 2025 年申请季（秋季）共录取 14 名中国学生，2024 年则录取了 19 名中国学生（含海外高中），中国学生录取率低于 1%。近年来 MIT 在中国大陆录取的学生多为美国公民身份。表 2-9 为 MIT 本科生录取要求对照表。

表 2-9　MIT 本科生录取要求对照表

评估维度	基本要求	竞争力阈值	学科配置建议	数据注解
核心标化成绩	GPA 达 3.9 以上（未加权）	年级排名前 2%	数理课程全 A+（含 AP 课程微积分 BC 或物理 C）	2025 届录取者的 GPA 中位数达 4.0（加权）
	SAT 达 1 550 分以上	数学 ≥ 790 分，阅读 ≥ 740 分	SAT 数学 Ⅱ 或物理 ≥ 780 分	2024 届录取者的 SAT 分数区间为 1 540~1 570 分
	ACT 达 35 分以上	数学 ≥ 36 分，科学推理 ≥ 35 分	ACT 写作 ≥ 9 分（虽不强制，但建议展示）	近几年的 ACT 中位数稳定在 35~36 分
学术延伸指标	AP 课程 6~12 门达 5 分	STEM 领域 ≥ 6 门（含计算机科学）	推荐组合：微积分 BC+ 物理；化学 + 计算机科学 A；统计 + 宏观经济	官方建议 AP 课程完成度超过本校课程体系的 120%
特殊补充证明	国际奥赛奖牌，比如 IMO（国际数学奥林匹克竞赛）或 IPhO（国际物理奥林匹克竞赛）	国家队级奖项	建议搭配科研产出（比如在多学科电子期刊文献库 arXiv 预发表论文）	2025 届录取者中奥赛奖牌持有者占比为 41%
跨学科能力验证	自主研究项目（国际青年物理学家竞赛等）	具有专利或技术转化价值的项目	推荐组合：机器学习 + 生物医学工程；量子计算 + 金融数学应用	67% 的录取者具备跨两个以上学科的研究经历

资料来源：根据 MIT 官网公开信息整理。

（一）学校录取偏好与建议

（1）标化组合策略：在保证 SAT 数学满分的前提下，AP 课程计算机科学达到

5 分以弥补阅读分差（允许单项弹性补偿）。

（2）课程强度证明：若本校课程体系限制，可通过 MIT OpenCourseWare（麻省理工学院公开课）完成线性代数或量子力学认证课程。

（3）提升文书契合度：在文书中具体说明如何利用 MIT 校内资源，附加文书尽量体现 MIT 的校训"Mind and Hand"（智慧和勤劳），强调自己的动手实践能力。

（4）以往录取者普遍具备顶尖学术实力和突破性创新成果，活动背景也着重在此方向努力。除成绩外，MIT 关注"突破性创新能力"，比如开源项目贡献、跨学科发明。

（5）差异化定位：申请 MIT 的都是手持王牌竞赛金奖的选手，为了避免"竞赛＋科研"同质化，申请者应突出个人独特贡献，尽量做些独立研究，从而与其他竞争者区分开来。

（二）研究生入学要求

MIT 最大的国际生群体为中国学生，目前 MIT 有 1 200 名左右的中国学生，占 MIT 国际生总数的 25% 以上。其中绝大部分是硕士研究生和博士研究生。表 2-10 为 MIT 研究生入学要求。

表 2-10　MIT 研究生入学要求一览表

类别	成绩要求
GPA	硕士：3.9 以上；博士：3.8 以上
GRE 或 GMAT	GRE 达 330 分以上（数学达 170 分，写作达 4.5 分以上），商科要求 GMAT 达 750 分以上
语言成绩	托福达 110 分以上（单项≥25 分）或雅思达 8 分以上（单项≥7.5 分）

注：GMAT 为研究生管理科学入学考试。
资料来源：根据 MIT 官网公开信息整理。

二、加州理工学院

加州理工学院的本科整体录取率低至 2.27%，国际学生的录取率不足 1%，竞争激烈程度远超 MIT 和斯坦福大学。在国际学生中，中国学生的占比最高（约 17%）。加州理工学院计划未来扩招本科生至每年 260 人，但国际生名额仍严格控制在 10% 左右（约 25 人）。据不完全统计，2025 年加州理工学院共录取中国学生 16 名，与 2024 年基本持平。表 2-11 为加州理工学院本科生录取要求对照表。

表 2-11　加州理工学院本科生录取要求对照表

基本要求	竞争力阈值	强化策略
GPA 达 3.9 以上（未加权）	加权 GPA ≥ 4.3	通过大学公开课补充高阶课程
AP 课程 6~10 门（理科科目满分）	AP 课程 8~12 门达 5 分	提前报考考试科目，若无法完成，则用高阶课程补充
托福达 110 分以上	单项 ≥ 28 分（尤其是口语 ≥ 28 分）	参与加州理工学院的"暑期本科生研究奖学金"（SURF）项目
SAT 达 1 570 分以上	数学 ≥ 790 分	AMC（美国数学竞赛）达 12 分以上，AIME（美国数学邀请赛）双满分以对冲阅读分差
ACT 达 35~36 分	科学推理 ≥ 36 分	强化实验数据分析模块训练

资料来源：根据加州理工学院官网公开信息整理。

（一）学校录取偏好与建议

（1）深度科技实践者受青睐：例如独立开发开源量子计算模拟器、参与美国国家航空航天局喷气推进实验室暑期项目。

（2）学校偏好跨学科创新者：例如将 AI 与艺术创作结合，或通过技术解决社会问题（比如残障辅助设备研发）。

（3）强调"跨学科解决人类重大挑战"：申请者可围绕此类主题设计课外活动，在高中阶段完成大学高阶课程会增加竞争力。

（二）研究生入学要求

表 2-12 为加州理工学院研究生入学要求。

表 2-12　加州理工学院研究生入学要求一览表

类别	成绩要求
GPA	最低达 3.8（国内本科生专业排名前 5%），数学和物理成绩尤为关键
标化考试	GRE：数学达 169 分以上，物理或工程学科要求 GRE 物理科目达 900 分以上（比如申请博士研究生）
	语言成绩：托福达 105 分以上（单项 ≥ 25 分）或雅思达 7.5 分以上（单项 ≥ 7 分）
学科匹配	修完高阶课程（比如微分几何、量子力学），跨学科申请需要明确科研衔接点

资料来源：根据加州理工学院官网公开信息整理。

三、宾夕法尼亚大学

宾夕法尼亚大学的整体录取率约为5.4%，国际学生的录取率低至3.1%，中国学生录取率不足1%。2024年宾夕法尼亚大学共录取了44名中国学生，与2023年的录取人数（41人）基本持平。表2-13为宾夕法尼亚大学本科生录取要求对照表。

表2-13　宾夕法尼亚大学本科生录取要求对照表

评估维度	基本要求	竞争力阈值	强化策略
学术背景	顶尖高中排名年级前5%（比如人大附中、上海世外）；未加权GPA达4.0或单科均分达95分以上	GPA ≥ 4.5（含AP或IB课程附加权重）	选修沃顿商学院夏校课程（强化商科背景）
课程体系	AP课程5~10门（5分率≥90%）；IB课程预估分达44分以上；A-Level课程达4A*（数学、科学必选）	AP Capstone（一种更严格的AP课程项目）文凭持有者优先；A-Level进阶数学达A*	AP组合建议：微观经济+统计+计算机科学+物理C
标化考试	SAT达1 530~1 570分（阅读≥750分）；ACT达34~36分（数学≥36分）	SAT数学≥790分，文书与经济学主题呼应	通过AMC或USACO（美国计算机奥林匹克竞赛）成绩补偿标化成绩单项波动

资料来源：根据宾夕法尼亚大学官网公开信息整理。

（一）学校录取偏好与建议

（1）ED录取率约为常规轮（RD）的2~3倍，建议目标明确者优先选择ED。

（2）文书内容应与学校核心价值观契合（比如"理论与实践结合"）：可以结合沃顿商业领导力课程设计职业规划。

（3）活动规划应突出跨学科能力：申请者可融合科技与人文（比如用数据分析方法研究历史趋势），工程专业申请者需要体现人文关怀（比如用技术解决社会问题），理工科申请者建议关注如何用科技解决社会问题。

（4）学校更偏好女性领导者：申请者最好担任过国际组织青年代表、学生会主席等。

（二）研究生入学要求

宾夕法尼亚大学的中国学生占国际生群体的25%~30%，绝大多数为研究生。表2-14为宾夕法尼亚大学研究生入学要求。

表 2-14　宾夕法尼亚大学研究生入学要求一览表

类别	具体要求与指标	重点学院或项目差异	中国学生适配建议
GPA	最低达 3.5（3.8 以上更具竞争力）	沃顿商学院：3.7 以上；工程学院：3.5 以上；文理学院：3.8 以上	双非学生需要达到 3.8 以上并补充科研经历或论文
本科院校	985、211 院校优先，双非学生需要突出专业排名（比如学科评估 A 类）	沃顿商学院：偏好清北复交或海外本科；教育学院：接受普通一本（比如师范类）	提供专业排名证明（比如软科中国学科排名）
语言成绩	托福 ≥ 100 分（单项 ≥ 23 分）或雅思 ≥ 7.5 分（单项 ≥ 7.0 分）	工程学院：托福不低于 95 分可豁免口语单项门槛；法学院：雅思不低于 7.5 分（写作 ≥ 7.0 分）	申请助教需要托福口语不低于 26 分
GRE 或 GMAT	GRE ≥ 325 分（量化 ≥ 168 分）；GMAT ≥ 730 分	数据科学（SEAS）：GRE 量化 ≥ 170 分；公共政策（SP2）：GRE 成绩可选但建议提交	理工科优先提供 GRE 成绩，商科强制要求提供 GMAT 成绩

资料来源：根据宾夕法尼亚大学官网公开信息整理。

四、加利福尼亚大学伯克利分校

加利福尼亚大学伯克利分校的官方数据显示，其国际生录取率从 2023 年的 5.15% 降至 2024 年的 3.36%，竞争激烈程度远超部分藤校。该校的中国学生总人数为 2 474 人，本科生人数为 433 人，中国学生占国际生群体的 20%～25%。2025 年加利福尼亚大学伯克利分校给中国学生发放了 450 个录取名额，较 2024 年大幅增加。表 2-15 为加利福尼亚大学伯克利分校的本科生录取要求对照表。

表 2-15　加利福尼亚大学伯克利分校本科生录取要求对照表

评估维度	基本要求	竞争力阈值	强化策略
核心学术指标	未加权 GPA 达 3.9 托福达 110 分以上（单项 ≥ 24 分）	加权 GPA ≥ 4.45（含 AP 或 IB 课程附加权重）；托福口语 ≥ 27 分	完成加利福尼亚州课程认证（增强课程体系适配性）
课程体系	AP ≥ 6 门（核心科目达 5 分）；高中课程含 3 年实验室科学	持有 AP Capstone 文凭；完成大学阶段课程（如线性代数）	组合建议：AP 微积分 BC + 物理 C + 化学 + 宏观经济 + 统计 + 计算机科学

（续表）

评估维度	基本要求	竞争力阈值	强化策略
强化内容	理工科类：AP物理C达5分＋计算机科学达5分；社科类：AP宏观经济、心理学均达5分	国际竞赛（如USACO铂金或物理碗全球前100名）	参与本科生科研计划

资料来源：根据加利福尼亚大学伯克利分校官网公开信息整理。

（一）学校录取偏好与建议

（1）偏好有体育、艺术特长的学生：申请者最好有一两个高水平体育或艺术特长项目。

（2）当托福成绩低于110分时，需要提交AP英语语言与写作达到5分的成绩。

（3）文书和课外活动中体现与加利福尼亚大学伯克利分校"造福公众"的价值观契合的内容。

（4）加利福尼亚大学伯克利分校以"学业难、学业重"著称，申请者要强化学术难度与纵深度，建议选修该校认可的荣誉课程或高阶课程（比如伯克利夏校学分课程），展现学科深度。

（5）加利福尼亚大学伯克利分校很重视社区服务，申请者应在文书中体现用技术解决社会问题的实践（比如用编程优化残障人士服务）。

（二）研究生入学要求

加利福尼亚大学伯克利分校在工程、计算机科学和金融工程领域具有领先优势，并且对科研深度与产业落地能力要求严苛，表2-16为该校的研究生入学要求。

表2-16 加利福尼亚大学伯克利分校研究生入学要求一览表

类别	成绩要求
GPA	硕士：3.5以上（国内本科生均分达85分以上）；博士：3.8以上
GRE或GMAT	GRE达325分以上（理工科要求数学达168分以上），商科要求GMAT达720分以上
语言成绩	托福达90分以上（单项≥22分）或雅思达7.0分以上（单项≥6.5分）

资料来源：根据加利福尼亚大学伯克利分校官网公开信息整理。

五、康奈尔大学

据不完全统计，2025年康奈尔大学录取了148名中国学生，较2024年的125

名多了 23 名。2024 年康奈尔大学的中国本科生约 611 人，约占国际本科生总数的 1/3。表 2-17 为康奈尔大学本科生录取要求对照表。

表 2-17　康奈尔大学本科生录取要求对照表

评估维度	基本要求	竞争力阈值	强化策略
核心学术指标	国际高中学生：GPA 达 3.9 以上；公立学校学生：年级前 10%；托福达 110 分以上（单项≥ 23 分）	加权 GPA ≥ 4.3（含 AP 或 IB 课程附加权重）；托福口语≥ 26 分	通过康奈尔夏校（如 SHA 酒店管理课程）提升学术适配性
标化考试	SAT 中位数为 1 390~1 550 分；工程学院要求数学≥ 780 分	SAT 阅读≥ 720 分（文理学院）；SAT 数学≥ 790 分（工程学院）	用 AP 课程微积分 BC 或物理 C 达 5 分弥补标化分差（STEM 专业适用）
课程体系	AP 或 IB 课程与目标学院高度匹配（如戴森商学院要求宏观经济达 5 分）	AP 课程 6~8 门达 5 分（核心科目全满分）；IB 课程预估分达 43 分以上	组合建议：工程方向选择 AP 课程物理 C+ 计算机科学 + 统计
学科实践验证	农学院：农业科研或生态项目；建筑学院：作品集 +CAD（计算机辅助设计）建模能力	国家级科研奖项；跨学科创新项目（专利或论文）	参与康奈尔大学合作研究计划
社区影响力	至少 2 年参加持续性公益活动（需要量化成果）	社会企业创始人或核心成员；筹款≥ 2 万美元或影响 500 名以上的人群	设计"乡村振兴 + 科技创新"融合型公益项目

资料来源：根据康奈尔大学官网公开信息整理。

（一）学校录取偏好与建议

（1）申请者拥有持续 3 年以上的科研或艺术项目（比如独立开发开源工具）会被关注。

（2）学校希望申请者着重展示如何将知识转化为解决实际问题的能力。

（3）课外活动要展示跨学科实践："科技 + 人文"融合主题受到关注，工程学院看重"工程 + 商业"跨界。

（4）文书强调"康奈尔精神"，体现对多元文化的包容与社会责任感。

（二）研究生入学要求

表 2-18 为康奈尔大学研究生入学要求。

表 2-18　康奈尔大学研究生入学要求一览表

类别	成绩要求
GPA	硕士：3.5 以上（国内本科生均分达 85 分以上）；博士：3.8 以上
GRE 或 GMAT	GRE 达 320 分以上（理工科要求数学达 165 分以上），商科要求 GMAT 达 680 分以上
语言成绩	托福达 100 分以上（单项≥23 分）或雅思达 7.5 分以上（单项≥7.0 分）

资料来源：根据康奈尔大学官网公开信息整理。

六、芝加哥大学

芝加哥大学的录取者基本都在学科深度、批判性思维、社会洞察力方面达到顶尖水平。芝加哥大学的在读中国学生为 1 000 人左右，占国际生的 45%。据不完全统计，芝加哥大学 2025 年向中国学生发放了 68 份录取函，2024 年则录取了约 85 人（含境外高中）。表 2-19 为芝加哥大学的本科生录取要求对照表。

表 2-19　芝加哥大学本科生录取要求对照表

类别	成绩要求
GPA（未加权）	4.0（顶尖高中年级前 3%）
SAT 或 ACT	SAT 达 1 520~1 570 分（阅读达 750 分以上）或 ACT 达 34~36 分（数学最好满分）
AP、IB、A-Level	AP 课程 8~12 门（5 分率≥95%），IB 预估分达 43 分以上，A-Level 课程达 4A*（需要提交高难度学科成绩）

资料来源：根据芝加哥大学官网公开信息整理。

（一）学校录取偏好与建议

（1）体现跨学科兴趣与能力：融合人文与科技（比如用 AI 分析古典文学传播）、艺术与社科（比如通过纪录片拍摄弱势群体）。芝加哥大学的核心课程强调通识教育，申请者需要展示跨领域兴趣（比如"量子物理+诗歌创作"）。

（2）体现学术深度：芝加哥大学以"理论驱动"闻名，希望学生在某一领域（比如经济学、哲学、数学）有深入研究。

（3）在文书中体现批判性思维：芝加哥大学以"古怪文书题目"著称（比如"Find X"，即"找到 X"），申请者需要展现独特视角与思辨能力，最好提交补充写作样本（比如哲学论文、经济模型分析）以显著提升竞争力。

（二）研究生入学要求

表 2-20 为芝加哥大学的研究生入学要求。

表 2-20　芝加哥大学研究生入学要求一览表

类别	成绩要求
GPA	硕士：3.6 以上（国内本科生均分达 88 分以上）；博士：3.9 以上（核心专业课接近满分）
标化考试	GRE：330 分以上（数学达 168 分以上，写作达 4.0 分以上） 语言成绩：托福达 105 分以上或雅思达 7.5 分以上（单项 ≥ 7.0 分）
院校背景	国内本科生：清北复交、浙大、中科大、人大等占比 70% 美国本科生：Top30 占比约为 25%

资料来源：根据芝加哥大学官方公开信息整理。

七、约翰斯·霍普金斯大学

约翰斯·霍普金斯大学是生物医药、公共卫生、医疗科技领域的领军者。据不完全统计，2025 年该校录取中国学生 92 人，与 2024 年的 98 人没有太大差别。表 2-21 为约翰斯·霍普金斯大学本科生录取要求对照表。

表 2-21　约翰斯·霍普金斯大学本科生录取要求对照表

评估维度	基本要求	竞争力阈值	强化策略
核心学术指标	GPA 达 3.9 以上（未加权）；高中排名前 10%（覆盖 99% 录取者）	加权 GPA ≥ 4.3（含 AP 或 IB 课程附加分）；全 A+ 课程记录（含高阶数学或科学）	通过约翰斯·霍普金斯大学夏校提升学术背景
标化考试	SAT 中位数为 1 510~1 560 分（阅读 ≥ 740 分）；ACT 中位数为 34~35 分（科学 ≥ 35 分）	SAT 数学 ≥ 790 分（工程学院）；ACT 英语 ≥ 35 分（文理学院）	用 AP 课程微积分 BC 或生物 5 分对冲标化单科分差（医学预科方向适用）
课程体系	6~8 门 AP 课程（核心理科必选）；4 年实验室科学课程（化学、生物优先）	持有 AP Capstone 文凭；完成大学水平的神经科学、生物工程课程	组合建议：AP 课程生物 + 化学 + 统计 + 计算机科学 + 心理学（医学、公共卫生方向）

（续表）

评估维度	基本要求	竞争力阈值	强化策略
科研实践	基础科研经历（实验室或田野调查）；数据分析能力证明	ISEF或STS（再生元科学天才奖）国家级奖项；论文发表于SCI-E（科学引文索引扩展版）期刊（二作以上）	参与约翰斯·霍普金斯大学主办的ARISE科研项目（含教授推荐信通道）

资料来源：根据约翰斯·霍普金斯大学官网公开信息整理。

（一）学校录取偏好与建议

（1）青睐与生物医学相关的跨学科实践者：比如结合生物医学与工程技术进行低成本医疗设备研发，或通过艺术与科技融合项目展现独特性。

（2）更偏好有独立研究项目的申请者：这可以体现学生的个性化自主创新能力。

（3）课外活动与文书体现"改善人类健康"的使命感与责任感。

（4）在科研与实践中，最好有医学相关经历：比如医院实习、医学研究助理的经历。

（二）研究生入学要求

表2-22为约翰斯·霍普金斯大学研究生入学要求。

表2-22 约翰斯·霍普金斯大学研究生入学要求一览表

类别	成绩要求
GPA	硕士：3.5以上（国内本科生均分达85分以上）；博士：3.8以上（核心专业课成绩突出）
标化考试	GRE：325分以上（数学达165分以上，医学或公共卫生可豁免） 语言成绩：托福达100分以上或雅思达7.0分以上（单项≥6.5分）
院校背景	国内本科生：70%来自985、211高校（比如北大、复旦、浙大） 美国本科生：Top50占比约20%

资料来源：根据约翰斯·霍普金斯大学官网公开信息整理。

八、普林斯顿大学

普林斯顿大学连续14年在U.S.News排名中位列第一，是美国常春藤大学中的典范。国际学生约占全校学生总数的12%~15%（本科生和研究生），学生总数约 8 500 人。其中中国学生共有 500 多名。据不完全统计，2025 年该校录取了 9 名中国大陆学生，2024 年录取中国大陆高中生 8 人（境外高中生 9 人）。普林斯顿大学每年在中国大陆录取的人数基本为个位数。表 2-23 为普林斯顿大学本科生录取要求对照表。

表 2-23　普林斯顿大学本科生录取要求对照表

评估维度	基本要求	竞争力阈值	强化策略建议
标化考试	SAT 数学达 780～800 分；SAT 阅读达 760～780 分；ACT 达 34～35 分	SAT 数学达 800 分（94% 录取者）；ACT 英语和数学均达 36 分	通过 SAT 数学 II 或物理达 800 分来强化学科优势
课程体系	AP 课程 5～10 门达 5 分（基础门槛）；完成四年高阶数学课程	AP 课程 15 门以上达到 5 分（核心科目全满分）；学习大学阶段课程（如多元微积分）	组合建议：AP 微积分 BC+ 物理 C+ 化学 + 拉丁语 + 计算机科学 + 文学
学术加持	IMO 或 IPhO 竞赛；独立科研项目	数学：ROSS（罗斯数学营）或斯坦福数学夏令营项目结业；人文：普林斯顿大学古典学研究计划	参与国际研究项目（地缘政治、量子计算领域）

资料来源：根据普林斯顿大学官网公开信息整理。

（一）学校录取偏好与建议

（1）AP 课程小于 10 门时需要通过 PROMYS（Program in Mathematics for Young Scientists，青年科学家数学营）或 ROSS 等顶级学术项目补足。

（2）体现学术研究深度：聚焦 1～2 个学科领域，通过长期研究项目（而非短期竞赛）体现专注力。

（3）了解普林斯顿大学的独特性：在文书中强调对"小而精"学术社区的兴趣（比如跨学科课程设计、导师制优势）。

（4）体现人文素养，尤其是当申请理工专业时：在普林斯顿大学，古典学术权重较高，比如拉丁语科目达 5 分的申请者在人文学院明显受到青睐。

（二）研究生入学要求

表 2-24 为普林斯顿大学研究生入学要求。

表 2-24　普林斯顿大学研究生入学要求一览表

类别	成绩要求
GPA	硕士：3.9 以上（国内本科生均分达 90 分以上）；博士：3.9 以上
GRE	总分达 335 分以上（数学达 170 分以上，写作达 5.0 分以上），部分人文社科可免此项但竞争力会不足
语言成绩	托福达 110 分以上（单项≥28 分）或雅思达 8.5 分以上（单项≥8.0 分）

资料来源：根据普林斯顿大学官网公开信息整理。

九、哈佛大学

哈佛大学是许多优秀学子的"梦校"。据不完全统计，2025 年哈佛大学在中国录取了 9 名高中生，2024 年录取中国学生 19 人（其中大陆高中生 9 人，境外高中生 10 人），较 2023 年的 22 人有所下降。

（一）本科生入学要求

（1）GPA 要求：被录取学生的未加权平均 GPA 为 3.95 以上，且 90% 以上的学生选修了高中阶段最难的课程（比如 AP、IB 或 A-Level）。

（2）标化考试：在提交成绩的录取生中，SAT 中位数为 1 520 分（阅读达 760 分、数学达 780 分），ACT 中位数为 34 分。数学单科成绩尤其关键，理工科申请者的 SAT 数学成绩基本为 790 分以上。

（3）语言成绩：托福达 115 分以上（单项≥25 分），雅思达 8.0 分以上（单项≥7.5 分），多邻国英语测试（DET）达 135 分以上。

（二）学校录取偏好与建议

（1）哈佛大学寻找的是未来的决策者和改变世界的领导者，所以申请者在规划课外活动时要围绕这个理念。

（2）学校重视个人的独特经历，申请者要避免"竞赛＋科研"同质化背景，着重挖掘自己独一无二的经历。

（3）申请者应了解哈佛大学的校园文化，寻找自己与学校匹配的特质并发扬光大，尤其是体现未来推动社会进步的领袖特点，提前规划差异化背景提升路径。

（4）文书主题聚焦个人成长与社会价值的结合。

（三）研究生入学要求

哈佛大学的 GPA 要求是明确的，理工科一般要求达 3.8 以上（顶尖院校背景可放宽至 3.7），人文社科要求达 3.7 以上，商学院要求达 3.6 ~ 3.9（非常看重工作经历）。表2-25为哈佛大学研究生入学要求。

表2-25 哈佛大学研究生入学要求一览表

专业类别	标化考试	平均分数（录取者）
商学院	GMAT	730~760分（中位数750分）
法学院	LSAT（法学院入学考试）	170~175分（中位数173分）
工程学院	GRE	数学达168分以上，文字推理达160分以上
医学院	MCAT（美国医学研究生院入学考试）	520分以上（98%以上的录取者）
文理学院	GRE（部分项目可选）	330分以上

资料来源：根据哈佛大学官网公开信息整理。

十、耶鲁大学

据不完全统计，2025年耶鲁大学录取了20名中国学生，2024年录取了25名中国学生，2023年录取了17名中国学生。

（一）本科生入学要求

（1）SAT录取区间：中位数范围为1 520~1 580分，其中阅读部分为740~780分，数学部分为780~800分。国际申请者的数学单项成绩建议不低于790分。

（2）ACT录取区间：中位数范围为34~36分，科学推理单项成绩建议达到35分以上。

（3）AP或IB课程要求：虽未规定最低科目数量，但被录取的学生平均修读8~12门AP课程，IB课程的学生至少需要提供3门HL科目成绩且单科不低于7分。

（4）语言成绩：托福总分需要达到100分以上（单项不低于25分），雅思总分达7.5分以上（单项不低于7.0分）。

（5）学科竞赛：虽非强制要求，但超过40%的录取生拥有获得国际奥赛奖牌、入围美国数学奥赛或国际科工大赛决赛的经历。

（二）学校录取偏好与建议

（1）耶鲁大学偏爱对个人成长与价值观有所探索的学生，因此申请者需要避免模板化叙事，在文书中结合个人经历体现对"耶鲁精神"的理解，通过独特叙事展现自身与耶鲁大学价值观的契合度。

（2）在录取时，文科、社科类优势明显（比如历史、政治学、心理学以及女性研究），申请者需要展现深度阅读与写作能力（比如提交写作样本）。理工科专业的申请者尽量体现人文关怀（比如用数据分析解决社会不平等问题），并展示学科融合交叉能力。

（三）研究生入学要求

表 2-26 为耶鲁大学研究生入学要求。

表 2-26 耶鲁大学研究生入学要求一览表

专业类别	标化考试	平均分数（录取者）
文理学院	GRE	理工科：数学达 168 分以上，文字推理达 160 分以上 人文社科：文字推理达 165 分以上，写作达 5.0 分以上
法学院	LSAT	172～175 分（全球前 1%）
管理学院	GMAT	730～760 分（中位数为 740 分）
医学院	MCAT	520 分以上（99% 以上的录取者）

注：国际学生需要托福达 110 分以上（单项不低于 25 分）或雅思达 8.0 分以上。
资料来源：根据耶鲁大学官网公开信息整理。

政策变化：部分项目（比如人文博士）支持 GRE 成绩选择性提交，但高分学生仍具有竞争力；STEM 项目扩招，数据科学、生物统计等专业的国际学生名额增加（尤其是对中国学生的录取）。

十一、斯坦福大学

斯坦福大学作为美国西海岸名校，一直以来以其创造力、产业转化率著称。据不完全统计，斯坦福大学 2025 年在中国录取了 16 名学生，2024 年共录取中国学生 29 名，该校的本科生入学要求非常高（见表 2-27）。

表 2-27 斯坦福大学本科生录取要求对照表

评估维度	基本要求	竞争力阈值	强化策略
标化考试	SAT 中位数为 1 500～1 570 分（数学 ≥ 790 分）；托福达 110 分以上（单项 ≥ 26 分）；GPA 达 3.9 以上（年级前 1%）	SAT 数学达 800 分（94% 录取者）；加权 GPA ≥ 4.5（含 AP 或 IB 课程附加权重）	通过斯坦福大学在线高中（OHS）项目修读多元微积分或量子物理课程

（续表）

评估维度	基本要求	竞争力阈值	强化策略
课程体系	AP课程15门以上（5分率≥95%）；IB成绩达44分以上（HL科目全7分、EE达A+）；A-Level课程达4A*（数学、科学必选）	持有AP Capstone文凭且完成3门大学阶段课程；IB核心课程（TOK、EE）达到双A+	组合建议：AP计算机科学+生物+统计+艺术史+拉丁语+宏观经济
学术潜力与能力	完成斯坦福大学线上学分课程，参加国际级科研竞赛（ISEF、STS决赛）	顶尖夏校结业，开放源代码社区GitHub技术仓库星标≥500分（工程方向）	参与斯坦福大学AI实验室开源项目，比如在NLP（自然语言处理）领域贡献代码
跨学科能力	至少2个学科的AP成绩达到5分（比如计算机科学+艺术史）；拥有创业项目或专利（需经商业验证）	跨学科论文发表于青年学术期刊；有TED演讲经历	设计"科技+人文"融合项目（比如AI伦理研究、数字人文策展）
社会影响力	持续性公益活动（3年以上，影响人群≥1 000人）；领导力证明（比如创办非营利组织）	筹款≥10万美元或参与政策改革；获得联合国青年代表级别成就	发起斯坦福大学人工智能研究机构支持的社会公平技术解决方案（需要量化影响指标）

资料来源：根据斯坦福大学官网公开资料整理。

（一）学校录取偏好与建议

（1）建议早申，优势明显：斯坦福大学的早申录取率（约5.7%）显著高于常规轮的录取率（约2.17%），建议条件优秀者优先选择REA（限制性早行动）。

（2）标化考试与课程选择：SAT总分达1 550分以上，托福达115分以上，AP或IB课程需要覆盖核心科目（比如微积分、物理）并取得满分。

（3）竞赛与科研成果：参与国际奥赛或斯坦福大学关联项目（比如RSI夏校），争取发表论文或专利（非必要）。

（4）体现领导力与社会责任：发起公益项目（比如教育公平、环保），这需要长期投入并量化成果（比如服务人数、资金规模）。

（5）突出跨领域创新：例如结合AI与人文研究，或通过艺术与科技融合项目展现独特性。

（二）研究生入学要求

表2-28为斯坦福大学研究生入学要求（官网要求，但实际录取标准远高于此）。

表 2-28　斯坦福大学研究生入学要求一览表

类别	成绩要求
GRE	理工科：数学达 168 分以上，文字推理达 155 分以上，写作达 4.0 分以上（部分项目已取消 GRE 要求）
GMAT	商学院：730 分（中位数为 740 分），写作达 6.0 分以上
托福或雅思	托福达 100 分以上（单项不低于 25 分）或雅思达 7.5 分以上（单项不低于 7.0 分）

资料来源：根据斯坦福大学官网公开信息整理。

十二、哥伦比亚大学

哥伦比亚大学现有中国学生总计约 3 800 人（截至 2024 年末），占全校国际学生的 45%，绝大多数为研究生，本科生非常少。据不完全统计，2025 年哥伦比亚大学录取了 29 名中国高中生，2024 年录取中国高中生 41 人。哥伦比亚大学的整体录取率仅为 3.85%，其本科生录取标准如下（见表 2-29）。

表 2-29　哥伦比亚大学本科生录取要求对照表

评估维度	基本要求	竞争力阈值	强化策略
学术指标	GPA 达 4.0（未加权）；顶尖高中排名年级前 3%；SAT 达 1 530～1 580 分（阅读 ≥ 760 分）；ACT 达 35～36 分（数学或科学 ≥ 36 分）	加权 GPA ≥ 4.6（含 AP 或 IB 课程附加权重）；SAT 阅读 ≥ 780 分（文理学院）	通过哥伦比亚大学夏校强化核心课程
课程体系	AP 课程 8～12 门（5 分率 ≥ 95%）；IB 预估分达 43 分以上（HL 科目达 6 分以上）；A-Level 达 4A*（数学、物理必选）	AP 拉丁语或古希腊语达 5 分（人文方向加分项）；IB 核心课程（TOK、EE）达双 A	组合建议：AP 文学 + 微观经济 + 物理 C+ 艺术史 + 计算机科学 + 法语
核心课程适配	通识教育课程预修（比如文学、哲学、当代文明）；外语能力证明（法语或西班牙语达 B2）	完成哥伦比亚大学核心课程导读项目；掌握三门以上外语（含古典语言）	参与哥伦比亚大学"全球思想者"人文研讨项目（含教授推荐信通道）
跨学科研究	至少在 2 个学科领域深度研究（比如经济 + 计算机）；发表学术论文（校刊、青年期刊）	有交叉学科成果（比如 AI 伦理研究、数字人文项目）；有哥伦比亚大学实验室合作经历（比如地球研究所）	设计"城市科学 + 社会学"融合课题（契合哥伦比亚大学城市研究实验室方向）

资料来源：根据哥伦比亚大学官网公开信息整理。

（一）学校录取偏好与建议

（1）早申录取率约为常规轮的 2 倍，建议目标明确者优先选择 ED。

（2）希望学生展现对西方经典文学、哲学、历史的深度理解。

（3）体现文化包容性：申请者应体现跨文化经历（比如少数民族文化保护、国际社区服务）。

（二）研究生入学要求

哥伦比亚大学的 3 800 名中国学生，绝大多数是研究生，这里算是中国学生在美国的大本营之一。哥伦比亚大学的研究生入学要求见表 2-30。

表 2-30　哥伦比亚大学研究生入学要求一览表

类别	成绩要求
GPA	硕士：3.5 以上（国内本科生均分达 85 分以上）；博士：3.8 以上（核心专业课成绩突出）
标化考试	GRE：330 分以上（数学达 168 分以上，写作达 4.5 分以上） 语言成绩：托福达 105 分以上或雅思达 7.5 分以上（单项 ≥ 7.0 分）
院校背景	国内本科生：清北复交、浙大、中科大、人大等占比 75% 美国本科生：Top30 占比约 20%

资料来源：根据哥伦比亚大学官网公开信息整理。

十三、加利福尼亚大学洛杉矶分校

加利福尼亚大学洛杉矶分校的中国籍本科生共约 2 600 人，占国际本科生的一半，是该校最大的国际生群体。加利福尼亚大学洛杉矶分校 2024 年录取的中国大陆高中生约 682 人（占国际新生的 49%），较 2023 年的 571 人大幅增加。近年来，该校的 U.S.News 排名一再上涨，录取条件也越来越高（见表 2-31）。

表 2-31　加利福尼亚大学洛杉矶分校本科生录取要求对照表

评估维度	基本要求	竞争力阈值	强化策略
学术指标	GPA 达 3.9 以上（未加权）；高中课程含 4 年数学或 3 年实验室科学	加权 GPA ≥ 4.4（含 AP 或 IB 课程附加权重）；年级排名前 5%（公立高中）	完成加利福尼亚州 A-G 课程认证（适配加利福尼亚大学课程体系）
课程体系	AP 课程 6~8 门达 5 分（微积分、物理必选）；IB 预估分达 43~45 分（HL 理科 ≥ 6 分）；A-Level 达 3A*（数学、物理、化学）	持有 AP Capstone 文凭；IB 核心课程（TOK、EE）达到双 A	组合建议：AP 微积分 BC+ 物理 C+ 化学 + 统计 + 计算机科学 + 心理学

（续表）

评估维度	基本要求	竞争力阈值	强化策略
学术能力	理工科：AP物理C达5分+USACO竞赛；社科：AP宏观经济、心理学均达5分	获得国际竞赛奖项（如物理碗全球Top50）；社区学院STEM课程全A记录	参与该校暑期科研项目（含实验室导师推荐信通道）
跨学科创造力	至少有1项跨领域研究（比如环境科学+公共政策）；有较好的数据分析能力	科研成果发表于青年期刊；社会影响力量化模型开发	设计"气候变化+健康公平"融合课题（匹配加利福尼亚大学洛杉矶分校健康政策实验室）

资料来源：根据加利福尼亚大学洛杉矶分校官网公开信息整理。

（一）学校录取偏好与建议

（1）结合兴趣与技术：例如开发残障辅助设备或通过艺术与科技融合项目展现独特性。

（2）竞赛与科研：参与国际奥赛或顶尖科研项目，争取发表阶段性成果。

（3）学校喜欢有突出艺术特长的学生。

（4）主文书要求：围绕"学术好奇心"与"社会责任感"，通过具体案例（比如科研突破或公益成果）展现深度思考。

（5）体现在公益活动中的领导力：比如创办环保组织、发起教育公平项目，这些都需要量化成果。

（二）研究生入学要求

表2-32为加利福尼亚大学洛杉矶分校的研究生入学要求。

表2-32 加利福尼亚大学洛杉矶分校研究生入学要求一览表

类别	成绩要求
GPA	硕士：3.5以上（国内本科生均分达85分以上）；博士：3.8以上（核心专业课成绩突出）
标化考试	GRE：325分以上（数学达165分以上；部分专业，比如计算机要求数学达168分以上） 语言成绩：托福达100分以上或雅思达7.5分以上（单项≥6.5分）
院校背景	国内本科生：70%来自985、211高校（比如清北复交、浙大、中科大） 美国本科生：Top50占比约20%

资料来源：根据加利福尼亚大学洛杉矶分校官网公开信息整理。

十四、纽约大学

2025 年纽约大学的全球本科申请人数超过 11.8 万人，整体录取率降至 8%（主校区约 15%），创历史新低。热门学科竞争激烈，斯特恩商学院的专业（全美第 5）、计算机科学等专业的录取率低于 5%，申请者需要有"高标化成绩＋强背景"。2025 年该校录取中国籍学生 610 人（含境外高中生），较 2024 年的 780 人有所减少。表 2-33 为纽约大学本科生录取要求对照表。

表 2-33　纽约大学本科生录取要求对照表

评估维度	基本要求	竞争力阈值	强化策略
学术指标	GPA 达 3.8 以上（未加权），国际生建议达到 3.9 以上；托福达 100 分以上（商学院要求达到 110 分以上）	加权 GPA ≥ 4.3（含 AP 或 IB 课程附加权重）；托福口语 ≥ 28 分（商学院强制要求）	通过纽约大学预科项目修读学分（比如金融建模、数据科学）
标化考试	SAT 中位数为 1 480~1 550 分（数学 ≥ 780 分）；ACT 达 33~35 分（数学 ≥ 34 分）	SAT 数学达 800 分（部分专业 89% 的录取者达到）；ACT 科学推理 ≥ 35 分（文理学院）	AP 微积分 BC 或统计达 5 分以对冲标化分差（商科、工程方向适用）
课程体系	AP 课程 4~8 门（核心科目 5 分率 ≥ 90%）；IB 预估分达 39 分以上（商科要求数学 HL 达 7 分）；A-Level 数学达 A*	持有 AP Capstone 文凭（商科、计算机方向）；持有纽约大学线上课程证书	组合建议： 商科：AP 微观经济＋统计＋计算机科学＋心理学； 工程：AP 物理 C＋微积分 BC＋化学＋计算机科学
学科专精证明	商科：沃顿投资赛或 DECA（全球高中生商业挑战赛）决赛经历；艺术类：帝势艺术学院夏校＋作品集（需要专业评审）	金融：虚拟交易账户年化收益 ≥ 30%；工程：FRC（国际青少年机器人挑战赛）区域冠军＋专利开发	参与纽约大学斯特恩商学院量化交易实验室项目（需要提交策略回测报告）

资料来源：根据纽约大学官网公开信息整理。

（一）学校录取偏好与建议

（1）跨学科课程申请者受青睐：比如"计算机＋社会学"、"金融＋环境科学"等专业组合逐渐增多。

（2）建议申请者在主文书上多用心思：围绕"Why NYU"（为什么选择纽约大学）体现对学校资源的深度了解（比如提及教授研究方向、跨学院选修计划）。结合纽约的国际化环境，阐述个人如何在此成长（比如"在多元文化中重新定义身份认同"）。

（3）参与纽约大学关联项目：比如斯特恩商学院暑期课程或工程学院科研营，积累学术履历。

（二）研究生入学要求

纽约大学是美国最好就业的大学之一，得天独厚的地缘优势让学子占据了就业先发优势，在遍布全球的金融领域发挥重要作用。表2-34为纽约大学研究生入学要求。

表2-34 纽约大学研究生入学要求一览表

类别	成绩要求
GPA	硕士：3.3以上（国内本科生均分达85分以上）；博士：3.7以上（核心专业课成绩突出）
标化考试	GRE：320分以上（商科要求GMAT达700分以上，工程专业要求数学达到165分以上） 语言成绩：托福达100分以上或雅思达7.5分以上（单项≥7.0分）
院校背景	国内本科生：60%来自985、211高校（比如清北复交、浙大、武大） 美国本科生：Top50占比约25%

资料来源：根据纽约大学官网公开信息整理。

十五、密歇根大学安娜堡分校

密歇根大学安娜堡分校所处的位置是全美最安全的大学城之一，作为一个老牌名校，该校在美国学术界与商界都有非常高的声誉。与其他公立大学不同的是，该校是全美最富裕的大学之一，给学生提供了非常优质的资源与各种便利。截至2024年，密歇根大学安娜堡分校共有3 991名中国学生，其中本科生的占比约为49%（含转学生），研究生的占比约为51%。2024年秋季学期，密歇根大学安娜堡分校的本科大一新生中仅有51名中国学生，较往年大幅减少。表2-35为密歇根大学安娜堡分校的本科生录取要求对照表。

表2-35 密歇根大学安娜堡分校本科生录取要求对照表

评估维度	基本要求	竞争力阈值	强化策略
学术指标	GPA达3.9以上（未加权）；顶尖高中排名年级前10%；SAT达1 450～1 540分（数学≥780分）；ACT达33～35分（理科≥35分）	加权GPA≥4.4（含AP或IB课程附加权重）；SAT数学达800分	参与密歇根大学安娜堡分校数学或科协夏校（强化理工背景）

（续表）

评估维度	基本要求	竞争力阈值	强化策略
课程体系	AP 课程 8~10 门（5 分率≥ 90%）；IB 预估分达 40 分以上（HL 理科≥ 6 分）；A-Level 达 3A*（数学、物理、化学必选）	持有 AP Capstone 文凭；IB 核心课程（TOK、EE）达到双 A	组合建议：AP 微积分 BC+ 物理 C+ 化学 + 统计 + 计算机科学 + 心理学
学科潜力	工程方向：USACO 铂金级、物理碗全球前 50；商科方向：DECA 决赛、全美经济挑战赛经历	国际级科研成果；参与跨学科项目（比如生物医学工程 + 商业分析）	加入密歇根大学安娜堡分校本科生科研计划（UROP），聚焦机器人、可持续能源领域
实践创新能力	工程类：FRC 区域赛奖项 +3D（三维）建模作品；社科类：政策分析报告（被地方政府采纳）	GitHub 技术仓库星标≥ 300 分；创业项目获天使投资（不低于 1 万美元）	开发 STEM 教育公益平台（覆盖超过 500 名学生并获得密歇根大学安娜堡分校实验室认证）

资料来源：根据密歇根大学安娜堡分校官网公开信息整理。

（一）学校录取偏好与建议

（1）著名的"分控"大校：保持优秀的 GPA 和标化成绩是前提条件。

（2）课外活动应体现个人特质：结合兴趣与技术，例如开发残障辅助设备或通过艺术与科技融合项目展现独特性。

（3）课外活动应体现社会影响力：发起长期公益项目（比如教育公平、环保），这需要量化成果（比如服务人数、资金规模）。

（4）文书注意围绕"学术好奇心"与"社会责任感"，通过具体案例来展现深度思考。

（二）研究生入学要求

表 2-36 为密歇根大学安娜堡分校的研究生入学要求。

表 2-36 密歇根大学安娜堡分校研究生入学要求一览表

类别	成绩要求
GPA	硕士：3.5 以上（国内本科生均分达 85 分以上）；博士：3.8 以上（核心专业课成绩突出）
标化考试	GRE：325 分以上（工程专业要求数学达 165 分以上，商科要求 GMAT 达 700 分以上） 语言成绩：托福达 100 分以上或雅思达 7.0 分以上（单项≥ 6.5 分）

（续表）

类别	成绩要求
院校背景	国内本科生：65% 来自 985、211 高校（比如清北复交、浙大、华科） 美国本科生：Top50 占比约 20%

资料来源：根据密歇根大学安娜堡分校官网公开信息整理。

十六、西北大学

西北大学在美国具有特别的声誉，校园所在地是芝加哥最安全的区域。目前在西北大学就读的中国学生有 700 多人，在读的本科生不到 300 人。作为一个学术强校，西北大学的录取难度是"藤校级"。该校的国际生整体录取率为 6%，中国学生的录取率为 2%～5%。新闻传媒、表演艺术等特色专业的录取率低于全校平均水平。2025 年该校录取中国籍学生 66 人，与 2024 年的 64 人基本持平。表 2-37 为西北大学本科生录取要求对照表。

表 2-37 西北大学本科生录取要求对照表

评估维度	基本要求	竞争力阈值	强化策略
学术指标	GPA 达 3.95 以上（未加权）；顶尖高中排名年级前 5%；SAT 达 1 500～1 560 分（阅读≥730 分，数学≥780 分）；ACT 达 34～35 分（理科≥35 分）	加权 GPA≥4.6（含 AP 或 IB 课程附加权重）；SAT 数学达 800 分（工程学院）；ACT 英语≥35 分（文理学院）	参与西北大学夏校（新闻、经济、工程领域），强化专业适配性
标化考试	75%～85% 的中国申请者提交了标化成绩；SAT 达 1 520 分以上或 ACT 达 34 分以上	SAT 阅读≥750 分（新闻学院）；ACT 科学推理≥36 分（工程学院）	未提交标化成绩则需要提交 2 项以上国家级科研或竞赛成果
学术潜力	工程方向：AP 物理 C 达 5 分 +USACO 铂金级；新闻方向：AP 英语语言 5 分 +TED 演讲经历	国际级科研成果、跨学科领导力（比如创办社会企业且影响人群不低于 1 万人）	参加西北大学科研计划

资料来源：根据西北大学官网公开信息整理。

（一）学校录取偏好与建议

（1）文理兼修：比如理工科学生选修 AP 文学，社科类学生参加数学竞赛。

（2）突出跨学科思维：融合专业与兴趣，比如工程专业学生研究 AI 伦理，传媒专业学生分析科技政策。

（3）文书应体现西北大学所提倡的"协作创新"精神，比如具有团队领导力，有跨文化合作经历。

（4）有突出体育或艺术特长的学生受到青睐：国家级音乐或戏剧奖项（肖邦国际钢琴赛或乌镇戏剧节等）、独立策展或原创作品集。

（二）研究生入学要求

表 2-38 为西北大学研究生入学要求。

表 2-38　西北大学研究生入学要求一览表

类别	成绩要求
GPA	硕士：3.5 以上（国内本科生均分达 85 分以上）；博士：3.8 以上
GRE 或 GMAT	GRE 达 325 分以上（数学达 165 分以上），商科要求 GMAT 达 720 分以上
语言成绩	托福达 100 分以上（单项 ≥ 23 分）或雅思达 7.5 分以上（单项 ≥ 7.0 分）

资料来源：根据西北大学官网公开信息整理。

十七、卡内基-梅隆大学

卡内基-梅隆大学作为计算机领域的王牌院校，是众多理工学子的目标院校。根据官方 2024 年底的最新统计，卡内基-梅隆大学共有 691 名中国籍本科生，占国际本科生总数的 54.6%。2025 年该校共录取中国籍本科生 159 名，较 2024 年的 127 名略有涨幅。表 2-39 为卡内基-梅隆大学的本科生录取要求对照表。

表 2-39　卡内基-梅隆大学本科生录取要求对照表

评估维度	基本要求	竞争力阈值	强化策略
学术指标	GPA 达 3.9 以上（未加权），46.9% 的录取者 GPA 达 4.0；顶尖高中排名年级前 5%	加权 GPA ≥ 4.5（含 AP 或 IB 课程附加权重）；全 A 课程记录（数学、科学应满分）	通过卡内基-梅隆大学预科项目修读学分（比如算法设计、机器学习）
标化考试	SAT 中位数为 1 540 分（数学 ≥ 790 分）；ACT 达 34~35 分（理科 ≥ 35 分）；计算机学院的标化成绩要求显著高于平均值	SAT 数学达 800 分（计算机学院）；ACT 科学推理 ≥ 36 分（工程学院）	未提交标化成绩则需要获得 USACO 铂金级奖项或 AIME（美国数学邀请赛）成绩不低于 12 分，以及 AP 计算机科学达 5 分

（续表）

评估维度	基本要求	竞争力阈值	强化策略
课程体系	AP 课程 8~12 门（STEM 科目 5 分率≥95%）；IB 预估分达 43 分以上（数学、物理 HL 达 7 分）；A-Level 数学和物理达 A*	持有 AP Capstone 文凭+3 门大学阶段课程（比如离散数学）；获得卡内基-梅隆大学线上课程认证（比如高阶编程）	计算机方向：AP 计算机科学+微积分 BC+物理 C+统计；艺术方向：AP 艺术史+工作室艺术+计算机原理
学术潜力与创造力	计算机方向：USACO 铂金级+GitHub 技术仓库星标≥1 000 分；工程方向：FRC 季后赛冠军+3D 建模专利；艺术方向：电子艺术展入围+交互设计作品集	国际级科研成果（比如国际级期刊 NeurIPS 学生论文）；开源框架贡献	参与卡内基-梅隆大学机器人研究所（RI）项目（比如自动驾驶算法优化）

资料来源：根据卡内基-梅隆大学官网公开信息整理。

（一）学校录取偏好与建议

（1）作为工程大校，偏好硬核科研实践类活动：比如发表 SCI（科学引文索引）、顶会论文（包括 AAAI、CVPR），参与大学实验室项目，对开源项目有贡献。

（2）喜欢进行跨学科创新的学生：比如结合科技与人文（AI 与社会科学研究），或者开发技术应用项目、进行工程与艺术的交叉学科研究。

（3）申请工程学院的学生需要展现数理能力和工程技术实践能力，尤其是在机器人项目中的能力与潜力。

（4）目标明确的学生可以参与卡内基-梅隆大学关联项目，积累学术履历。

（二）研究生入学要求

表 2-40 为卡内基-梅隆大学研究生入学要求。

表 2-40 卡内基-梅隆大学研究生入学要求一览表

类别	成绩要求
GPA	硕士：3.6 以上（国内本科生均分达 88 分以上）；博士：3.9 以上（核心专业课成绩顶尖）
GRE 或 GMAT	GRE 达 330 分以上（理工科要求数学达 168 分以上），商科交叉项目要求 GMAT 达 720 分以上
语言成绩	托福达 105 分以上（单项≥25 分）或雅思达 7.5 分以上（单项≥7.0 分）

资料来源：根据卡内基-梅隆大学官网公开信息整理。

十八、杜克大学

近年来，杜克大学的录取率持续走低，杜克大学的本科生入学要求很高（见表2-41）。目前在该校就读的中国本科生共 301 名，占国际本科生总数的 39.6%，中国学生总数为 2 811 人。2025 年，杜克大学共录取中国学生 43 名。2024 年，杜克大学录取中国学生 40 名。

表 2-41　杜克大学本科生录取要求对照表

评估维度	基本要求	竞争力阈值	强化策略
学术指标	GPA 达 3.9 以上（未加权）；顶尖高中排名年级前 5%；核心课程全 A（数学、物理、化学突出）	加权 GPA ≥ 4.6（含 AP 或 IB 课程附加权重）；SAT 数学达 800 分（工程学院）	通过杜克大学 TIP 项目（英才发掘项目）修读大学阶段课程（比如生物医学）
标化考试	SAT 中位数达 1 520~1 560 分（数学≥780 分，阅读≥740 分）；ACT 达 34~35 分（理科≥35 分）；标化成绩选择性提交（强烈建议提交）	SAT 阅读≥750 分（文理学院）；ACT 科学推理≥36 分（工程学院）	未提交标化成绩则需要有 ISEF 全球决赛或 IMO 奖牌+AP10 门以上达 5 分
课程体系	AP 课程 8~12 门（5 分率≥90%）；IB 预估分达 42 分以上（HL 理科≥7 分）；A-Level 达 3A*（数学、物理必选）	持有 AP Capstone 文凭+3 门高阶课程（比如线性代数）；获得杜克大学在线学分课程认证（比如基因组学）	理工方向：AP 物理 C+微积分 BC+化学+计算机科学；人文方向：AP 文学+艺术史+宏观经济+心理学
学术潜力与创造力	理工方向：USACO 铂金级或物理碗全球前 50；人文方向：全国辩论赛冠军、独立出版作品	跨学科论文发表于"杜克大学本科生研究期刊"；国际级艺术展入围（比如威尼斯双年展青年单元）	参与杜克大学全球服务项目（需要量化社会影响力指标）

资料来源：根据杜克大学官网公开信息整理。

（一）学校录取偏好与建议

（1）关注在社区服务中做出明显改变和具有影响力的申请者：比如发起全国性公益项目，覆盖人数几千人以上；曾担任学生会主席、学术期刊创始人、非营利组织联合发起人。

（2）在文书中回答杜克大学特定短文问题时需要结合学校特色：比如跨学科资源、社区贡献。

（3）利用高科技解决人类现存的问题：融合多领域解决社会问题，比如尝试开发 AI 医疗诊断工具，进行癌症先期筛选。

（4）杜克大学的 ED1 录取率远高于常规录取率，建议 ED1 申请。

（二）研究生入学要求

表 2-42 为杜克大学研究生入学要求。

表 2-42 杜克大学研究生入学要求一览表

类别	具体成绩要求
GPA	硕士：3.4 以上（国内本科生均分达 85 分以上）；博士：3.7 以上
GRE 或 GMAT	GRE 达 320 分以上（数学达 160 分以上），商科要求 GMAT 达 700 分以上
语言成绩	托福达 100 分以上（单项 ≥ 23 分）或雅思达 7.0 分以上（单项 ≥ 6.5 分）

资料来源：根据杜克大学官网公开信息整理。

十九、得克萨斯大学奥斯汀分校

得克萨斯大学奥斯汀分校是近年来颇受中国学子追捧的美国大学之一，地处美国新兴科技产业中心，具有独特的就业优势。该校每年录取的国际生（本科生）比例约为 9%，中国学生是国际生中最大的群体。2024 年末的数据显示，该校国际生总数达到了 6 175 人，其中中国学生为 1 384 人。在这些中国学生中，本科生有 330 人，研究生有 1 054 人。表 2-43 为得克萨斯大学奥斯汀分校本科生录取要求对照表。

表 2-43 得克萨斯大学奥斯汀分校本科生录取要求对照表

评估维度	基本要求	竞争力阈值	强化策略
学术指标	GPA 达 3.8 以上（未加权）；得克萨斯州前 6% 的学生自动录取（仅限州内）；国际生建议达到年级前 10%	加权 GPA ≥ 4.3（含 AP 或 IB 课程附加权重）；核心课程全 A（数学、科学突出）	通过得克萨斯大学奥斯汀分校 OnRamps 项目（针对高中生的学习项目）修读大学学分（比如计算机科学与工程）

（续表）

评估维度	基本要求	竞争力阈值	强化策略
标化考试	国际生的SAT中位数为1 360~1 500分（工程、商科专业要求达到1 450分以上）；ACT达29~34分（工程专业要求达33分以上）；标化成绩选择性提交，但申请工程学院、商学院强烈建议提交	SAT数学≥780分（工程学院）；ACT英语≥35分（商学院）	未提交标化成绩则建议有国家级竞赛奖项（比如USACO铂金级或DECA决赛）
课程体系	AP课程5~8门（理工科要求完成微积分BC或物理C）；IB预估分达36分以上（HL理科≥6分）；A-Level数学达A*，理科达A*	持有AP Capstone文凭（工程方向加分项）；完成得克萨斯大学官方认证的高中课程（比如得克萨斯州TREx课程）	工程方向：AP物理C+微积分BC+化学+计算机科学；商科方向：AP微观经济+统计+心理学+计算机原理
学术潜力与创造力	工程方向：FRC区域赛、USACO竞赛；商科方向：DECA决赛；自然科学：国际青少年科学奥林匹克竞赛	GitHub技术仓库星标≥500分（计算机科学方向）；商业计划书获天使投资（不低于1万美元）	参与得克萨斯大学奥斯汀分校高能物理研究所（HEP）项目（需要教授推荐信）

资料来源：根据得克萨斯大学奥斯汀分校官网公开信息整理。

（一）学校录取偏好与建议

（1）建议参加与得克萨斯州或科技行业相关的实践：了解当地的产业与创新方向，积极参与奥斯汀本地的科技公司实习或相关产业科研实习。

（2）偏好在STEM领域有深度研究的学生：比如参加过Kaggle（全球性数据科学赛事）竞赛或独立开发过小项目。

（3）在文书中突出学校很看重的"得州文化"：展现对多元社区贡献的实践与理解，尤其是该校提倡的"革新精神"。

（二）研究生入学要求

表2-44为得克萨斯大学奥斯汀分校研究生入学要求。

表2-44 得克萨斯大学奥斯汀分校研究生入学要求一览表

类别	成绩要求
GPA	硕士：3.3以上（国内本科生均分达85分以上）；博士：3.7以上

（续表）

类别	成绩要求
GRE 或 GMAT	GRE 达 315 分以上（理工科要求数学达 160 分以上），商科要求 GMAT 达 680 分以上
语言成绩	托福达 90 分以上（单项≥23 分）或雅思达 6.5 分以上（单项≥6.0 分）

资料来源：根据得克萨斯大学奥斯汀分校官网公开信息整理。

二十、伊利诺伊大学厄巴纳－香槟分校

伊利诺伊大学厄巴纳－香槟分校在工程领域具有突出优势。截至 2025 年 1 月，该校共有 3 052 名中国本科生，占全校国际本科生总数的 55.2%，创历史新高。2024 年该校共录取 671 名中国学生，占国际本科生总数的 53.7%，中国学生是该校最大的国际生群体。表 2-45 为伊利诺伊大学厄巴纳－香槟分校本科生录取要求对照表。

表 2-45　伊利诺伊大学厄巴纳－香槟分校本科生录取要求对照表

评估维度	基本要求	竞争力阈值	强化策略
学术指标	GPA 达 3.7 以上（未加权）；重点高中排名年级前 15%；数学、科学课程全 A	加权 GPA ≥ 4.2（含 AP 或 IB 课程附加权重）；核心课程成绩排名前 10%	通过伊利诺伊大学厄巴纳－香槟分校名为"NetMath"的项目修读大学数学课程（含学分认证）
标化考试	SAT 达 1 400~1 530 分（数学≥750 分，阅读≥650 分）；ACT 达 31~34 分（理科≥33 分）；计算机科学与工程专业对标化成绩的要求更高	SAT 数学 ≥ 780 分（工程学院）；ACT 科学推理 ≥ 35 分（计算机科学专业）	未提交标化成绩则需要 AP 微积分 BC 和物理 C 取得 5 分并且参加 USACO 竞赛
课程体系	AP 课程 5~8 门（4 分率≥80%）；IB 预估分达 37 分以上（数学、物理 HL ≥ 6 分）；A-Level 数学达 A*，物理达 A*	持有 AP Capstone 文凭（工程方向加分项）；获得伊利诺伊大学厄巴纳－香槟分校在线课程证书（比如数据分析）	工程方向：AP 物理 C+ 微积分 BC+ 化学 + 计算机科学；商科方向：AP 微观经济 + 统计 + 心理学 + 计算机原理

（续表）

评估维度	基本要求	竞争力阈值	强化策略
学术潜力与创造力	计算机科学：USACO 黄金级、GitHub 技术仓库星标；工程专业：FRC 区域赛奖项、3D 建模作品；商科：DECA 州冠军	国际级竞赛奖项（比如物理碗全球前 100）；GitHub 协作记录≥50 次	参与伊利诺伊大学厄巴纳－香槟分校工程学院 LAB 项目

资料来源：根据伊利诺伊大学厄巴纳－香槟分校官网公开信息整理。

（一）学校录取偏好与建议

（1）偏好在社区服务中实现技术普及的活动：比如组织开展 STEM 教育普及活动，包括编程支教、乡村科学夏令营。

（2）创业实践类活动受青睐：开发小型科技产品，比如学校食堂 AI 管理系统等。

（3）热门专业（比如工程与计算机科学）竞争激烈，可以考虑通过变通方式实现目标：比如用"数学＋计算机科学"双专业或"未定专业"路径申请。

（4）该校王牌专业工程专业是可以入学后再转入的：工程学院内部转专业要求 GPA 达 3.5 以上，建议大一修完核心课程（比如微积分、编程基础）。

（二）研究生入学要求

表 2-46 为伊利诺伊大学厄巴纳-香槟分校研究生入学要求。

表 2-46 伊利诺伊大学厄巴纳-香槟分校研究生入学要求一览表

类别	成绩要求
GPA	硕士：3.2 以上（国内本科生均分达 80 分以上）；博士：3.5 以上
GRE 或 GMAT	GRE 达 315 分以上（理工科要求数学达 160 分以上），商科要求 GMAT 达 650 分以上
语言成绩	托福达 90 分以上（单项≥20 分）或雅思达 6.5 分以上（单项≥6.0 分）

资料来源：根据伊利诺伊大学厄巴纳-香槟分校官网公开信息整理。

二十一、加利福尼亚大学圣迭戈分校

加利福尼亚大学圣迭戈分校的国际生录取率约为 22.4%，远低于部分分校（比如戴维斯分校的 51.5%），但高于伯克利分校（3.4%）和洛杉矶分校（6.3%）。加利福尼亚大学圣迭戈分校在 2024 年秋季录取的中国学生人数为 901 人（2023 年录取

810人），在国际生中的占比达46%。在全部国际生中，圣迭戈分校是加利福尼亚大学系统中录取中国学生最多的校区之一。表2-47为加利福尼亚大学圣迭戈分校本科生录取要求对照表。

表2-47 加利福尼亚大学圣迭戈分校本科生录取要求对照表

评估维度	基本要求	竞争力阈值	强化策略
学术指标	未加权GPA达3.9以上（年级排名为前10%）；STEM专业要求GPA达3.9以上（年级排名前5%）；数学、科学课程全A（微积分、物理、化学达A+）	加权GPA≥4.4（含AP或IB课程附加权重）；数学、科学课程排名前3%	通过加利福尼亚大学圣迭戈分校夏校强化STEM背景（比如量子计算、合成生物学）
标化考试	SAT中位数为1 480~1 550分（数学≥790分）；ACT达33~35分（理科≥35分）；托福达100分以上（单项≥23分）	SAT数学达800分（计算机学院）；ACT科学推理≥36分（工程学院）	未提交标化成绩则需要AP数学、科学达5分+USACO铂金级
课程体系	AP课程5~8门（STEM科目4分率≥90%）；IB成绩达38分以上（数学、物理HL≥6分）；A-Level数学达A*、理科达A*	持有AP Capstone文凭+完成高阶课程（比如多元微积分）；完成加利福尼亚大学圣迭戈分校线上学分课程（比如数据科学导论）	工程方向：AP物理C+微积分BC+化学+计算机科学；生物方向：AP生物+统计+环境科学+心理学
学术潜力与创造力	计算机科学：USACO铂金级、GitHub技术仓库（≥1 000行代码）；工程：FRC区域冠军、3D建模专利；生物医学：iGEM（国际基因工程机器大赛）奖项、实验室论文	国际期刊论文；开源工具贡献	参与加利福尼亚大学圣迭戈分校生物工程研究

资料来源：根据加利福尼亚大学圣迭戈分校官网公开信息整理。

（一）学校录取偏好与建议

（1）艺术与体育类特长会有很强的加持作用：国家级数字媒体作品、独立纪录片制作、省级以上竞技奖项、校队核心成员等都有一定优势。

（2）体现解决实际问题的能力：比如开发开源工具以优化公共健康数据，在活动中强化学术深度与技术应用的结合。

（3）展现学科兴趣，体现跨学科创新能力：加利福尼亚大学圣迭戈分校是生物医学工程大校，所以展示"工程与生物""数据与社会科学"等交叉领域研究会令人印象深刻。

（4）转学文书应该着重展示学术热情及在社区中的贡献与投入。

（二）研究生入学要求

表 2-48 为加利福尼亚大学圣迭戈分校研究生入学要求。

表 2-48　加利福尼亚大学圣迭戈分校研究生入学要求一览表

类别	成绩要求
GPA	硕士：3.3 以上（国内本科生均分达 85 分以上）；博士：3.6 以上
GRE 或 GMAT	GRE 达 320 分以上（理工科要求数学达 165 分以上），部分专业（比如全球政策学院）要求 GMAT 达 650 分以上
语言成绩	托福达 90 分以上（单项≥22 分）或雅思达 7.0 分以上（单项≥6.5 分）

资料来源：根据加利福尼亚大学圣迭戈分校官网公开信息整理。

二十二、华盛顿大学西雅图分校

根据最新数据，2024 年秋季共有 7 384 名国际学生在华盛顿大学西雅图分校注册在读，其中中国大陆本科生 2 071 人，约占该校国际本科生总数的一半。从录取率上看，该校国际生的整体录取率为 44%（非华盛顿州居民为 51%），远远高于加利福尼亚大学系统中的部分分校。表 2-49 为华盛顿大学西雅图分校本科生录取要求对照表。

表 2-49　华盛顿大学西雅图分校本科生录取要求对照表

评估维度	基本要求	竞争力阈值	强化策略
学术指标	GPA 达 3.73～3.96（未加权）；数学、科学课程全 A（理工科申请者需达 A+）；国际生建议达到年级前 15%	加权 GPA≥4.3（含 AP 或 IB 课程附加权重）；核心课程排名前 10%（重点高中）	通过该校夏校强化学术能力（比如数据科学、生物工程）
标化考试	国际生语言最低要求：托福达 76 分（建议达到 92 分以上）；雅思达 6.5 分（建议达到 7.0 分以上）；多邻国成绩达 105 分（建议达到 120 分以上）	托福达 105 分以上（计算机学院）；雅思达 7.5 分以上（商学院）；多邻国成绩达 135 分以上（工程学院）	语言未达到推荐分则需要使 AP 课程英语语言达到 4 分，同时提交学术写作作品集（比如科研报告）

（续表）

评估维度	基本要求	竞争力阈值	强化策略
课程体系	AP 课程 5~8 门（STEM 科目 4 分率≥85%）；IB 成绩达 36 分以上（数学、物理 HL≥6 分）；A-Level 数学达 A*，理科达 A	持有 AP Capstone 文凭（计算机方向加分项）；完成线上学分课程（比如环境科学）	计算机方向：AP 计算机科学+微积分 BC+统计+物理 C；商科方向：AP 微观经济+统计+心理学+计算机原理
学术潜力与创造力	计算机科学：USACO 黄金级、GitHub 技术仓库（≥500 行代码）；工程专业：FRC 区域赛奖项、3D 建模作品；商科：DECA 州级奖项、商业案例分析	国际期刊论文；开源工具贡献	参与华盛顿大学西雅图分校 GenOM 项目（基因相关项目）

资料来源：根据华盛顿大学西雅图分校官网公开信息整理。

（一）学校录取偏好与建议

（1）该校计算机专业在全美名列前茅，直接申请计算机科学专业竞争激烈，申请者可考虑"信息学+统计学"组合专业或"未定专业"路径。

（2）文书体现公益导向，展示用技术解决社会问题的案例，提及学校资源。

（3）属地化关怀在申请该校时有帮助：参与西雅图本地企业实习（比如微软、亚马逊、波音），研究太平洋西北地区社会议题（比如气候变化、原住民文化保护）。

（二）研究生入学要求

表 2-50 为华盛顿大学西雅图分校研究生入学要求。

表 2-50　华盛顿大学西雅图分校研究生入学要求一览表

类别	成绩要求
GPA	硕士：3.3 以上（国内本科生均分达 85 分以上）；博士：3.7 以上
GRE 或 GMAT	GRE 达 315 分以上（理工科要求数学达 160 分以上），商科要求 GMAT 达 680 分以上（部分专业的 GRE 成绩选择性提交）
语言成绩	托福达 92 分以上（单项≥20 分）或雅思达 7.0 分以上（单项≥6.5 分）

资料来源：根据华盛顿大学西雅图分校官网公开信息整理。

二十三、布朗大学

布朗大学的人文学科在美国处于领先地位，该校一直以来都是中国学生最喜欢的大学之一，但其每年在中国录取的学生很少，本科生录取要求很高（见表2-51）。2024年布朗大学的在校本科生约2 500人，国际生占比为12%，中国学生是最大的国际生群体。布朗大学的中国本科学生有156人，平均每届录取中国学生39人左右。

表2-51 布朗大学本科生录取要求对照表

评估维度	基本要求	竞争力阈值	强化策略
学术指标	GPA达3.9以上（未加权）；年级前10%；数学、科学课程全A（数学单科满分优先）	加权GPA≥4.6（含AP或IB课程附加权重）；数学成绩排名前3%（重点高中）	通过布朗大学预科项目修读开放课程（比如神经科学、社会公平研究）
标化考试	SAT中位数为1 540分（阅读达750~780分，数学达770~800分）；ACT达34~35分（单项≥33分）；托福中位数为115分	SAT数学达800分（应用数学学院）；ACT英语≥35分（人文学院）	未提交标化成绩则需要有IMO、IPhO奖牌，以及AP文科、理科均达5分（≥5门）
课程体系	AP课程8门以上（文理混合，4分率≥90%）；IB成绩达42分以上（HL文理组合≥7分）；A-Level数学达A*，理科达A*	持有AP Capstone文凭+完成3门大学阶段课程（比如拓扑学、后殖民文学）；获得布朗大学线上课程认证（比如批判理论导论）	理科方向：AP微积分BC+物理C+文学+艺术史；文科方向：AP英语文学+宏观经济+计算机原理+心理学
多维度能力与学术潜力	参加文理融合项目（比如AI伦理研究、数据可视化艺术）；参加国际级人文竞赛	跨学科论文发表于"布朗大学本科生研究期刊"；社会创新项目获Ashoka基金会认证	参与布朗大学社会创新实验室（需要提交影响力量化报告）
批判性思维	提交学术写作样本（比如哲学论文、科学评论）；参与独立研究项目（需要提供方法论说明）	政策分析报告被政府采纳；技术伦理提案获学生论坛奖项	设计"技术+人文"课题（比如算法偏见审计工具开发）
学术自由实践	自主设计课程提案（需附教授推荐信）；有非传统学习经历（比如田野调查、创业实践）	完成跨校合作课程（比如麻省理工学院媒体实验室项目）；自主出版学术电子杂志（订阅量≥1万次）	发起"开源知识库"项目（需要覆盖3个以上的学科领域）

资料来源：根据布朗大学官网公开信息整理。

（一）学校录取偏好与建议

（1）深度研究项目受青睐：开展个人独立课题研究，比如 AI 伦理论文、发展中国家经济模型等，研究成果发表至省级以上期刊或会议；参与顶尖夏校并产出高质量成果。

（2）布朗大学以"开放课程体系"著称，希望学生展示自主学习能力和跨学科兴趣与能力。

（3）关注致力于解决社会问题的深度实践，而非单纯的竞赛或科研堆砌，申请者应体现批判性思维及对社会现实问题的关注。

（4）申请者应深入了解布朗大学的特质，并在文书中体现这些内容：结合开放课程，阐述学术自主性，并用具体的故事展示对社会问题的长期关注。

（5）如果提交的 SAT 阅读成绩不到 750 分，那么最好用 AP 英语文学 5 分成绩、《纽约时报》征文奖加以辅助证明自身的英语能力。

（二）研究生入学要求

表 2-52 为布朗大学研究生入学要求。

表 2-52 布朗大学研究生入学要求一览表

类别	具体成绩要求
GPA	硕士：3.5 以上（国内本科生均分达 88 分以上）；博士：3.8 以上
GRE 或 GMAT	GRE 达 325 分以上（理工科要求数学达 168 分以上），部分人文社科项目可免 GRE 成绩
语言成绩	托福达 105 分以上（单项≥25 分）或雅思达 8.0 分以上（单项≥7.5 分）

资料来源：根据布朗大学官网公开信息整理。

二十四、宾夕法尼亚州立大学

宾夕法尼亚州立大学是一所公立大校，中国学生是其国际生的主要群体。2024 年宾夕法尼亚州立大学的总招生人数达到约 88 000 人，较 2023 年增长 1.2%，其中主校区的新生人数为 9 200 人，约 58% 为本地学生。表 2-53 为宾夕法尼亚州立大学本科生录取要求对照表。

表 2-53　宾夕法尼亚州立大学本科生录取要求对照表

评估维度	基本要求	竞争力阈值	强化策略
学术指标	综合 GPA 达 3.3 以上（未加权）；理工科、商科等热门专业要求 GPA 达 3.7 以上；数学、科学课程达 B+	加权 GPA ≥ 4.0（含 AP 或 IB 课程附加权重）；核心课程成绩排名前 20%	通过宾夕法尼亚州立大学的预科项目修读工程基础课程（含学分认证）
标化考试	SAT 中位数为 1 370~1 420 分（数学 ≥ 650 分）；ACT 达 28~32 分（数学 ≥ 28 分）	SAT 数学达 730 分以上（工程学院）；ACT 科学推理 ≥ 30 分（地球科学学院）	未提交标化成绩则需要 AP 数学、科学达 4 分，且有 FRC 竞赛奖项
课程体系	AP 课程 4~6 门（理工科需要学习微积分、物理）；IB 预估分达 32 分以上（数学 HL ≥ 5 分）；A-Level 数学达 B，理科达 B	持有 AP Capstone 文凭（工程方向加分项）；完成宾夕法尼亚州立大学线上预备课程（比如材料科学导论）	工程方向：AP 物理 1+ 微积分 AB+ 化学 + 计算机原理；商科方向：AP 微观经济 + 统计 + 心理学 + 计算机应用
学术潜力与创造力	工程方向：FRC 区域赛奖项、CAD 设计作品；商科方向：DECA 州级奖项、商业计划书；农学方向：四健会领导经历、田野研究报告	GitHub 技术仓库（≥ 300 行代码）；农业科技专利（比如灌溉系统优化）	参与宾夕法尼亚州立大学农业拓展项目（需要提交土壤改良实验数据）

资料来源：根据宾夕法尼亚州立大学官网公开信息整理。

（一）学校录取偏好与建议

（1）文书突出"实践能力"与"团队合作"，比如工程团队项目、商业案例分析。

（2）理工科申请者最好有竞赛奖项、科研项目经历。

（二）研究生入学要求

表 2-54 为宾夕法尼亚州立大学研究生入学要求。

表 2-54　宾夕法尼亚州立大学研究生入学要求一览表

类别	成绩要求
GPA	硕士：3.0 以上（国内本科均分达 80 分以上）；博士：3.5 以上
GRE 或 GMAT	GRE 达 310 分以上（理工科要求数学达 155 分以上），商科要求 GMAT 达 620 分以上
语言成绩	托福达 80 分以上（单项 ≥ 20 分）或雅思达 6.5 分以上（单项 ≥ 6.0 分）

资料来源：根据宾夕法尼亚州立大学官网公开信息整理。

二十五、普渡大学

普渡大学一直以工程专业闻名，在美国享有很高的认可度。但2024年，普渡大学仅录取了14名中国本科新生，创历史新低。这一数字与2013年的718名相比，减少了约98%。普渡大学的中国本科生数量从2013年的约3 000人锐减至2024年的747人，降幅约75%。表2-55为普渡大学本科生录取要求对照表。

表2-55 普渡大学本科生录取要求对照表

评估维度	基本要求	竞争力阈值	强化策略
学术指标	理工科：GPA达3.8以上（数学、科学全A） 文科：GPA达3.7以上（英语、社科成绩突出） 语言成绩：托福达100分以上（单项≥22分）	加权GPA≥4.3（理工科含AP物理、微积分）；年级前5%（重点高中）	通过普渡大学夏校强化工程实践能力（比如火箭设计项目）
标化考试	理工科：SAT达1 500分以上（数学≥780分） 计算机科学：SAT达1 490~1 560分（数学≥800分）；ACT达34分以上（理科≥35分）	SAT数学达800分（计算机专业）；ACT科学推理≥36分（工程学院）	未提交标化成绩则需要达到AMC前1%或取得USACO铂金级成绩
学术能力	计算机科学：AP课程计算机科学和计算机原理均达5分＋算法竞赛；工程：AP物理C达5分＋FRC区域赛奖项 农学：AP生物和环境科学达5分＋田野研究	GitHub技术仓库星标≥500分（计算机科学方向）；3D打印、机器人专利（需要经商业验证）	参与普渡大学社区服务工程项目（社区工程解决方案设计）
实践能力	至少参加1项工程或编程项目（需要代码或原型展示）；实验室或田野研究经历（数据采集与分析）	科研成果转化（比如农业无人机优化方案）；开源硬件贡献	开发工业级应用，比如基于TensorFlow（开源学习平台）的作物病害检测系统
跨学科融合能力	"STEM+商科"组合（比如机器人+创业计划）；数据科学+社科研究（数据分析）	跨学科论文发表于IEEE学生期刊；成立社会企业并获印第安纳州政府资助	设计"航空航天+可持续能源"课题（匹配普渡大学与美国国家航空航天局合作实验室方向）

资料来源：根据普渡大学官网公开信息整理。

（一）学校录取偏好与建议

（1）专业选择如未做充足准备，应避开热门专业（比如计算机工程），可以选择数据科学、环境工程等竞争不那么激烈的专业。

（2）体现跨学科创新：例如开发残障辅助设备或开展"AI+生物医学"研究，展现独特性和解决问题的能力。

（二）研究生入学要求

表 2-56 为普渡大学研究生入学要求。

表 2-56　普渡大学研究生入学要求一览表

类别	成绩要求
GPA	硕士：3.0 以上（国内本科生均分达 80 分以上）；博士：3.5 以上
GRE 或 GMAT	GRE 达 315 分以上（理工科要求数学达 160 分以上），商科要求 GMAT 达 650 分以上
语言成绩	托福达 80 分以上（单项≥20 分）或雅思达 6.5 分以上（单项≥6.0 分）

资料来源：根据普渡大学官网公开信息整理。

第五节
加拿大名校精准定位与录取偏好

2025 年，加拿大共有 4 所大学进入 QS 世界大学排名前 100（见表 2-57）。

表 2-57　QS 世界大学排名前 100 的加拿大大学

大学名称	QS2024 排名	QS2025 排名	优势学科（QS 学科排名全球前 50）
多伦多大学	21	25	医学、计算机科学、金融学
麦吉尔大学	31	29	医学、法学、生命科学
不列颠哥伦比亚大学	34	38	环境科学、地理学、林业
阿尔伯塔大学	111	96	石油工程、人工智能

资料来源：根据 QS 官网公开信息整理。

一、多伦多大学

多伦多大学的申请者需要通过高均分、学科竞赛奖项及精准的校区或专业选择策略来提高录取成功率，同时通过附加材料（比如申请工程专业）来展现独特性。该校本科生录取要求见表 2-58。

表 2-58　多伦多大学本科生录取要求对照表

类别	要求说明	备注
高考成绩	基本要求：一本线以上 建议分数：600 分以上 工程或计算机专业：620 分以上	通过学信网认证成绩单，申请工程类专业建议提交数学或物理竞赛成绩（比如物理奥林匹克竞赛）
A-Level	最低要求：AAA（数学、物理等高阶科目达 A）	至少学习 3 门完整的 A-Level 科目，进阶数学可加分（申请工程类专业）
IB	总分：38 分以上 高阶科目：数学 AA、物理等科目建议达 7 分	TOK、EE 成绩不低于 B 级，申请工程类专业要求数学 AA 达到 7 分、物理 HL 达到 6 分
雅思	总分达 6.5 分（单项 ≥ 6.0 分）	接受雅思学术类及 UKVI（用于英国签证及移民的雅思）考试，部分专业（比如医学、法律）的要求更高（总分 7.0 分以上）
托福	总分达 92 分（写作 ≥ 22 分，其他单项 ≥ 20 分）	接受家庭版托福，但需要 ETS（教育考试服务中心）认证，申请工程类专业建议总分达 100 分以上

资料来源：根据多伦多大学官网公开信息整理。

（一）学校录取偏好与建议

（1）理科生需要体现学术能力与潜力，完成强化高阶课程（比如 AP 微积分 BC、物理 C）；商科生可以选修经济、统计课程，参与 DECA 等商业竞赛。

（2）通过学术竞赛加持背景：数学专业可参加 AMC，计算机专业可参加 CCC（加拿大计算机竞赛）等，工程类专业可参加 FRC 等机器人竞赛以及 GitHub 项目。中国奥赛是最具竞争力的竞赛之一。

（二）研究生入学要求

表 2-59 为多伦多大学研究生入学要求。

表 2-59　多伦多大学研究生入学要求一览表

类别	硕士研究生要求	博士研究生要求
GPA	3.3 以上（各科均分 80 分以上）	3.7 以上（各科均分 85 分以上）

（续表）

类别	硕士研究生要求	博士研究生要求
GRE 或 GMAT	部分专业要求提交（比如商科要求 GMAT 达 650 分以上）	理工科建议 GRE 达 315 分以上
语言成绩	托福达 93 分以上或雅思达 7.0 分以上	

资料来源：根据多伦多大学官网公开信息整理。

二、麦吉尔大学

麦吉尔大学要求申请者通过高均分成绩、针对性竞赛成果以及社会服务项目来提升竞争力，并提前规划法语学习（蒙特利尔双语环境加分）。表 2-60 为麦吉尔大学本科生录取要求对照表。

表 2-60　麦吉尔大学本科生录取要求对照表

类别	要求说明	备注
高考成绩	基本要求：一本线以上 建议分数：650 分以上 医学、法学专业：670 分以上	通过学信网认证成绩单，申请医学专业建议提交生物、化学竞赛成绩（比如全国中学生生物竞赛）
A-Level	理科：AAA（数学、物理） 文科：AAA（历史、英语）	至少学习 3 门完整的 A-Level 科目，医学预科建议附加化学 HL 成绩
IB 文凭	总分：38 分以上 高阶科目：医学预科要求生物、化学 HL 达到 7 分	TOK、EE 成绩不低于 B 级，数学 AA 建议达到 6 分以上（工程、理科专业）
雅思	总分达 6.5 分（单项≥6.0 分）	接受雅思学术类及 UKVI 考试，医学专业建议总分达 7.0 分以上
托福	总分达 90 分（单项≥21 分）	接受家庭版托福（需 ETS 认证），法学类专业建议总分达 100 分以上
法语能力	部分专业（比如魁北克省法学）要求法语达到 B2 水平，可提交 DELF（法语水平考试）、TCF（法语知识测试）成绩	DELF 达到 B2 级或 TCF 达到 400 分以上，建议选修魁北克省法语文化课程

资料来源：根据麦吉尔大学官网公开信息整理。

（一）学校录取偏好与建议

（1）学术要求高：理科类专业要求核心课程达到满分或接近满分，比如 A-Level 数学达到 A，IB 物理 HL 达到 7 分；文科类专业要求具有批判性思维与较好的写作能力。

（2）法语加成：拥有基础法语能力可以显著提升竞争力（尤其是法学、医学）。

（二）研究生入学要求

表 2-61 为麦吉尔大学研究生入学要求。

表 2-61 麦吉尔大学研究生入学要求一览表

类别	成绩要求
GPA	硕士研究生：3.0 以上（部分热门专业要求达到 3.3 以上） 博士研究生：3.5 以上
GRE 或 GMAT	理工科：GRE 达 310 分以上（数学达 160 分以上） 商科：GMAT 达 650 分以上（MBA 建议 700 分以上）
语言成绩	托福达 90 分以上（单项≥20 分）或雅思达 6.5 分以上（单项≥6.0 分）

注：MBA 是指工商管理硕士。
资料来源：根据麦吉尔大学官网公开信息整理。

三、不列颠哥伦比亚大学

不列颠哥伦比亚大学的商科、工程及计算机科学专业的竞争尤为激烈，该校本科生录取要求见表 2-62。

表 2-62 不列颠哥伦比亚大学本科生录取要求对照表

类别	要求说明	备注
高考成绩	基本要求：一本线以上 建议分数：600 分以上（理科、工科建议达 620 分以上） 商科、计算机专业：建议数学单科达 130 分以上	通过学信网认证成绩单，提交学业水平测试（会考）
IB 文凭	总分：32 分以上（竞争激烈的专业如工程、商科要求达到 36 分以上） 高阶科目：理科要求数学 AA、物理达到 6~7 分	TOK、EE（扩展论文）成绩不低于 B 级，申请工程类建议数学 AA 达到 7 分，物理 HL 达到 6 分
A-Level	最低要求：ABB（理科要求数学达到 A 级，文科要求英语达到 A 级） 热门专业：要求达到 AAA（数学、物理达到 A 级）	至少学习 3 门完整的 A-Level 科目，申请商科建议附加经济学科目

（续表）

类别	要求说明	备注
AP	4门达到4分，SAT达到1 350分以上或ACT达到28分以上	AP课程核心科目需要包含微积分BC、统计学（申请商科必选微观经济学），SAT数学建议达到750分以上
雅思	总分达6.5分（单项≥6.0分）商科、工程专业：建议总分达7.0分（单项≥6.5分）	接受雅思学术类及UKVI考试，不接受拼分（要求单次考试达标）
托福	总分达90分（阅读、听力≥22分，写作、口语≥21分），申请竞争激烈的专业建议总分达100分以上	接受家庭版托福（需要ETS认证），申请工程类专业建议写作单项不低于25分

资料来源：根据不列颠哥伦比亚大学官网公开信息整理。

（一）学校录取偏好与建议

（1）学术扎实：申请理科或商科类专业需要成绩顶尖，申请环境科学类专业需要有生态实践。

（2）价值观契合：突出对可持续发展、社区贡献（比如原住民文化支持）方面的态度。

（3）职业导向：通过Co-op实习经历展现就业潜力。

（二）研究生入学要求

表2-63为不列颠哥伦比亚大学研究生入学要求。

表2-63　不列颠哥伦比亚大学研究生入学要求一览表

类别	最低要求	竞争力标准
GRE	310分以上	理工科：数学达160分以上，写作达4.0分以上 商科：文字推理达155分以上
GMAT	650分以上	尚德商学院MBA要求总分达700分以上（需要有管理经验5年以上）
语言成绩	托福达90分以上或雅思达6.5分以上	单项≥21分（托福）；单项≥6.0分（雅思）

资料来源：根据不列颠哥伦比亚大学官网公开信息整理。

四、阿尔伯塔大学

阿尔伯塔大学注重申请者的学术基础与目标专业的匹配度，学校对高中成绩

（尤其是核心科目）的要求较高。阿尔伯塔大学的中国学生约 5 600 人，以工程和能源领域为核心方向。高录取率、良好的工签政策及能源产业资源，使其成为加拿大西部最受中国学生欢迎的高校之一。该校的本科生录取要求见表 2-64。

表 2-64　阿尔伯塔大学本科生录取要求对照表

类别	要求说明	备注
高考成绩	基本要求：一本线以上 建议分数：550 分以上 工程、计算机专业：580 分以上	通过学信网认证成绩单，申请工程类专业建议提交数学或物理竞赛成绩（比如全国中学生物理竞赛）
A-Level	最低要求：ABB 数学、物理：B 级以上 石油工程专业：化学达到 A 级	至少学习 3 门完整的 A-Level 科目，申请石油工程专业建议附加化学竞赛或实验项目证明
IB	总分：30 分以上 高阶科目：5 分以上 数学 AA：建议达到 6 分	TOK、EE 成绩不低于 C 级，申请工程类专业要求数学 AA 达到 6 分，物理和化学 HL 达到 5 分
雅思	6.5 分以上（单项≥5.5 分）	接受雅思学术类及 UKVI 考试，单项最低分仅限部分专业（教育、护理等专业的要求更高）
托福	90 分以上（单项≥21 分）	接受家庭版托福（需 ETS 认证），申请工程类专业建议写作单项不低于 25 分

资料来源：根据阿尔伯塔大学官网公开信息整理。

（一）学校录取偏好与建议

（1）学科匹配：强化数学、科学成绩，尤其是申请能源、AI、农业等优势领域。

（2）实践导向：通过竞赛、实习或科研证明技术应用能力。

（3）地域优势：结合当地能源产业和移民政策，进行长期职业发展规划。

（二）研究生入学要求

表 2-65 为阿尔伯塔大学研究生入学要求。

表 2-65　阿尔伯塔大学研究生入学要求一览表

类别	最低要求	竞争力标准
GRE	部分专业建议提交成绩（比如计算机工程专业要求数学达到 160 分以上）	理工科：GRE 达到 310 分以上（数学达到 160 分以上）

（续表）

类别	最低要求	竞争力标准
GMAT	商科专业要求达到650分以上，比如MBA、MSBA（商业分析硕士）	申请MBA建议达到680分以上，申请MSBA建议数学达到满分的90%以上
语言成绩	托福达90分以上（单项≥21分）或雅思达6.5分以上（单项≥6.0分）	医学、商科建议托福达100分以上或雅思达7.0分以上

资料来源：根据阿尔伯塔大学官网公开信息整理。

第六节
学科优势地图及职业转化路径

本节旨在为留学生揭示美国、加拿大的教育体系与就业市场的联系，帮助读者在选校定专业时，同步规划未来职业发展。下文分析了两国优势学科的区域分布，解读了热门专业与当地产业的供需关系，梳理了政策红利。从课程设置到实习资源，从学术导师的行业网络到毕业生的就业轨迹，学生不仅可以选择"好专业"，还能预见所学知识如何转化为职场竞争力。

一、美国大学学科优势地图：从硅谷到华尔街的资源网络

美国高等教育以"学科集群＋产业生态"模式构建全球竞争力，本节通过四大核心学科领域来解析美国大学的差异化优势。

（一）科技与工程：硅谷基因与创新能力

1. 核心区域

（1）旧金山湾区：斯坦福大学（人工智能、计算机科学）、加利福尼亚大学伯克利分校（集成电路设计）。

（2）波士顿地区：MIT（机器人、量子计算）、哈佛大学（生物工程）。

（3）得州三角带：得克萨斯大学奥斯汀分校（能源工程）、莱斯大学（纳米技术）。

2. 学科竞争力

科技与工程专业的竞争力优势如表2-66所示。

表 2-66　科技与工程专业竞争力一览表

指标	数据	代表院校	建议
全球计算机科学 TOP10 占比	美国占 7 席	MIT、斯坦福大学	大二结束前完成 LeetCode（技术成长平台）300 题
专利转化率	MIT 年度授权量超过 300 项，学生创业存活率达 65%（全美最高，全美平均值为 45%）	卡内基-梅隆大学	参与教授实验室专利项目
实习覆盖率	佐治亚理工学院达到 100%	加州理工学院	选择 Co-op 学制，积累 18 个月经验

资料来源：根据各大学官网公开信息整理。

3. 课程特色

（1）卡内基-梅隆大学开设"AI+伦理"交叉课程。

（2）佐治亚理工学院推行"Co-op 工学交替制"，学生 5 年内可获得学位和 20 个月带薪实习。

4. 产业资源

（1）硅谷企业向斯坦福大学的学生开放"早期项目孵化通道"，比如风险投资机构 Y Combinator 的校园基金。

（2）波士顿生物科技公司与哈佛大学共建"实验室—临床"直通路径。

（二）商科与金融：华尔街的精英输送链

1. 核心区域

（1）纽约：哥伦比亚大学（金融工程）、纽约大学斯特恩商学院（量化金融）。

（2）芝加哥：芝加哥大学布斯商学院（经济学）、西北大学凯洛格商学院（市场营销）。

（3）费城：宾夕法尼亚大学沃顿商学院（公司金融、风险管理）。

2. 学科竞争力

（1）QS 商科排名：美国占据全球 MBA 项目 TOP20 中的 15 席。

（2）沃顿商学院毕业生入职高盛、摩根士丹利的比例达 38%。

3. 课程特色

（1）麻省理工学院斯隆管理学院开设"加密货币与区块链金融"实战项目。

（2）加利福尼亚大学尔湾分校推出新兴专业"电竞商业管理"。

4. 产业资源

（1）纽约大学斯特恩商学院与华尔街机构建立"周五实习制"（每周1天在岗学习）。

（2）得克萨斯大学达拉斯分校与能源巨头合作推进"油气金融风险建模"定向培养计划。

（三）人文社科：政策影响力与话语权中心

1. 核心区域

（1）华盛顿特区：乔治城大学（国际关系）、约翰斯·霍普金斯大学保罗·尼采高级国际研究学院（外交政策）。

（2）新英格兰地区：耶鲁大学（政治哲学）、哈佛大学肯尼迪学院（公共管理）。

2. 学科竞争力

人文社科专业的竞争力优势如表 2-67 所示。

表 2-67 人文社科专业竞争力一览表

学术机构	政策转化率	核心去向	成功案例
哈佛大学肯尼迪学院	32%	国务院、智库	毕业生任联合国助理秘书长，哈佛大学法学院毕业生占美国联邦法官总数的21%
约翰斯·霍普金斯大学保罗·尼采高级国际研究学院	28%	国际组织、非政府组织	校友主导世界卫生组织新冠疫情响应计划
普林斯顿大学	25%	科技政策部门	制定白宫 AI 伦理框架

资料来源：根据美国政府公开数据整理。

3. 课程特色

（1）普林斯顿大学设立"科技政策与社会影响"跨学科硕士。

（2）芝加哥大学推行"古典文明＋数据科学"双学位实验项目。

4. 产业资源

（1）布鲁金斯学会每年从乔治城大学招收 30% 的实习生。

（2）联合国总部（纽约市）与哥伦比亚大学共建"全球治理实践基地"。

（四）艺术与设计：好莱坞与百老汇的创意引擎

1. 核心区域

（1）洛杉矶：南加州大学电影艺术学院、加州艺术学院（动画设计）。

（2）纽约：帕森斯设计学院（时装）、茱莉亚学院（音乐演奏）。

（3）罗得岛：罗得岛设计学院（工业设计）。

2. 学科竞争力

艺术与设计专业的竞争力优势如表2-68所示。

表 2-68　艺术与设计专业竞争力一览表

院校	资源投入评分（满分10分）	产业成就	校友标杆
南加州大学电影艺术学院	9.2分	58项奥斯卡奖	斯皮尔伯格（《侏罗纪公园》）
罗得岛设计学院	8.7分	16项红点设计大奖	苹果首席设计师乔纳森·伊夫
茱莉亚学院	9.0分	41位格莱美奖得主	马友友（大提琴家）

资料来源：根据各大学官网公开数据整理。

除此之外，以下数据也值得关注：

（1）美国院校包揽奥斯卡最佳动画长片奖的83%（2001—2023年）。

（2）帕森斯设计学院毕业生主导纽约时装周46%的品牌秀场。

3. 课程特色

（1）纽约大学帝势艺术学院实行"剧组轮岗制"教学模式。

（2）萨凡纳艺术与设计学院开设前沿专业"元宇宙空间设计"。

4. 产业资源

（1）华特迪士尼动画工作室与加州艺术学院推进"创意直通车"选拔计划。

（2）苹果公司每年从罗得岛设计学院招收超过200名产品设计师。

二、美国职业转化路径：从 OPT 到 H-1B[①] 的生存法则

（一）美国职业转化需要破解"政策+能力+人脉网格"的三维方程式

美国职业转化的三维方程式如表2-69所示。

---

① H-1B 是指非移民工作签证。

表 2-69　美国职业转化三维方程式示例

职业类型	政策友好度（满分 10 分）	技能稀缺性（满分 10 分）	校友网络密度（满分 10 分）	典型路径
硅谷工程师	8.5 分	9.2 分	7.8 分	MIT 毕业生多数可以达到谷歌 L5 级别（年薪 25 万美元）
纽约量化分析师	7.2 分	8.5 分	9.1 分	哥伦比亚大学→知名量化对冲基金双西投资（奖金超过 10 万美元）
中部机械工程师	6.8 分	6.3 分	5.9 分	密歇根大学→福特汽车公司（起薪 7.5 万美元 / 年）

资料来源：美国公民及移民服务局官方政策文件（2024 年）。

（二）行业对接策略：专业与岗位的映射关系

美国大学的专业转化率如表 2-70 所示。

表 2-70　专业转化率对比表

专业	黄金路径（成功率）	转型路径（成功率）	高风险警示（成功率）
计算机科学	硅谷大厂（62%）	金融科技（28%）	AI 冲击低端码农 (-15%)
国际关系	政府或智库（43%）	企业公关（27%）	叠加数据分析技能（+30%）
机械工程	制造业（58%）	新能源（32%）	传统汽车行业萎缩 (-22%)

资料来源：根据美国官方公开数据整理。

（三）高转化率路径

（1）计算机科学→硅谷科技公司：LeetCode 刷题 + 开源项目经历→FLAG（最受北美毕业生欢迎的四大公司）入职率提升 50%。

（2）金融工程→量化私募：C++ 或 Python（编程语言）技能 + 数学建模竞赛→年薪中位数达 18 万美元。

（3）公共卫生→医药咨询：FDA（美国食品药品监督管理局）政策研究经验 + 行业认证→MBB（全球三大战略咨询公司）录取率 22%。

（四）风险领域警示

（1）传统文科（比如英语文学）需要叠加数据分析技能，否则失业风险达 37%。

（2）建筑设计师受 AI 冲击，需要向"建模（BIM）+ 可持续设计"转型。

（五）地域选择战略：东西海岸与中部机会差异

美国各地区就业性价比分析如表 2-71 所示。

表 2-71　美国地域性价比对照表

区域	起薪中位数	生活成本指数	推荐人群	性价比（薪资÷成本）★★★★☆
硅谷	13.5 万美元	189	计算机科学、电子工程博士	0.71 ★★☆
得州三角带	9.8 万美元	93	集成电路硕士	1.05 ★★★★
五大湖区	7.5 万美元	85	机械工程本科生	0.88 ★★★☆

资料来源：根据薪资调查公司 Payscale 公开数据库整理。

三、加拿大大学学科优势地图：从人工智能到清洁能源的黄金赛道

加拿大高等教育以"产学研一体化"著称，本节基于五大核心区域来解析其学科优势与产业联动模式（见表 2-72）。

表 2-72　加拿大"学科—产业"关联矩阵表

区域	核心学科	产业密度（满分 10 分）	代表企业	政策支持力度
多伦多	AI、金融科技	9.5 分	Shopify（电子商务公司）、多伦多道明银行	联邦 AI 专项基金
蒙特利尔	航空航天	8.8 分	庞巴迪、CAE（航空电子设备公司）	法语人才补贴
卡尔加里	清洁能源	8.2 分	森科能源公司、Cenovus（综合能源公司）	碳税返还计划

资料来源：根据加拿大政府官方公开数据整理。

（一）多伦多—滑铁卢走廊：人工智能与金融科技双核

1. 核心院校

（1）多伦多大学：全球 AI 研究重镇，Hinton（辛顿）深度学习实验室所在地。

（2）滑铁卢大学：北美最大 Co-op 项目，计算机科学专业的就业率达 98%。

（3）约克大学：舒立克商学院（金融工程排名加拿大第一）。

2. 学科竞争力

（1）多伦多大学 AI 实验室获加拿大政府 1.2 亿美元专项投资（2023 年）。

（2）滑铁卢大学毕业生占硅谷科技公司加拿大籍员工的 30% 以上。

3. 产业资源

（1）多伦多金融区与舒立克商学院联合培养金融科技人才。

（2）谷歌 AI 实验室与多伦多大学合作推进"AlphaFold 医疗应用项目"。

（二）蒙特利尔：航空航天与游戏设计的法语区堡垒

1. 核心院校

（1）麦吉尔大学：加拿大常春藤，航空工程与生物医学领先。

（2）蒙特利尔大学：全球最大的法语授课游戏设计专业。

（3）康考迪亚大学：约翰墨森商学院（供应链管理排名加拿大第三）。

2. 产业纽带：

（1）庞巴迪、CAE 等航空业巨头优先招聘本地毕业生。

（2）育碧蒙特利尔工作室每年吸收 200 名以上的游戏设计专业学生。

（三）阿尔伯塔省：能源工程与环境科学的转型战场

1. 核心院校

（1）阿尔伯塔大学：石油工程专业排名全球 TOP5，碳捕获技术专利排名北美第二。

（2）卡尔加里大学：哈斯凯恩商学院（能源金融特色方向）。

2. 政策红利

（1）联邦政府"净零排放"计划拨款 80 亿美元来支持清洁能源研究。

（2）毕业生入职森科等能源公司可获省提名加分。

（四）不列颠哥伦比亚省：数字媒体与可持续技术的东西方枢纽

1. 核心院校

（1）不列颠哥伦比亚大学：气候研究专业排名全球第一，微软温哥华实验室人才池。

（2）西蒙菲莎大学：交互设计。

（3）不列颠哥伦比亚理工学院：北美最强的应用型理工学院（飞机维修专业 100% 就业率）。

2. 地理优势

（1）温哥华影视产业集群（奈飞公司在北美的第二大制作中心）。

（2）清洁技术企业享受 BC 省 15% 税收抵免。

（五）大西洋四省：海洋科学与健康产业的潜力股

1. 核心院校

（1）达尔豪斯大学：海洋生物学排名加拿大第一（大西洋海洋研究所）。

（2）纽芬兰纪念大学：离岸石油工程实训平台（海上钻井模拟舱）。

2. 区域政策

（1）大西洋移民试点计划：毕业生找到工作可直接申请永居。

（2）"联邦海洋超级集群计划"投资 3 亿加元培育海洋科技企业。

四、加拿大职业转化路径：从毕业工签到省提名的生存指南

（一）毕业工签与移民通道

加拿大职业转化需把握"政策梯度 + 地域红利"（见表 2-73）。

表 2-73 加拿大签证政策对比

政策名称	关键条件	优势	适用人群
毕业工签	课程≥8 个月可获 1~3 年工签	不需要雇主担保	所有毕业生
快速通道	CRS 评分≥470 分（2024 年最新分数线）	6 个月内获批永居	STEM 专业 + 语言高分者
省提名	各省紧缺职业列表匹配	额外加 600 分	愿意定居非热门省份者
大西洋移民试点计划	指定雇主入职通知 + 语言等级达 CLB4	审批速度最快（平均 6 个月）	海洋四省留学生

资料来源：根据加拿大移民局官网公开数据整理。

（二）行业对接策略：高转化率领域与转型风险

（1）人工智能：多伦多大学、蒙特利尔大学的毕业生平均起薪为 8.5 万加元。

（2）清洁能源：阿尔伯塔省碳管理工程师岗位年增 23%。

（3）数字医疗：BC 省远程医疗公司扩招 300% 技术岗。

（三）地域选择战略：热门省份与价值洼地

加拿大各地区就业性价比分析如表 2-74 所示。

表 2-74　加拿大地域性价比对照表

区域	薪资水平	生活成本	推荐策略
安大略省	★★★★★	★★★★★	优先冲击快速通道签证高分 + 多伦多工作
阿尔伯塔省	★★★★☆	★★★☆	能源转型领域错位竞争
海洋四省	★★★☆	★★☆	四省门槛较低，可先进入，三年后可转回温哥华等城市

资料来源：根据加拿大政府官网公开数据整理。

> **本章结语**
>
> 　　留学北美从某种意义上讲，是一场与全球顶尖创新能量的深度共振。这里既有常春藤盟校的学术厚度，也有硅谷车库里的颠覆精神；既有通识教育对思辨力的锤炼，也有 Co-op 项目对职业发展的精准塑造。选择留学北美，个体的成长将与北美教育的实用主义和创新基因紧密联结。

第三章

留学英国：严谨传统的学术传承

UCAS 最新公布的 2025 年第二轮申请数据显示，通过 UCAS 申请本科的 2025 年秋季入学的中国学生人数是 31 160 人，相较于 2024 年的 28 620 人，增长 8.87%，占非欧盟国际生总申请人数的 31.5%。在国际学生申请方面，中国学生申请总人数连续 3 年增长并创新高，今年更是近 10 年申请总人数的最高值！

在中国学生申请的本科热门专业中，商业管理（29.4%）、计算机科学（22.1%）、工程学（18.7%）、数学（12.3%）以及传媒研究（9.8%）位居前五，而人工智能、可持续能源工程、医疗技术的申请量同比分别增长 243%、178% 和 156%，展现出传统优势学科与新兴前沿领域的双重发展态势。

英国大学申请热度持续走高，得益于英国教育体系的严谨性和高效性，以及良好的社会环境和较高的安全保障水平。

第一节
英国教育体系的精髓与精英教育密码

英国教育体系的显著优势在于其紧凑高效的学制，以及扎实严谨的学术培养方式。英国高等教育本质上是工业革命技术升级需求的产物。

一、高效紧凑的学制特点

英国教育体系的显著比较优势体现于其紧凑的学制设计：英格兰地区本科仅需 3 年，与美国等国家的 4 年制相比，直接降低了教育成本。这种学制优势在硕士阶段更为突出——QS 2025 数据显示，英国 1 年制硕士毕业 12 个月内的就业率达 89%，较美国 2 年制硕士同期高出 14 个百分点，且平均减少 4.5 万英镑生活支出。学制压缩并非以牺牲教育质量为代价，以帝国理工机器学习硕士课程为例，其将麻省理工学院 18 个月的课程重构为 3 个强化模块，毕业生研究项目被 DeepMind（一家人工智能公司）采纳的比例达 23%，这充分验证了"精炼教育"模式的有效性。

二、分层教育下的英式教育生态

英国高校的教育体系并非扁平化架构,而是通过精准分层机制构建起独特的竞争优势。

(一) G5 大学构建创新型现代精英教育范式

G5 大学包括牛津大学、剑桥大学、帝国理工学院、伦敦大学学院和伦敦政治经济学院。这 5 所大学集中体现了英国的教育优势与特点。

1. 学院制特点:中世纪传统与现代学术完美结合

G5 大学以仅占全球学生 0.6% 的规模,贡献了全球 12% 的诺贝尔奖得主。其"学院制"培养模式对每名学生的年均投入达 3.1 万英镑(《2024 年剑桥大学年报》),这是公立大学的 4.2 倍。

以牛津大学、剑桥大学为代表的学院制模式构建出教育领域的"平行宇宙":剑桥大学的 31 个学院均拥有独立财政权与录取权,从而形成差异化竞争格局。以三一学院为例,其年度研究经费达 1.2 亿英镑,学生人均配备 3.2 名学术导师(含 1 名诺奖级学者),师生比低至 1∶4(《2024 年剑桥大学年报》)。英国大学的核心教学手段是督导制,采用每周 2 小时 1 对 2 深度研讨模式,督促学生在论文写作中锤炼思维精度。剑桥教育测评中心数据显示,经历该体系培训的学生,学术批判力指数(ACI)较普通教学模式提升了 63%。

2. 课程体系优势:知识解构与重构的多重组合

G5 院校擅长将传统学科分解为"多重知识板块",通过集中优势模块重组形成极具竞争力的教学范式:

- **牛津大学 PPE 专业**将哲学思辨、政治博弈与经济建模方法有机融合。作为全球最难申请的专业之一,其"全球议题模拟"教学法显著提升了学生的实践转化能力,2024 届毕业生进入各国政策制定部门的比例达 39%。
- **帝国理工学院生物工程系**构建"模块化学习矩阵",每学期嵌入 3 个产业合作项目(比如强生医疗器械迭代研发),学生人均专利产出达 1.3 项。
- **伦敦政治经济学院金融数学课程**融入了 16 个彭博终端实操模块,学生 CFA(特许金融分析师)一级通过率达 98%,远超 43% 的全球平均水平。

3. G5 大学构建了科研转化的"光速"通道

2024 年 HESA(英国高等教育统计署)的数据显示,G5 院校当年技术转让收入达 8.7 亿英镑，是麻省理工学院同期的 1.3 倍。

（二）红砖大学彰显"工业基因"驱动的应用型教育范式

红砖大学包括曼彻斯特大学、布里斯托大学、伯明翰大学、利兹大学、利物浦大学和谢菲尔德大学，作为英国应用型高等教育的中流砥柱，2025 年 QS 排名全部稳居世界前 150 强，其中曼彻斯特大学（第 28 位）与布里斯托大学（第 49 位）跻身全球前 50 强。

1. 产业同步的"动态课程更新机制"

以曼彻斯特大学为例，材料科学系每学期邀请劳斯莱斯工程师参与课程修订，确保 30% 教学内容源自前沿产线需求，促使 34% 的毕业生进入劳斯莱斯供应链，实现从课堂到产业的精准对接。材料科学专业 78% 的课程嵌入了真实产业项目，其高分子材料课程模块与宾利汽车新材料研发周期保持 6 个月同步更新频率。2024 年英国知识产权局的数据显示，该专业毕业生入职 12 个月内专利产出率达 0.7 项/人，这印证了课程内容的实践转化效率。

2. 价值转化的"三明治学制"

以谢菲尔德大学自动控制与系统工程专业为例，其四年制培养模式构建了"理论—实践—产业"的闭环体系：

- 第一年：融合基础理论教学与西门子 PLC 编程认证，实现专业入门与职业技能筑基。
- 第二年：通过工业 4.0 系统集成实验室实操，强化智能控制技术的工程应用能力。
- 第三年：设置带薪实习环节（平均年薪 2.4 万英镑），推动理论知识向产业场景转化。
- 第四年：毕业设计直接对接劳斯莱斯燃气轮机优化项目，以真实产业课题完成综合能力验收。

英国工程理事会 2025 年的统计数据显示，毕业生 5 年内晋升管理岗的比例达 41%，远超罗素集团高校 29% 的平均水平，凸显了该模式产生的显著人才培养效益。

3. 研究导向的"在地全球化"模式

英国红砖大学的核心优势在于依托"在地全球化"（glocalization）模式，通过整合本地资源与研究优势解决区域性问题。以利兹大学交通研究所为例，其建立的"城市实验室"与西约克郡联合政府共建智能交通中枢，实时接入利兹市 2 800 个道路传感器数据。该校学生主导开发的车流预测算法将早高峰拥堵率降低 17%。2024 年 HESA 的数据显示，红砖大学科研经费中企业赞助占比达 38%，是 G5 院校同类占比的 2.1 倍，这凸显了其科研与地方产业的深度绑定特征。"在地全球化"模式既立足区域发展需求，又通过科研创新形成全球化影响力，构成红砖大学区别于 G5 院校的差异化竞争路径。

4. 平民化的精英主义教育模式

红砖大学在招生机制上展现了独特的包容性，构建了多元化录取体系：接受 BTEC（英国商业与教育技术委员会）职业资格证书与 Access 课程（为海外学生和本地职业教育群体设置的衔接与预科课程）申请。2025 年 HESA 的数据显示，伯明翰大学通过此类渠道录取的学生占比达 23%。

这种"产业需求驱动、普惠教育准入"的办学哲学，使红砖大学成为英国社会的"平民精英孵化器"。英国社会流动委员会 2025 年的研究表明，工人阶级子弟就读红砖大学后晋升专业阶层的概率达 27%，这一比例是牛津、剑桥体系的 3 倍。

（三）罗素集团的科研产业化路径

英国罗素集团包括 24 所大学，是英国高等教育的"中坚力量"，构建了"学术深度—技术转化"双轮驱动的发展模式，形成了独特的产学研生态链。

以伯明翰大学为例，其建立的"知识园区"模式通过在校园内引入劳斯莱斯动力系统实验室（年研发投入 1 200 万英镑）、美敦力医疗创新中心等产业实体，在三公里范围内实现了"课堂—实验室—生产线"的产业闭环。2024 年英国大学联盟的统计数据显示，此类校企协同体使毕业生创业率提升至 11%。

英国分层教育体系与美国扁平化体系形成了互补性对照，显示了英国教育体系的资源聚合优势。

第二节
高效精准的大学申请路径

英国大学申请本质上是一场基于能力评估的精准定位。大部分英国大学的申请都是通过 UCAS 系统完成的，UCAS 系统通常在每年 8 月初开放常规申请通道（牛津大学、剑桥大学以及医学、牙科、兽医科学、B 类艺术专业除外）。每位学生每轮可申请五所大学，但需要注意：牛津大学与剑桥大学不可同时申请，所申专业方向必须有很强的相关性——因为申请人只能通过 UCAS 系统提交一篇同时适配五所院校的通用文书。

一、英国大学录取评估体系

UCAS 2025 年的招生评估报告显示，每位招生评审官平均每 6.2 分钟完成一份申请材料的初审，这意味着申请人需要在 90 秒内完成核心竞争力的可视化呈现。英国大学申请犹如一场精准的"能力坐标定位战"，这个坐标系包含三个维度。

（一）综合学术实力

英国大学录取体系的主要参照指标是标化成绩、学术竞赛表现以及科研经历，聚焦学生的综合学术能力。传统录取模式以 A-Level 或 IB 成绩为基础轴（同样适用于 AP 体系），但目前 G5 院校正在推行"动态分数线"机制，比如帝国理工学院计算机科学专业 2025 年持有 AAA* 成绩申请者的淘汰率达 38%，主因是部分申请者缺乏相关项目经历。这一现象表明，除了出色的标化成绩，与专业相关的学术成果、竞赛成绩及科研经历已成为录取评估的关键维度。

（二）专业潜能匹配度

在学生选拔与学术诚信管理方面，英国高校的严谨性与专业性全球领先。由于英国大学实行"申请定专业"模式，入学后换专业的可能性极低，学生需要在申请阶段明确学术兴趣，锁定学科方向。因此申请人参与的学术竞赛、科研项目需要与所申请的专业高度匹配，以充分展现自身的专业潜能。

（三）文化适配度

人际交流和文化适配度是留学生面临的主要挑战，文化适配度更是国际生普遍需要解决的问题。曼彻斯特大学借助 AI 面试系统，通过微表情识别并评估申请者对"红砖精神"（工业创新＋社会责任）的认同度。AI 技术正在重塑大学录取与教育体系。

二、英国大学申请要素

相对美国大学而言，英国大学的申请从准备到提交，流程上简单了许多，但限制性因素也相对多一些。UCAS 系统中只有五个空格，学生在申请季最多只能填写五所大学。学生如果想多申请一所，就只能在 2 月份申请。

（一）选择学校并提交申请资料

不同大学、不同专业的申请截止日期不同。牛津大学、剑桥大学以及其他大学医学相关专业的申请截止日期为10月15日，而其他学校及专业则是1月15日。剑桥大学与牛津大学都是学院制，所以在申请环节，选择学院很重要。学生需要在UCAS官网填写个人信息、学术成绩、个人陈述并缴纳申请费，同时向各申请院校提交学校成绩单、英语标化成绩单、老师推荐信、高质量获奖证书等学术背景材料。英国院校非常看重学生个人陈述的严谨性，学生需要对申请的院校、专业以及个人优势做出精准分析和表述。部分学校会在录取前要求学生参加笔试及面试，比如牛津大学、剑桥大学、帝国理工学院、伦敦政治经济学院、杜伦大学等。

（二）查看结果与补录机会

大部分院校的录取结果在3月发布，牛津大学、剑桥大学等高校则更早，通常在1月公布。因为学生最后一学年的平时成绩通常在录取结果公布之后出分，所以英国大学普遍为有条件录取，要求学生达到预期分数。若预估分数与最终成绩差距较大，学校将取消预录取。

如果学生的实际考试成绩高于预估分数，且持有无条件录取并希望申请更理想院校，那么学生可以先拒绝原录取，将自己的相关信息录入补录系统。补录系统的开放时间分两阶段：6月底到7月初为提前批次，适用于IB和AP应届生以及已有最终成绩的往届生；8月中旬则针对A-Level应届生，此时正式进入补录阶段。

（三）确认入学

学生在12年级最后一学期成绩公布后确认录取结果，并告知学校是否就读。确认入学后进入签证办理阶段。若未被任何申请的院校录取，则7月初进入补录阶段重新申请。

三、申请英国大学需要提交的材料

UCAS系统要求学生提交的申请材料主要有个人陈述、学术成绩和推荐信三项，国际学生还需要提交语言能力水平测试成绩。

（一）个人陈述

与美国大学的主文书不同，英国本科申请要求学生在4 000个字母或47行以内全面地介绍自己。学生需要阐述自己的申请原因、学术特长、意向专业选择原因、活动经历、获奖经历等多方面的信息。英国大学的申请文书强调为什么申请这个专业，学生为这个专业做了哪些准备与积累，取得了哪些成绩。

英国大学申请共用一篇文书，尽管 UCAS 系统未设学生课外活动专栏，但要求学生提及相关经历。因此，撰写个人陈述时需系统地呈现课外活动与经历，以便学校全面了解申请者。一篇优秀的 UCAS 文书通常遵循"理论—实践—反思"的逻辑：先阐述学术积累与成果（比如 A-Level 生物获 A*），再结合应用场景（比如独立设计斑马鱼基因实验），最后通过反思实现认知升级（比如发现胚胎发育中的非线性表达规律）。此外，若想体现对目标院校的兴趣，可通过研读其课程目录，挖掘潜在培养需求，实现文书的定制化呈现。

自 2024 年起，UCAS 系统推行新要求，目前已确定了新版文书的六个关键项：

- Motivation for the course（申请动机）。
- Preparedness for the course（申请准备情况）。
- Preparation through other experiences（通过其他经历所做的准备）。
- Extenuating circumstances（任何情有可原的情况）。
- Preparedness for study（对学习的准备程度）。
- Preferred learning style（喜欢的学习方式）。

（二）学术成绩

英国大学一般对学生的学术成绩有着非常明确的要求（见表 3-1）。在申请时，学生需要在 UCAS 系统上提交这些成绩。英国常见的课程体系为 A-Level 体系和 IB 体系，英国大学一般接受的学术成绩也是这两种课程体系的成绩。学生需要自行将分数汇报给学校，并提供成绩单。同时，因为申请季开始于最后一学年的第一学期，所以学生需要预估第二学期的分数，将其一并汇报给学校。如果学生所在的学校没有开设这两种课程，学生除了提交平时成绩，还需提供其他学术测试成绩，以满足申请要求。大部分英国大学接受 SAT、ACT、AP 等美国本科申请常用的学术测试成绩，近年来，中国高考成绩也逐渐被包括剑桥大学在内的部分英国院校接受。

表 3-1 牛津大学与剑桥大学录取标准表

学校	语言成绩基本要求	A-Level 基本要求	AP 基本要求	IB 基本要求	SAT 或 ACT 基本要求
牛津大学	**雅思** 计算机科学、数学、数学与计算机科学、数学与统计学专业：总分7分以上，单科6.5分以上 其他专业：总分7.5分以上，单科7分以上 **托福** 计算机科学、数学、数学与计算机科学、数学与统计学专业：总分100分以上（听力22分以上，阅读24分以上，口语25分以上，写作24分以上） 其他专业：总分110分以上（单项同前）	AAA~A*A*A	至少3门课程达到5分	总分38~40分（因专业而异），3门HL课程单科达6~7分	SAT 1 470分以上，不接受拼分 SAT2 3门专业相关学科700分以上 ACT 32分以上
剑桥大学	**雅思** 总分7.5分以上，单科7分以上 **托福** 总分110分以上，单科25分以上	A*AA~A*A*A	至少5门课程达到5分	总分40~42分，3门HL课程为7分、7分、6分	SAT 理科或经济学专业：1 500分以上（阅读750分，数学750分，不接受拼分） 其他专业：1 460分以上（阅读730分，数学730分，不接受拼分） ACT 人文艺术专业：32分以上 理科专业：33分以上

资料来源：根据牛津大学与剑桥大学官网数据整理。

（三）推荐信和补充材料

英国大学仅需学生提交一封推荐信。推荐人可为任课教师、升学指导老师或其他了解其学术水平的专业人士。需要注意的是，学生需要先提交老师推荐信，方可递交申请材料。

英国大学推荐信与美国大学存在差异，具体写作要求可参考 UCAS 官网上说明。无论推荐人身份如何，均需以高中的角度（类似指导顾问）进行推荐——若为任课老师，推荐信内容不应局限于学生的单科学术表现，而需整体评价其课程的难度、综合学术水平等，阐明学生为何适合所申专业，以及具备在该专业领域取得成功的潜力。

除了以上材料，包括 G5 在内的一些学校要求学生额外提供针对本校的补充材料。例如，学生在 UCAS 系统提交申请材料后，剑桥大学会通过电子邮件向学生发送补充问卷。同时，剑桥大学针对不同专业的学生设立了不同科目的入学考试，学生的成绩会影响录取结果。

四、面试博弈论：破解牛剑的学术压力测试

（一）面试评估体系结构性变革

牛津大学和剑桥大学 2025 年的面试录取率降至 16.7%，核心考察维度呈现三大转向：

（1）思维敏捷度测评：剑桥大学自然科学面试引入"10 分钟即时论文写作"，要求解构"量子纠缠与光合作用的跨学科关联"等命题，侧重知识迁移能力。

（2）学术抗压能力考核：牛津大学 PPE 专业面试官会故意提出错误假设，以考察申请者礼貌纠错并构建理论模型的思辨能力。

（3）价值观情景化映射：帝国理工医学院借助 VR 技术模拟伦理困境，评估申请者的抉择策略。

（二）多维应对策略建构

面对不断变化中的英国名校面试体系，学生需要从以下几方面着手制定综合制胜策略：

（1）加强多元学术积累：定期精读《经济学人》等期刊的跨学科文章，通过制作思维导图将知识板块化，训练思考维度并缩短思考时间。

（2）参与模拟学术辩论：围绕"AI 是否该拥有知识产权"等争议性议题进行辩论训练。

（3）进行"压力免疫系统"训练：在噪声环境中进行高强度数学推导训练。

五、从有条件录取到无缝入学的全流程策略

2025年的数据显示，21%的英国大学申请者因忽视后续环节导致入学失败。以下为关键环节优化方案。

（一）学术条件达标

策略：若雅思总分达标但单项不足（如总分7分，但写作6分），可同步申请语言班与成绩复议，利用"双轨制"规避风险。

案例：持伦敦大学学院有条件录取（雅思总分7.5分，单项不低于7分）的申请者，可以通过提交PTE成绩（等效于雅思8分）转换无条件录取。

（二）签证合规规划

2025年新规应对要点：存款证明需展示至少3个月流水，突击存款拒签率升至29%。

"资金池分散策略"：将60%资金存父母账户，40%存学生账户，提供股票账户、理财等流动资产证明作为辅助材料。

（三）学术衔接准备

通过Coursera等在线公开课程平台，提前学习"英国学术写作规范"等课程，避免论文引用错误，预习专业核心课程，提前适应英国课程难度，规避学术警告和学业困境。

六、AI时代给大学录取带来的影响

在科技飞速发展的当下，AI正深度介入英国大学的录取流程，2025年英国大学申请已进入"人机协同"阶段，从选校到入学的各个环节，我们都能看到AI的身影。

（一）智能选校系统

智能选校系统为申请者提供了便捷且精准的服务。学生输入成绩与兴趣爱好等关键信息，算法便能自动匹配适合的院校，并预测录取概率。以The Student Room的Admission Calculator为例，其准确率高达82%。这一系统极大地节省了学生的时间和精力，避免了盲目选校，让申请目标更加明确。

（二）文书增强工具

文书创作也因AI工具发生了变革。Grammarly Premiu这类软件可检测文书的

"学术严谨度指数"，并提出专业术语优化建议，帮助学生提升文书质量。不过，这也带来了新问题。帝国理工学院的招生官明确表示，2025 年有 7% 的大学申请者因使用 AI 代写文书被识破并列入黑名单。这警示着学生，诚信是申请的基石，AI 应作为辅助工具，而非取代自身思考与努力。

（三）虚拟面试官

面试环节同样被 AI 改写。使用 Meta Quest 3 进行全息模拟面试，AI 考官能识别 452 种微表情信号，从更多维度评估学生的心理素质与情绪状态。在医学、心理学等专业面试中，这种技术有助于筛选出更具共情能力和情绪管理能力的学生。

（四）区块链成绩单

剑桥大学试点的区块链成绩单采用 NFT 技术存证学术成果，不仅防伪，还便于跨国验证，提升了学历认证的效率与可信度，让全球高校间的学历评估更加公正透明。

AI 给大学录取带来的影响利弊兼具。它提高了选校精准度、文书质量、面试评估维度以及学历认证效率，但也滋生了学术不端行为。对于学生而言，合理运用 AI 工具，坚守学术诚信，提升自身实力，才能在 AI 时代的大学申请中脱颖而出，真正适应未来高校的选拔标准。

第三节
英国名校入学要求与录取偏好

英国共有 15 所大学跻身 QS 世界大学排名前 100（见表 3-2），每所大学在选拔学生时，都有着独特的录取偏好与具体要求。本节将对这 15 所英国顶尖大学展开详细解读，深入阐述其招生特点与学术优势。

表 3-2　进入 QS 世界大学排名前 100 的 15 所英国大学

大学名称	2024 年排名	2025 年排名	优势学科
剑桥大学	2	5	自然科学、工程、人文社科
牛津大学	3	3	医学、PPE、计算机科学
帝国理工学院	6	2	工程、计算机、生物医学
伦敦大学学院	9	9	建筑学、教育学、人工智能
爱丁堡大学	22	27	数据科学、语言学、兽医学
曼彻斯特大学	32	34	材料科学、化学、商科

（续表）

大学名称	2024年排名	2025年排名	优势学科
伦敦国王学院	40	40	医学、法学、国际关系
伦敦政治经济学院	45	50	经济学、金融、社会科学
布里斯托大学	55	54	航空航天、戏剧、地球科学
华威大学	67	69	商科、数学、制造工程
格拉斯哥大学	76	78	生命科学、古典学、工程
南安普敦大学	81	80	电子工程、海洋科学、计算机
伯明翰大学	84	80	公共政策、材料工程、语言学
杜伦大学	78	89	神学、考古学、物理学
利兹大学	75	82	环境科学、传媒、商科

资料来源：根据《2025QS世界大学排名》公开数据整理。

一、帝国理工学院

帝国理工学院作为全球顶尖理工科强校，其工程学、计算机等领域的科研实力较强，吸引了大量中国理工科人才前往深造。帝国理工学院的国际学生达1.1万人，其中中国大陆学生3 880人（占比34.4%），中国香港学生590人。

（一）本科生入学标化成绩要求

1. AP课程体系

（1）科目要求：需要提交5门AP科目成绩，均需达到5分（比如申请工程类专业需要提交微积分BC、物理C、化学成绩）。

（2）专业匹配：核心科目需与申请专业高度相关（比如生物医学专业需要提交AP课程生物、化学、统计学等科目成绩）。

（3）标化考试要求：需搭配SAT（总分1 500分以上，数学780分以上）或ACT（总分34分以上）。

2. A-Level课程体系

（1）成绩门槛：最低要求达AAA，其中数学、进阶数学、物理、化学等核心科目必须达到A。

（2）科目限制：不接受批判性思维（Critical Thinking）、通识教育（General Studies）等非学术科目。

（3）组合规则：理工科申请者需要提交数学和至少两门理科成绩（比如物理、化学）。

3. IB 课程体系

（1）总分要求：39～42 分（满分 45 分）。

（2）HL 课程：至少三门 HL 科目成绩，两门需达到 7 分，一门需达到 6 分，其中数学 AA 必须为 7 分，物理或化学需达到 7 分。

（3）SL 课程：所有科目成绩不低于 6 分，且需包含英语 B HL（若申请英语授课项目）。

4. 中国普高（高考）路径

（1）不接受高考直申，需满足以下条件之一：

- 完成英联邦认可的预科课程（如伦敦大学学院预科、华威大学 IFP 课程），平均分不低于满分的 85%。
- 在国内 985 或 211 大学完成大一课程，相关专业平均分不低于满分的 90%。

（2）特殊限制：不接受独立学院、中外合办院校成绩。

5. 语言成绩要求

（1）雅思：总分 7 分，单项不低于 6.5 分。

（2）托福：总分 100 分，单项不低于 22 分。

（3）PTE：总分 69 分，单项不低于 62 分。

（二）学校录取偏好与建议

（1）文书：深度聚焦学术探索，在主文书中体现对专业的持续钻研和科技融合实践；引用帝国理工教授的研究成果，展现与目标专业的强关联性。

（2）成绩：确保 A-Level、IB 或 AP 成绩达到课程体系的最高成绩标准，优先选择高难度课程（如 IB 物理 HL）以提升竞争力。

（三）研究生入学要求

帝国理工学院在工程、计算机及交叉学科领域有显著优势，建议申请者提前规划科研路径，深度绑定学校的全球合作网络，并借助伦敦丰富的产业资源，强化职业落地能力。

表 3-3　帝国理工学院研究生入学标化成绩一览表

类别	基础要求
GRE	部分专业建议提交（计算机科学要求数学达 165 分以上），理工科：GRE 达 325 分以上，其中数学达 165 分以上

（续表）

类别	基础要求
GMAT	申请商科专业需达 700 分以上（如金融科技），申请工商管理专业建议达 720 分以上（需要 5 年以上管理经验）
语言成绩	托福达 100 分以上（单项不低于 22 分）或雅思达 7 分以上（单项不低于 6.5 分），单项不达标可能直接淘汰

资料来源：根据帝国理工学院官网数据整理。

二、牛津大学

牛津大学的国际生占比为 33.3%，其中，中国学生和美国学生的数量位居前列，分别为 1 365 人和 1 350 人。据不完全统计，2025 年牛津大学在中国录取本科生 184 人，2024 年为 178 人，2023 年为 154 人，录取人数连续两年攀升。

（一）本科生入学标化成绩要求

1. AP 课程体系

（1）科目要求：需提交 5 门 AP 科目成绩，均需达到 5 分（比如申请数学、科学类专业需要提交微积分 BC、物理 C 成绩）。

（2）专业匹配：核心科目需与申请专业高度相关（比如理工科需要提交包含数学、物理、化学等科目的成绩）。

（3）标化考试要求：需搭配 SAT（总分 1 500 分以上）或 ACT（总分 34 分以上）。

2. A-Level 课程体系

（1）成绩门槛：最低要求为 AAA（根据不同专业要求有所浮动），数学、进阶数学、物理等核心科目必须达到 A。

（2）组合规则：部分专业要求特定科目组合（如工程类申请标配为数学＋进阶数学＋物理）。

3. IB 课程体系

（1）总分要求：38～40 分（满分 45 分）。

（2）HL 课程：至少三门 HL 科目成绩，两门需达到 7 分，一门需达到 6 分，核心科目（如数学 AA、物理）必须为 7 分。

（3）强制科目：数学 AA HL 为大多数理工科专业的硬性要求。

4. 中国普高（高考）路径

（1）不接受高考直申，需满足以下替代条件之一：

- 完成牛津大学等英国顶尖院校认可的预科课程（如英国本土预科），且平均分不低于满分的 90%。
- 在国内 985 大学完成大一课程，相关专业平均分不低于满分的 90%。

（2）特殊限制：不接受非 985 高校、非相关专业或独立学院成绩。

（二）学校录取偏好与建议

1. 成绩：确保 A-Level 或 IB 成绩达到课程体系的最高成绩标准（如数学达到 A*）。

2. 附加考试：需进行针对性训练（如精练 MAT 历年真题，力争目标分数进入全球前 5%）。

3. 面试准备：模拟牛津大学面试形式（如白板解题、即兴问答），重点训练逻辑表达与问题拆解能力，熟悉学科前沿议题（如量子计算、基因编辑伦理），展示学术前瞻性。

（三）研究生入学要求

申请者需凭借高影响力学术成果、深度行业合作经验，以及与牛津大学价值观高度契合的研究愿景形成竞争优势，并善用英国签证政策规划可持续的职业发展路径。

表 3-4 牛津大学研究生入学标准化成绩一览表

类别	最低要求	竞争力标准
GRE	部分专业建议提交（如经济学要求数学达 168 分以上）	理工科：GRE 达 330 分以上，其中数学达 168 分以上 商科：语文达 160 分以上
GMAT	商科专业要求达 720 分以上（如工商管理、金融工程）	申请金融工程建议数学达到满分的 95% 以上，申请工商管理需要 8 年以上高管背景
语言成绩	雅思达 7.5 分以上（单项不低于 7 分）或托福达 110 分以上（单项不低于 25 分）	法学、人文社科语言门槛更高（如雅思达 7.5 分，单项不低于 7.5 分）

资料来源：根据牛津大学官网数据整理。

三、剑桥大学

剑桥大学的国际生占比为 32.8%，与牛津大学基本持平，其中中国学生 1 360 人，数量也接近牛津大学。近年来，剑桥大学对中国学生的录取人数呈增长趋势。

（一）本科生入学标化成绩要求

1. AP 课程体系

（1）科目要求：需提交 5 门 AP 科目成绩，均需达到 5 分。

（2）专业匹配：核心科目需与申请专业高度相关（如理工科需数学、物理、化学等科目）。

（3）标化考试要求：需搭配 SAT（总分 1 500 分以上，数学 780 分以上）或 ACT（总分 34 分以上）。

2. A-Level 课程体系

（1）最低成绩要求为 AAA（核心科目必须为 A，如数学、物理）。

（2）部分学院（比如剑桥工程系）要求核心科目全 A*。

3. IB 课程体系

（1）总分要求：40~42 分（满分 45 分）。

（2）HL 课程：至少三门 HL 科目成绩，两门需达到 7 分，一门需达到 6 分，其中数学 AA 必须为 7 分。

（3）SL 课程：所有科目成绩不低于 7 分。

4. 中国普高（高考）路径

不接受高考直申，需满足以下替代条件之一：

（1）完成剑桥大学认可的预科课程（比如英国 A-Level 或 IB 课程）。

（2）在国内顶尖大学（如清北复交）完成大一课程，平均分不低于满分的 90%。

5. 语言成绩要求

（1）雅思：总分 7.5 分，单项不低于 7.0。无豁免政策——即使学生曾在全英文授课环境学习，仍需提交成绩。

（2）托福：总分 110 分，单项不低于 25 分。

（3）其他考试：接受剑桥英语 C2 Proficiency 等替代考试，需达到 CEFR C2 等级（对标雅思 7.5 分）。

（二）学校录取偏好与建议

1. 学术竞赛：理工科学生可参加奥赛（如拿到 BPhO Round1 金奖，进入

AMC12 前 1%）、发表 SCI 论文（第二作者亦有效）；社科学生可参与 NEC（全美经济学挑战赛）、哈佛模联，或独立开展社会调研项目。

2. 学术夏校与学术活动：剑桥大学官方夏校（如 SSTP）、ROSS 数学营、Pioneers 科研项目，可作为申请者的核心竞争力支撑。

3. 文书：聚焦 1~2 个学术兴趣点，结合课程学习、科研或竞赛经历，避免泛泛而谈。

（三）研究生入学要求

申请者需通过顶刊论文、顶级竞赛奖项及行业尖端实践展现竞争力，并善用剑桥大学的学院制资源。建议提前 2 年规划科研与实习，优先选择与自身背景强匹配的细分方向。

表 3-5 剑桥大学研究生入学标化成绩要求一览表

类别	最低要求	竞争力标准
GPA	硕士：3.7/4.0	博士：Top 5% 本科院校（如清北复交），平均分 93 分以上
GRE/GMAT	商科需 GMAT 730 分以上，或者 GRE 330 分以上	理工科建议 GRE 数学 168 分以上
语言成绩	雅思 7.5 分（单项不低于 7 分）或托福 110 分（单项不低于 25 分）	部分学院（如法学院）要求更高

资料来源：根据剑桥大学官网数据整理。

四、伦敦大学学院

伦敦大学学院官方数据显示，该校在 2024—2025 学年共收到 16 961 份中国学生申请，发放 7 126 份录取通知书，总体录取率高达 42%，比去年提升了 7.4%。伦敦大学学院目前在读中国学生 13 975 人，其中授课型硕士 6 770 人，是英国中国留学生人数最多的高校。

（一）本科生入学标化成绩要求

1. AP 课程体系

（1）科目要求：需提交 3~5 门 AP 科目成绩，均需不低于 4 分，核心科目（如工程类专业需微积分 BC、物理 C）必须为 5 分。

（2）专业匹配：核心科目需与申请专业高度相关。

（3）标化考试要求：部分专业需搭配 SAT（总分 1 400 分以上）或 ACT（总分

30 分以上）。

2. A-Level 课程体系

（1）最低要求 AAA 至 ABB，核心科目（数学、物理等）需达到 A* 或 A。

（2）数学、科学类专业强制要求数学或物理 A*。

3. IB 课程体系

（1）总分要求：36~40 分（满分 45 分）。

（2）HL 课程：需达到 6~7 分，理工科需包含数学或物理。

（3）SL 课程：所有科目成绩不低于 5 分。

4. 中国普高（高考）路径

（1）高考直录条件：总分需达到 85% 及以上（例如满分 750 分需不低于 638 分），且数学和理科单科不低于总分的 85%。

（2）未达直录者：需完成伦敦大学学院认可的预科课程（如伦敦大学学院预科），均分不低于满分的 80%。

5. 语言成绩要求

（1）雅思：总分 6.5~8 分，单项不低于 6~7.5 分。理工科、商科总分 6.5 分（单项不低于 6 分）；法律、医学总分 7.5 分（单项不低于 7 分）。

（2）托福：总分 92~110 分，阅读或写作不低于 24~29 分，听力或口语不低于 20~23 分。

（3）PTE：总分 68~80 分，单项不低于 59~76 分。

（二）学校录取偏好与建议

1. 体现学术深度：如经济学申请者分析"行为经济学在政策制定中的局限性"，体现其对专业的持续探索。

2. 跨学科视角：结合伦敦大学学院优势学科（如人工智能＋城市交通规划）。

3. 显示职业关联性：利用伦敦大学学院资源（如巴特莱特建筑学院工作室）实现职业目标。

（三）研究生入学要求

申请者需通过高相关性实习、技术创新项目及清晰的职业规划提升竞争力。

表 3-6　伦敦大学学院研究生入学标化成绩要求一览表

类别	最低要求	竞争力标准
GPA	硕士：3.3	热门专业（如金融）实际录取均分达到满分的 85% 以上

（续表）

类别	最低要求	竞争力标准
GRE 或 GMAT	商科建议提交（GMAT 达 650 分以上，或者 GRE 达 320 分以上）	商业分析要求数学达到满分的 90% 以上
语言成绩	雅思达 7 分（单项不低于 6.5 分）或托福达 100 分（单项不低于 22 分）	法学、医学要求更高（如雅思达 7.5 分，单项不低于 7 分）

资料来源：根据伦敦大学学院官网数据整理。

五、爱丁堡大学

爱丁堡大学官方数据显示，全校学生约 40 000 人，其中国际生约 17 600 人（占比 45%）。中国学生 7 165 人（本科+研究生），其中本科生 3 050 人，授课型硕士 3 505 人。

（一）本科生入学标化成绩要求

1. AP 课程体系

（1）科目要求：需提交 4~5 门 AP 科目成绩，均需不低于 4 分，同时核心科目（如数学、科学）必须为 5 分。

（2）专业匹配：核心科目需与申请专业高度相关（如理工科需包含数学、物理等科目）。

（3）标化考试要求：需搭配 SAT（总分 1 450 分以上）或 ACT（总分 32 分以上）。

2. A-Level 课程体系

（1）最低要求为 AAA 至 ABB，核心科目（如数学、物理）需达到 A。

（2）部分专业（如数学、物理类）强制要求相关科目为 A*。

3. IB 课程体系

（1）总分要求：37~43 分（满分 45 分）。

（2）HL 课程：需达到 6~7 分，理工科需数学 AA 7 分。

（3）SL 课程：所有科目成绩不低于 6 分。

4. 中国普高（高考）路径

（1）高考直录条件：总分需达到满分的 80%~85%（例如满分 750 分需不低于 600 分），且相关单科成绩不低于满分的 80%。

（2）未达直录者：需完成爱丁堡大学认可的预科课程（如本校预科或 NCUK 课

程),均分不低于满分的 80%。

5. 语言成绩要求

接受雅思、托福、PTE 考试成绩(见表 3-7)。

表 3-7 语言成绩要求一览表

类别	最低要求	补充说明
雅思	总分 6.5~7.5 分(单项不低于 5.5~7 分)	理工科、商科:总分 6.5 分(单项不低于 5.5 分) 法律、医学:总分 7.5 分(单项不低于 7 分)
托福	总分 92~110 分(写作不低于 23~25 分,其他单项不低于 20~23 分)	接受托福在家考
PTE	总分 67~76 分(单项不低于 56~67 分)	需通过官方成绩单直接送分

资料来源:根据爱丁堡大学官网数据整理。

(二)学校录取偏好与建议

1. 学术成绩与课程匹配:商科申请者需强化数学成绩(A-Level 数学 A* 或 IB 数学 HL 7 分);计算机科学建议选修高数或计算机科学课程,并参与编程项目。

2. 个人陈述要点:结合爱丁堡大学学科特色(如人工智能伦理、气候变化研究);展示跨学科兴趣(如数据科学在文化遗产保护中的应用)。

3. 附加材料:推荐信需突出学术潜力(如独立完成数据分析项目)。

(三)研究生入学要求

建议结合苏格兰产业优势,通过本地实习、科研合作及精准文书提升录取概率。

表 3-8 爱丁堡大学研究生入学标化成绩要求一览表

类别	最低要求	竞争力标准
GPA	硕士:3.2	热门专业(如数据科学)实际录取均分达到满分的 85% 以上
GRE/GMAT	商科建议提交(GMAT 650 分以上,或者 GRE 315 分以上)	金融学建议数学达到满分的 85% 以上
语言成绩	雅思 6.5 分(单项不低于 6 分)或托福 92 分(单项不低于 20 分)	法学、医学要求更高(如雅思 7 分,单项不低于 6.5 分)

资料来源:根据爱丁堡大学官网数据整理。

六、曼彻斯特大学

曼彻斯特大学作为"红砖大学"代表，对中国学生颇具吸引力。全校学生约 40 000 人，其中国际学生约 14 800 人，占比 38%，中国学生总数达 9 085 人，其中授课型硕士 3 950 人。

（一）本科生入学标化成绩要求

1. AP 课程体系

（1）科目要求：需提交 3～4 门 AP 科目成绩，均需不低于 4 分，理工科核心科目（如微积分 BC、物理 C）必须为 5 分。

（2）专业匹配：核心科目需与申请专业高度相关（如理工科优选数学、科学类科目）。

（3）标化考试要求：需搭配 SAT（总分 1 300 分以上）或 ACT（总分 27 分以上）。

2. A-Level 课程体系

（1）最低要求为 AAA 至 ABB，核心科目（数学、化学等）需达到 A 或 B。

（2）部分专业（如数学、工程类）要求相关科目达到 A*。

3. IB 课程体系

（1）总分要求：32～37 分（满分 45 分）。

（2）HL 课程：需达到 5～7 分，理工科需包含数学或物理。

（3）SL 课程：所有科目成绩不低于 5 分。

4. 中国普高（高考）路径

（1）高考直录条件：总分需达到满分的 75%～80%，且数学、理科单科不低于满分的 75%。

（2）未达直录者：需完成曼彻斯特大学认可的预科课程（如 INTO 预科课程），均分不低于满分的 70%。

5. 语言成绩要求

接受雅思、托福、PTE 考试成绩（见表 3-9）。

表 3-9 语言成绩要求一览表

类别	最低要求	补充说明
雅思	总分 6～7.5 分（单项不低于 5.5～7 分）	理工科、商科：总分 6.5 分（单项不低于 6 分） 法律、医学：总分 7 分（单项不低于 6.5 分）

（续表）

类别	最低要求	补充说明
托福	总分 90~100 分（单项不低于 20~25 分）	接受家庭版托福成绩
PTE	总分 59~76 分（单项不低于 59~67 分）	需通过官方成绩单直接送分

资料来源：根据曼彻斯特大学官网数据整理。

（二）学校录取偏好与建议

1. 突出差异化背景：通过竞赛、科研或实习凸显个人优势。

2、强化专业匹配度：如商科申请者选修量化课程，参与企业实习；工科申请者突出实践能力。

3. 利用学校课程完成科研目标（如利用曼彻斯特大学工程资源开发清洁能源技术）。

（三）研究生入学要求

曼彻斯特大学的商科、计算机及工程领域竞争尤为激烈，建议提早提交申请，以免后期没有机会。

表 3-10　曼彻斯特大学研究生入学标化成绩要求一览表

类别	最低要求	竞争力标准
GPA	硕士：3.0/4.0	热门专业（如金融）实际录取均分达到满分的 80% 以上
GRE/GMAT	商科建议提交（GMAT 600 分以上，或者 GRE 310 分以上）	金融学建议数学达到满分的 80% 以上
语言成绩	雅思 6.5 分（单项不低于 6 分）或托福 90 分（单项不低于 20 分）	法学、医学要求更高（如雅思 7 分，单项不低于 6.5 分）

资料来源：根据曼彻斯特大学官网数据整理。

七、伦敦国王学院

伦敦国王学院凭借在医学、法学及人文社科领域的区位优势，成为中国学生青睐的综合性研究型大学。截至 2024 年，伦敦国王学院在读中国学生（本科＋硕士＋博士＋访问学者）约为 7 890 人，占该校国际学生总数的 25%~30%。

（一）本科生入学标化成绩要求

1. AP 课程体系

（1）科目要求：需提交 4 门 AP 科目成绩，均需不低于 4 分，核心科目（如英语文学、生物、化学等）必须为 5 分。

（2）专业匹配：核心科目需与申请专业高度相关。

（3）标化考试要求：需搭配 SAT（总分 1 350 分以上）或 ACT（总分 28 分以上）。

2. A-Level 课程体系

（1）最低要求为 AAA 至 ABB，核心科目（如数学、科学类）需达到 A。

（2）部分专业（如法律）强制要求特定科目（如英语 A）。

3. IB 课程体系

（1）总分要求：35～38 分（满分 45 分）。

（2）HL 课程：需达到 6～7 分，数学、科学类专业需 HL 科目。

（3）SL 课程：所有科目成绩不低于 5 分。

4. 中国普高（高考）路径

（1）高考直录条件：总分需达到满分的 75%～80%。

（2）未达直录者：需完成伦敦国王学院认可的预科课程，均分不低于满分的 70%。

5. 语言成绩要求

接受雅思、托福、PTE 考试成绩（见表 3-11）。

表 3-11 语言成绩要求一览表

类别	最低要求	补充说明
雅思	总分 6.5～7.5 分（单项不低于 6～7 分）	理工科、商科：总分 6.5（单项不低于 6 分） 法律、医学：总分 7.5 分（单项不低于 7 分）
托福	总分 100 分（写作不低于 25 分，其他单项不低于 23 分）	接受家庭版托福成绩
PTE	总分 69～75 分（单项不低于 62～69 分）	需通过官方成绩单直接送分

资料来源：根据伦敦国王学院官网数据整理。

（二）学校录取偏好与建议

1. 学术成绩为核心：商科、计算机要求 A-Level 数学达到 A* 或 IB 数学 HL 达到 7 分；法学、医学附加考试（法律入学考试或生物医学入学测试）需提前 1 年准备（比如每日限时训练法律入学考试逻辑题）。

2. 文书聚焦学科深度：结合伦敦国王学院研究特色（比如数字人文、全球健康），讨论 "AI 伦理在医疗数据中的应用"；法学申请者可分析 "跨国企业数据隐私的法律冲突"。

3. 实践与学术结合：医学申请者需要有临床实习和科研论文（比如新冠疫苗研究）；申请计算机专业，则 GitHub 开源项目有加持作用，比如开发用户量超 1 万人的 App（应用程序）。

（三）研究生入学要求

除了相关科研与实习，在个人陈述中应体现对伦敦相关产业资源的利用与规划。

表 3-12　伦敦国王学院研究生入学标化成绩要求一览表

类别	最低要求	竞争力标准
GPA	硕士：3.3	热门专业（如金融分析）实际录取均分达到满分的 85% 以上
GRE/GMAT	商科建议提交（GMAT 650 分以上，或者 GRE 315 分以上）	金融分析需数学达到满分的 85% 以上
语言成绩	雅思 7 分（单项不低于 6.5 分）或托福 100 分（单项不低于 23 分）	法学、医学要求更高（如雅思 7.5 分，单项不低于 7 分）

资料来源：根据伦敦国王学院官网数据整理。

八、伦敦政治经济学院

伦敦政治经济学院在经济学、金融学、国际关系等领域的全球顶尖地位，以及对中国学生学术能力（尤其是数学与社科能力）的高度认可，使其成为最受中国学生青睐的大学之一。截至 2023—2024 学年，伦敦政治经济学院在读的中国学生（本科 + 硕士 + 博士 + 研究型）约 2 281 人，占该校国际生总数的 25%，在伦敦社科类院校中位居前列。

（一）本科生入学标化成绩要求

1. AP 课程体系

（1）科目要求：需提交 5 门 AP 科目成绩，原则上所有科目需达到 5 分（部分专业可接受核心科目 4 分）。

（2）专业匹配：核心科目需与申请专业高度相关（如经济学需包含微积分 BC、统计学）。

（3）标化考试要求：建议搭配 SAT（理工科总分 1 450 分以上）或 ACT（总分 30 分以上）。

2. A-Level 课程体系

（1）最低要求为 AAA（核心科目如数学、进阶数学必须为 A）。

（2）科目限制：不接受批判性思维、通识教育等非学术科目。

（3）理工科需附加科学实践（Practical Endorsement）认证。

3. IB 课程体系

（1）总分要求：37~38 分（满分 45 分）。

（2）HL 课程：需达到 6~7 分，数学 AA 至少为 6 分。

（3）SL 课程：所有科目不低于 5 分（社科类专业可接受数学 AA 6 分）。

4. 中国普高（高考）路径

不接受高考直申，需满足以下条件之一：

（1）完成伦敦政治经济学院认可的预科课程（如伦敦大学学院预科、华威大学 IFP 课程），均分不低于满分的 80%。

（2）在国内 985 或 211 大学完成大一课程，均分不低于满分的 85%（仅限相关专业）。

5. 语言成绩要求

接受雅思、托福、PTE 考试成绩（见表 3-13）。

表 3-13 语言成绩要求一览表

类别	最低要求	补充说明
雅思	总分 7 分（单项不低于 7 分）	所有专业统一标准，无豁免（包括全英文授课背景学生）
托福	总分 100 分（写作不低于 27 分，其他单项不低于 25 分）	接受家庭版托福成绩

资料来源：根据伦敦政治经济学院官网数据整理。

（二）学校录取偏好与建议

1. 聚焦学术批判性：如分析"量化宽松政策对新兴市场的溢出效应"，体现超越教科书的批判思维。

2. 深耕学术：通过高难度竞赛、论文与研究项目证明学术潜力。

3. 精准定位：选择与个人背景高度匹配的专业，避免盲目追随热门。

（三）研究生入学要求

申请者需通过高质量论文、深度行业经验及与伦敦政治经济学院研究方向的强关联性脱颖而出，从细分领域切入，避开同质化竞争。

表 3-14 伦敦政治经济学院研究生入学标化成绩要求一览表

类别	最低要求	竞争力标准
GPA	硕士：3.5	热门专业（如金融学）实际录取均分达到满分的 88% 以上
GRE/GMAT	经济、金融需 GRE 330 分以上，或者 GMAT 700 分以上	经济学建议数学 168 分以上
语言成绩	雅思 7 分（单项不低于 6.5 分）或托福 100 分（单项不低于 22 分）	法学要求雅思 7.5 分（单项不低于 7 分）

资料来源：根据伦敦政治经济学院官网数据整理。

九、布里斯托大学

布里斯托大学凭借工程学、地球科学等专业的强劲实力，成为英国西南部最受中国学生欢迎的院校之一。HESA 数据显示，截至 2024 年，布里斯托大学在读中国学生 5 000 人，占该校国际学生总数的 63%，其中授课型硕士 2 645 人。

（一）本科生入学标化成绩要求

1. AP 课程体系

（1）科目要求：需要提交 3~4 门 AP 科目成绩，均需不低于 4 分，工程类等专业核心科目需 5 分。

（2）专业匹配：核心科目需与申请专业专业高度相关（如工程类需包含微积分 BC、物理 C）。

（3）标化考试要求：建议搭配 SAT（理工科总分 1 350 分以上）或 ACT（总分 28 分以上）。

2. A-Level 课程体系

（1）最低要求为 AAB 至 ABB，核心科目（如数学、物理）需达到 A 或 B。

（2）接受综合科学（Combined Science）成绩（不低于 BB）。

3. IB 课程体系

（1）总分要求：32~36 分（满分 45 分）。

（2）HL 课程：需达到 5~6 分，理工科需包含数学或物理。

（3）SL 课程：所有科目成绩不低于 5 分（法律类专业可接受数学 5 分）。

4. 中国普高（高考）路径

（1）高考直录条件：总分需达到满分的 75%~85%，且相关单科成绩不低于满分的 80%。

（2）未达直录者：需完成布里斯托大学认可的预科课程（如 Kaplan 预科课程或本校预科课程），均分不低于满分的 75%。

5. 语言成绩要求

接受雅思、托福、PTE 考试成绩（见表 3-15）。

表 3-15　语言成绩要求一览表

类别	最低要求	补充说明
雅思	总分 6.5 分（单项不低于 6 分）	理工科、商科：总分 6.5 分（单项不低于 6 分） 法律、医学：总分 7 分（单项不低于 6.5 分）
托福	总分 90 分（阅读不低于 22 分，听力不低于 21 分，口语不低于 23 分，写作不低于 22 分）	接受家庭版托福成绩
PTE	总分 67 分（单项不低于 64 分）	需通过官方成绩单直接送分

资料来源：根据布里斯托大学官网数据整理。

（二）学校录取偏好与建议

1. 利用早申优势：布里斯托大学采用滚动录取，10 月 15 日前提交申请可提高成功率。

2. 强化专业匹配度：工程类申请者需突出实践能力（如开源项目）；商科申请者选修量化课程，参与企业实习。

3. 善用本地资源：建议申请者结合布里斯托大学的科研特色与布里斯托产业优

势（如航空航天集群），体现申请者具有运用技术解决全球问题的潜力。

（三）研究生入学要求

申请者需通过高相关性项目、行业实习及清晰的职业规划提升竞争力，并善用布里斯托大学的产学研资源。

表 3-16　布里斯托大学研究生入学标化成绩要求一览表

类别	最低要求	竞争力标准
GPA	硕士：3.0	热门专业（如数据科学）实际录取均分达到满分的 80% 以上
GRE/GMAT	商科建议提交（GMAT 620 分以上，或者 GRE 310 分以上）	金融科技需数学达到满分的 80% 以上
语言成绩	雅思 6.5 分（单项不低于 6 分）或托福 90 分（单项不低于 20 分）	法学、传媒要求更高（如雅思 7 分，单项不低于 6.5 分）

资料来源：根据布里斯托大学官网数据整理。

十、华威大学

华威大学商学院和计算机科学等专业对中国学生吸引力显著。HESA 数据显示，截至 2024 年，该校在读中国学生近 4 000 人，占该校国际生总数的 45%，其中授课型硕士 2 615 人。

（一）本科生入学标化成绩要求

1. AP 课程体系

（1）科目要求：需提交 4~5 门 AP 科目成绩，均需不低于 4 分，核心科目（如数学、物理等）必须为 5 分。

（2）专业匹配：核心科目需与申请专业高度相关（如理工科优选数学、物理类科目）。

（3）标化考试要求：建议搭配 SAT（理工科总分 1 400 分以上）或 ACT（总分 30 分以上）。

2. A-Level 课程体系

（1）最低要求为 AAA 至 ABB，核心科目（如数学、物理）需达到 A。

（2）科目限制：不接受通识教育。

（3）理工科需附加科学实践认证。

3. IB 课程体系

（1）总分要求：36~38 分（满分 45 分）。

（2）HL 课程：需达到 6~7 分，数学 AA 必须为 6 分。

（3）SL 课程：所有科目成绩不低于 5 分（社科类专业可接受数学 AA 5 分）。

4. 中国普高（高考）路径

（1）高考直录条件：总分需达到满分的 80%~85%。

（2）未达直录者：需完成华威大学认可的预科课程（如华威大学 IFP 课程），均分不低于满分的 75%。

5. 语言成绩要求

接受雅思、托福、PTE 考试成绩（见表 3-17）。

表 3-17　语言成绩要求一览表

类别	最低要求	补充说明
雅思	总分 6~7 分（单项不低于 5.5-6.5 分）	英语文学：总分 7 分（单项不低于 6.5 分） 工程学：总分 6 分（单项不低于 5.5 分）
托福	总分 80~100 分（写作不低于 21~27 分，其他单项不低于 19~24 分）	接受家庭版托福成绩
PTE	总分 59~75 分（单项不低于 59~67 分）	需通过官方成绩单直接送分

资料来源：根据华威大学官网数据整理。

（二）学校录取偏好与建议

1. 强化标化成绩：确保 A-Level、IB 或高考成绩达到目标专业要求。
2. 差异化背景：通过高含金量竞赛、科研或实习提升竞争力。
3. 精准定位专业：结合兴趣与录取竞争度，灵活选择申请方向。

（三）研究生入学要求

申请者需通过深度行业经验，精准匹配华威大学研究特色，并善用其与企业紧密合作的优势，提升竞争力。

表 3-18　华威大学研究生入学标化成绩要求一览表

类别	最低要求	竞争力标准
GPA	硕士：3.2	热门专业（如金融学）实际录取均分达到满分的 85% 以上

（续表）

类别	最低要求	竞争力标准
GRE/GMAT	商科需提交（GMAT 680 分以上，或者 GRE 320 分以上）	金融学建议数学达到满分的 85% 以上
语言成绩	雅思 6.5 分（单项不低于 6 分）或托福 92 分（单项不低于 21 分）	商科、法学要求更高（如雅思 7 分，单项不低于 6.5 分）

资料来源：根据华威大学官网数据整理。

十一、格拉斯哥大学

格拉斯哥大学医学院、工程学院及商科经历百年学术积淀，成为中国学生的热门之选。HESA 数据显示，格拉斯哥大学在读中国学生（本科+硕士+研究型）约 7 525 人，占该校国际生总数的 50% 以上，其中授课型硕士 5 935 人，为罗素集团中中国学生比例最高的院校之一。

（一）本科生入学标化成绩要求

1. AP 课程体系

（1）科目要求：需提交 3~4 门 AP 科目成绩，均需不低于 4 分，工程类等专业核心科目（如微积分 BC、物理 C）需 5 分。

（2）专业匹配：核心科目需与申请专业高度相关（如工程类优选数学、物理类科目）。

（3）标化考试要求：建议搭配 SAT（理工科总分 1 300 分以上）或 ACT（总分 27 分以上）。

2. A-Level 课程体系

（1）最低要求为 ABB 至 BBB（视专业而定），核心科目（如数学、物理）需达到 B 及以上。

（2）接受部分科目重考成绩（需在首次考试后 12 个月内完成）。

（3）理工科需附加科学实践认证。

3. IB 课程体系

（1）总分要求：32~36 分（满分 45 分）。

（2）HL 课程：需达到 5~6 分，理工科需包含数学或物理。

（3）SL 课程：所有科目成绩不低于 5 分（商科可接受数学 AA 或数学 AI 5 分）。

4. 中国普高（高考）路径

（1）高考直录条件：总分需达到满分的 70%～80%，且数学、理科单科不低于满分的 70%。

（2）未达直录者：需完成格拉斯哥大学认可的预科课程（如格拉斯哥国际学院预科课程），均分不低于满分的 65%。

5. 语言成绩要求

接受雅思、托福、PTE 考试成绩（见表 3-19）。

表 3-19 语言成绩要求一览表

类别	最低要求	补充说明
雅思	总分 6.5 分（单项不低于 6 分）	医学、法律：总分 7 分（单项不低于 7 分） 工程类：总分 6.5 分（单项不低于 6 分）
托福	总分 90 分（阅读不低于 20 分，听力不低于 19 分，口语不低于 19 分，写作不低于 23 分）	接受家庭版托福成绩
PTE	总分 60 分（单项不低于 59 分）	需通过官方成绩单直接送分

资料来源：根据格拉斯哥大学官网数据整理。

（二）学校录取偏好与建议

1. 学术为先：确保成绩达标，尤其是数学、经济等核心科目。
2. 实践赋能：通过竞赛、实习或科研项目提升差异化竞争力。
3. 灵活选专业：利用苏格兰学制特点，逐步聚焦学术兴趣。

（三）研究生入学要求

申请者需通过深度实习经历，精准匹配格拉斯哥大学研究特色，提升竞争力。

表 3-20 格拉斯哥大学研究生入学标准化成绩要求一览表

类别	最低要求	竞争力标准
GPA	硕士：3.0	热门专业（如金融学）实际录取均分达到满分的 80% 以上
GRE/GMAT	商科建议提交（GMAT 630 分以上，或者 GRE 310 分以上）	金融学要求数学达到满分的 80% 以上
语言成绩	雅思 6.5 分（单项不低于 6 分）或托福 90 分（单项不低于 20 分）	法学、医学要求更高（如雅思 7 分，单项不低于 6.5 分）

资料来源：根据格拉斯哥大学官网数据整理。

十二、伯明翰大学

作为对中国学生最友好的罗素集团院校之一，其商学院、工程学及教育学的综合实力，使其成为中部地区的中国留学重镇。HESA 数据显示，伯明翰大学在读中国学生（本科＋硕士＋研究型）约 5 200 人，其中本科生 2 225 人。

（一）本科生入学标化成绩要求

1. AP 课程体系

（1）科目要求：需提交 3 门 AP 科目成绩，均需不低于 4 分，工程类专业核心科目（如微积分 BC、物理 C）必须不低于 4 分。

（2）专业匹配：核心科目需与申请专业高度相关（如工程类优选数学、科学类科目）。

（3）标化考试要求：需搭配 SAT（总分 1 300 分以上）或 ACT（总分 27 分以上）。

2. A-Level 课程体系

（1）最低要求为 A*AA 至 BBB（依专业调整），核心科目（如数学、物理、化学）需与专业方向匹配。

（2）部分专业接受重考成绩（需在首次考试后 1 年内完成）。

3. IB 课程体系

（1）总分要求：32～38 分（满分 45 分）。

（2）HL 课程：需达到 5～7 分，理工科需包含数学或物理，社科类专业可接受生物、心理学 6 分。

4. 中国普高（高考）路径

（1）高考直录条件：总分需达到满分的 75%～85%，且理科综合或数学单科不低于满分的 80%。

（2）未达直录者：需完成伯明翰大学认可的预科课程（如伯明翰本校预科课程），均分不低于满分的 65%。

5. 语言成绩要求

接受雅思、托福、PTE 考试成绩（见表 3-21）。

表 3-21　语言成绩要求一览表

类别	最低要求	补充说明
雅思	总分 6 分~7 分（单项不低于 5.5~6.5 分）	工程、理科：总分 6 分（单项不低于 5.5 分） 法律、医学：总分 7 分（单项不低于 6.5 分）
托福	总分 80~95 分（单项不低于 19~23 分）	接受家庭版托福成绩
PTE	总分 64~76 分（单项不低于 59~67 分）	需通过官方成绩单直接送分
豁免条件	全英文授课高中背景（如 IB、AP）可申请豁免，需学校出具证明。	—

资料来源：根据伯明翰大学官网数据整理。

（二）学校录取偏好与建议

1. 学术达标：确保成绩达到或超过目标专业要求，尤其是数学、物理等核心科目。

2. 差异化背景：通过高含金量竞赛、科研或实习提升竞争力。

3. 精准定位专业：结合兴趣与录取竞争度，灵活选择申请方向。

（三）研究生入学要求

申请者需通过深度科研实习经历，精准匹配伯明翰大学研究特色，提升竞争力。

表 3-22　伯明翰大学研究生入学标化成绩要求一览表

类别	最低要求	竞争力标准
GPA	硕士：3.0	热门专业（如金融学）实际录取均分达到满分的 80% 以上
GRE/GMAT	商科建议提交（GMAT 630 分以上，或者 GRE 310 分以上）	金融学要求数学达到满分的 80% 以上
语言成绩	雅思 6.5 分（单项不低于 6 分）或托福 88 分（单项不低于 20 分）	法学、医学要求更高（如雅思 7 分，单项不低于 6.5 分）

资料来源：根据伯明翰大学官网数据整理。

十三、南安普敦大学

南安普敦大学凭借工程学、计算机科学与海洋科学的学科优势，吸引大量中国学生前往留学。HESA 数据显示，南安普敦大学在读中国学生（本科＋硕士＋研究型）约 7 230 人，其中授课型硕士 5 590 人。

（一）本科生入学标化成绩要求

1. AP 课程体系

（1）科目要求：需提交 3~4 门 AP 科目成绩，均需不低于 3 分，理工科核心科目（如微积分 BC、物理 C）需不低于 4 分。

（2）专业匹配：核心科目需与申请专业相关（如工程类优选数学、物理类科目）。

（3）标化考试要求：建议搭配 SAT（理工科总分 1 300 分以上）或 ACT（总分 27 分以上）。

2. A-Level 课程体系

（1）最低要求为 ABB 至 BBB（核心科目如数学、物理需不低于 B）。

（2）部分专业（如工程类）要求数学或科学科目达到 A。

（3）接受综合科学成绩（需总分不低于 BB）。

3. IB 课程体系

（1）总分要求：30~34 分（满分 45 分）。

（2）HL 课程：需达到 5~6 分，理工科需包含数学或物理。

（3）SL 课程：所有科目成绩不低于 4 分（社科类可接受数学 5 分）。

4. 中国普高（高考）路径

（1）高考直录条件：总分需达到满分的 75%~80%，且相关单科成绩不低于满分的 75%。

（2）未达直录者：需完成南安普敦大学认可的预科课程（如 INTO 预科课程），均分不低于满分的 70%。

5. 语言成绩要求

接受雅思、托福、PTE 考试成绩（见表 3–23）。

表 3–23 语言成绩要求一览表

类别	最低要求	补充说明
雅思	总分 6.5 分（单项不低于 5.5~6 分）	工程、理科：总分 6.5 分（单项不低于 5.5 分） 法律、人文：总分 7 分（单项不低于 6 分）

（续表）

类别	最低要求	补充说明
托福	总分92分（听力不低于17分，阅读不低于18分，口语不低于20分，写作不低于17分）	接受家庭版托福成绩
PTE	总分62分（单项不低于51~58分）	需通过官方成绩单直接送分

资料来源：根据南安普敦大学官网数据整理。

（二）学校录取偏好与建议

1. 学术扎实：确保核心科目成绩达标（数学、物理等）。
2. 实践导向：通过竞赛、科研或实习凸显技术应用能力。
3. 精准定位：结合学校优势学科（如工程、海洋科学）制定申请策略。

（三）研究生入学要求

申请者需通过深度科研项目，精准匹配南安普敦大学研究特色（如海洋生态保护），提升竞争力。

表3-24　南安普敦大学研究生入学标准化成绩要求一览表

类别	最低要求	竞争力标准
GPA	硕士：3.0	热门专业（如计算机科学）实际录取均分达到满分的80%以上
GRE/GMAT	商科建议提交（GMAT 620分以上，或者GRE 310分以上）	金融学要求数学达到满分的80%以上
语言成绩	雅思6.5分（单项不低于6分）或托福92分（单项不低于20分）	工程、计算机要求更高（如雅思6.5分，单项不低于6分）

资料来源：根据南安普敦大学官网数据整理。

十四、利兹大学

利兹大学因其商学院、传媒学院与工程学部的全球声誉，成为中国学生的热门之选。HESA数据显示，利兹大学在读中国学生（本科+硕士+研究型）约5 580人，占该校国际生总数的45%，其中授课型硕士3 583人。

（一）本科生入学标准化成绩要求

1. AP课程体系

（1）科目要求：需提交3~4门AP科目成绩，均需不低于4分，理工科核心科目（如微积分 BC、物理 C）需 5 分。

（2）专业匹配：核心科目需与申请专业高度相关（如工程类优选数学、科学类科目）。

（3）标化考试要求：建议搭配 SAT（理工科总分 1 350 分以上）或 ACT（总分 28 分以上）。

2. A-Level 课程体系

（1）最低要求为 ABB 至 BBB，核心科目（如数学、物理）需不低于 B。

（2）接受综合科学成绩（总分不低于 BB）。

（3）部分专业（如心理学）接受社科科目组合。

3. IB 课程体系

（1）总分要求：32～34 分（满分 45 分）。

（2）HL 课程：需达到 5～6 分，理工科需包含数学或物理。

（3）SL 准课程：所有科目不低于 5 分（法律类可接受数学 5 分）。

4. 中国普高（高考）路径

（1）高考直录条件：总分需达到满分的 75%～80%，且相关单科成绩不低于满分的 75%。

（2）未达直录者：需完成 NCUK 等认可的预科课程，均分不低于满分的 70%。

5. 语言成绩要求

接受雅思、托福、PTE 考试成绩（见表 3-25）。

表 3-25 语言成绩要求

类别	最低要求	补充说明
雅思	总分 6 分（单项不低于 5.5 分）	理工科、商科：总分 6 分（单项不低于 5.5 分） 法律、医学：总分 6.5 分（单项不低于 6 分）
托福	总分 87 分（听力不低于 20 分，阅读不低于 20 分，口语不低于 22 分，写作不低于 21 分）	接受家庭版托福成绩
PTE	总分 60 分（单项不低于 56 分）	需通过官方成绩单直接送分

资料来源：根据利兹大学官网数据整理。

（二）学校录取偏好与建议

1. 学术达标：确保核心科目成绩符合目标专业要求（数学、英语等）。

2. 差异化背景：通过高含金量竞赛、实践项目或行业实习提升竞争力。

3. 精准定位专业：结合学校学优势学科（如传媒、工程）制定申请策略。

（三）研究生入学要求

申请者需通过深度实践项目，精准匹配利兹大学研究特色（如数字文化），提升竞争力。

表 3-26 利兹大学研究生入学标准化成绩要求一览表

类别	最低要求	竞争力标准
GPA	硕士：3.0	热门专业（如金融学）实际录取均分达到满分的 80% 以上
GRE/GMAT	商科建议提交（GMAT 630 分以上，或者 GRE 310 分以上）	金融学要求数学达到满分的 80% 以上
语言成绩	雅思 6.5 分（单项不低于 6 分）或托福 92 分（单项不低于 20 分）	传媒、法律要求更高（如雅思 7 分，单项不低于 6.5 分）

资料来源：根据利兹大学官网公开数据整理。

十五、杜伦大学

杜伦大学较其他罗素集团院校虽规模小，但人文社科、法学和商科（尤其是会计与金融）的学术声誉高。HESA 数据显示，杜伦大学在读中国学生（本科＋硕士＋研究型）3 845 人，占该校学生总数的 17.3%。

（一）本科生入学标准化成绩要求

1. AP 课程体系

（1）科目要求：需提交 4 门 AP 科目成绩，均需不低于 4 分，核心科目（如数学、科学类）必须为 5 分。

（2）专业匹配：核心科目需与申请专业强相关（如理工科优选数学、物理类科目）。

（3）标化考试要求：需搭配 SAT（总分 1 350 分以上）或 ACT（总分 28 分以上）。

2. A-Level 课程体系

（1）最低要求为 AAA 至 ABB，核心科目（如数学、物理）需达到 A。

（2）部分专业强制要求特定科目（如法律专业需英语或历史 A）。

（3）理工科需附加科学实践认证。

3. IB 课程体系

（1）总分要求：36~38分（满分45分）。

（2）HL 课程：需达到6~7分，理工科需包含数学或物理。

（3）SL 课程：所有科目成绩不低于5分（社科类专业可接受英语6分）。

4. 中国普高（高考）路径

不接受高考直申，需满足以下条件之一：

（1）完成杜伦大学认可的预科课程（如杜伦国际学习中心预科课程），均分不低于满分的75%。

（2）在国内985或211大学完成大一课程，均分不低于满分的80%（仅限相关专业）。

5. 语言成绩要求

接受雅思、托福、PTE考试成绩（见表3-27）。

表 3-27 语言成绩要求一览表

类别	最低要求	补充说明
雅思	总分6.5~7分（单项不低于6~6.5分）	理工科、商科：总分6.5分（单项不低于6分） 法律、英语文学：总分7分（单项不低于6.5分）
托福	总分92~100分（写作不低于23~27分，其他单项不低于20~23分）	接受家庭版托福成绩
PTE	总分62~68分（单项不低于59~62分）	需通过官方成绩单直接送分

资料来源：根据杜伦大学官网数据整理。

（二）学校录取偏好与建议

1. 学术优先：确保成绩达标，核心科目（如数学、英语）表现突出。
2. 软实力差异化：通过高含金量竞赛、科研或社会实践，塑造独特学术画像。
3. 善用学院制优势：在文书中体现对杜伦学院文化的理解与契合度。

（三）研究生申请综合指标

申请者需通过深度科研或职业经历，精准匹配杜伦大学研究特色（如行为金融、国际商法），提升竞争力。

表 3-28　杜伦大学研究生标化成绩一览表

类别	最低要求	竞争力标准
GPA	硕士：3.3	热门专业（如金融学）实际录取均分达到满分的 85% 以上
GRE/GMAT	商科强制提交（GMAT 680 分以上，或者 GRE 325 分以上）	金融学要求数学达到满分的 85% 以上
语言成绩	雅思 7 分（单项不低于 6.5 分）或托福 102 分（单项不低于 23 分）	法学要求雅思 7.5 分（单项不低于 7 分）

资料来源：根据杜伦大学官网数据整理。

第四节
英国大学学科优势解读与职业转化全攻略

在全球化职业坐标系中，英国高等教育正通过独特的"学术—产业—政策"三角架构，为国际人才构建跨时空的价值转化通道。2025 年 QS 学科排名显示，英国高校在金融、工程、生命科学等关键领域形成"G5 引领—罗素支撑—区域特色"的三级学科生态，而 PSW 签证新政与 STEM 职业路径的深度耦合，更使留学选择成为兼具知识积累与风险对冲的战略投资。本节将系统解构英国学科优势的底层逻辑，揭示从学术殿堂到职场高地的转化密码，为有意赴英深造的学子提供兼具前瞻性与实操性的行动指南。

一、学科优势矩阵：英国高等教育的"隐形冠军"分布

英国大学通过数百年学术积淀，形成了独特的学科生态体系。2025 年 QS 学科排名数据显示，尽管 G5 院校在声誉指标上占据优势，但 67% 的全球 Top10 学科实则分布于非 G5 院校。这种"去中心化"的学科布局，构成了英国高等教育体系韧性的重要来源。以下从金融商科、工程科技、生命科学三大支柱领域，解析其"学术+产业"的双核驱动模式。

（一）金融商科：伦敦的资本引力场

伦敦及其辐射区域的高校构建了层次分明的金融学科培养体系。从 G5 精英圈的理论前沿研究，到罗素集团的产业应用创新，再到区域特色院校的细分领域深耕，形成了覆盖金融全产业链的人才培养矩阵。这种立体化的学科布局，使得英国

金融专业毕业生能够在全球资本市场的不同维度占据竞争优势。

表 3-29 英国金融学科分析表

集群	代表院校	核心优势	毕业生去向
G5 精英圈	伦敦政治经济学院、牛津大学赛德商学院	对冲基金建模、行为经济学	高盛、桥水、英国央行
罗素产业派	曼彻斯特大学、华威大学	供应链金融、ESG 投资	联合利华、特斯拉财务部
区域特色系	格拉斯哥大学、贝法斯特女王大学	绿色金融、海事保险	劳埃德银行、马士基集团

资料来源：根据官方公开数据整理。

数据亮点：

（1）英国财政部 2025 年数据显示，伦敦政治经济学院金融硕士毕业生首年平均薪资达 6.8 万英镑，较牛津大学工程硕士高出 42%。

（2）华威大学商学院与捷豹路虎共建"汽车金融实验室"，其学员在毕业 3 年内晋升管理岗比例达 39%，凸显了产业协同培养的实效。

（二）工程与科技：从蒸汽机到量子计算的工业传承

英国工程学科延续了工业革命的技术基因，形成以"北方工业带—南方创新带"为双轴的发展格局。北方院校依托传统工业基础，在材料科学、先进制造等领域保持技术领先；南方院校则借力伦敦创新生态，在人工智能、航空航天等前沿领域快速突破。这种"传统—新兴"的双链结构，使得英国工程教育始终保持与产业变革的同频共振。

表 3-30 英国工程学科"红砖—罗素"双链结构一览表

地区	代表院校与核心优势	突出成效
北方工业带	曼彻斯特大学（材料科学）、谢菲尔德大学（先进制造）、纽卡斯尔大学（海洋工程）	产学研转化率 38%
南方创新带	帝国理工学院（AI 机器人）、南安普敦大学（光纤通信）、布里斯托大学（航空航天）	专利商业化年收入 2.1 亿英镑

资料来源：根据官方公开数据整理。

职业转化典型案例：

（1）谢菲尔德大学材料工程硕士通过"三明治课程"进入劳斯莱斯叶片研发部，平均 3 年可晋升高级工程师，年薪达 8.5 万英镑。

（2）布里斯托航空系与空客合作的 A380 燃油优化项目中，参与学生 100% 获得空客技术岗录取，体现校企合作的精准对接。

（三）生命科学与医疗：NHS 体系下的临床—科研闭环

英国生命科学教育依托国家医疗服务体系（National Health System，NHS）形成了独特的"临床—科研"双轨培养模式。高校与教学医院、制药巨头的深度合作，使得医学专业学生能够在学习阶段即接触前沿诊疗技术与药物研发流程。这种体系化的培养机制，不仅提升了科研转化效率，也为国际学生创造了独特的职业发展通道。

表 3-31　英国医学院"教学医院—药企"就业通道一览表

分类	代表机构	特色
学术端	剑桥大学医学系（基因编辑）、牛津大学医学院（疫苗研发）、伦敦大学学院（神经科学）	平均每周 8 小时临床轮转
产业端	阿斯利康（剑桥）、葛兰素史克（伦敦）、NHS 数字医疗部（利兹）	—

资料来源：根据官方公开数据整理。

政策红利分析：

（1）英国卫生署 2025 年新政将临床医学国际生留英工作年限延长至 7 年，提升了职业发展的连续性。

（2）NHS 定向培养计划为药学专业学生签约公立医院可减免 30% 学费的政策支持，降低了职业选择的经济成本。

二、职业转化路径：从校园到职场的通关密码

英国高等教育体系不仅注重知识传授，更构建了系统化的职业转化支持网络。从 STEM 领域的签证政策倾斜，到创意产业的生态化培育，再到文科专业的技能嫁接策略，形成了覆盖不同学科背景的职业发展解决方案。这些路径不仅依赖高校的课程设计，更依托政府政策、产业资源与社会网络的协同支持，构成了独具英国特色的人才转化生态。

（一）STEM 领域的黄金签证通道

STEM 领域作为英国产业升级的核心驱动力，其职业转化路径受到政策重点扶持。高就业率、高工签转化率与优质雇主资源的三重优势，使 STEM 专业成为国际学生实现职业跃迁的优选方向。从人工智能到生物制药，各细分领域均形成了从学业到职业的清晰发展脉络。

表 3-32　2025 英国 STEM 专业就业—移民转化率一览表

专业	毕业半年就业率	五年工签转化率	典型雇主
人工智能	93%	68%	DeepMind、Babylon Health
数据科学	89%	61%	益百利、乐购分析部
可再生能源工程	85%	73%	Ørsted、BP 新能源部
生物制药	82%	57%	阿斯利康、葛兰素史克

资料来源：根据官方公开数据整理。

政策工具解析：

（1）英国创新者签证为帝国理工学院等高校孵化器毕业生提供技术专利快速获签通道，审批周期仅 3 周，降低了创业签证门槛。

（2）高潜力人才签证允许罗素集团毕业生无需工作合同直接申请 2 年工签，为职业探索提供缓冲期。

（二）创意产业的破圈法则

英国创意产业以其独特的生态系统闻名全球，高校与产业界的深度融合催生了大量创新型职业机会。从伦敦的设计枢纽到爱丁堡的艺术走廊，再到曼彻斯特的数字媒体集群，形成了地理分布与学科特色交织的创意人才培养网络。这种"教育—产业—文化"三位一体的模式，使创意专业毕业生能够在全球文化经济中占据独特位置。

表 3-33　英国艺术设计类毕业生创业地图一览表

集群	毕业院校	创意产出
伦敦创意圈	皇家艺术学院	毕业生创立戴森等工业设计品牌
爱丁堡艺术带	爱丁堡艺术学院	主导《哈利·波特》特效的 Mill 工作室
曼彻斯特数字媒体走廊	曼彻斯特城市大学	孵化出 BBC《神探夏洛克》制作团队

资料来源：根据官方公开数据整理。

职业发展案例：

（1）利兹大学与 Rockstar North 公司合作的游戏设计项目，毕业生起薪达 4.2 万英镑，超过金融业平均水平，体现了创意产业的经济价值。

（2）伦敦时装学院毕业生创立的中国独立品牌"密扇"，年营收突破 3 亿元人民币，展现跨文化创意的商业潜力。

（三）文科生的逆袭策略

在数字化浪潮下，英国文科教育通过技能嫁接与跨界培养，为传统人文社科专业创造了全新的职业可能性。从历史学与数字化技术的结合，到哲学与人工智能伦理的交叉，文科毕业生正通过知识重构在高增长领域占据一席之地。这种转型不仅依赖个人能力提升，更得益于高校课程体系与职业指导服务的系统性支持。

表 3-34　2025 年文科转型高薪领域分布一览表

原专业	转型方向	技能嫁接点	平均薪资增幅
历史学	文化遗产管理	数字化档案修复技术	+58%
哲学	AI 伦理顾问	逻辑学+机器学习基础	+127%
比较文学	跨文化品牌策划	多语种营销文案生成	+89%
社会学	用户体验研究员	质性分析+AB 测试方法论	+142%

资料来源：根据官方公开数据整理。

职业转化案例：

（1）牛津大学 PPE 毕业生通过自学 Python 与 SQL，转型为德勤政府数据分析师，年薪达 7.5 万英镑，实现人文社科与数据科学的跨界融合。

（2）杜伦大学考古学毕业生职业转化轨迹：学术课程→田野发掘技术→文化遗产数字化→大英博物馆策展岗（年薪 4.2 万英镑）→UAV 航空测绘证书→国家地理空间局技术员（年薪 5.7 万英镑），展现了从传统学术到技术岗位的渐进转型。

（四）创业者的政策东风

英国高校构建了覆盖创业全周期的支持体系，从种子期的资金扶持到成长期的资源对接，再到成熟期的政策优惠，形成了良性的创业生态。这种体系化支持不仅降低了创业门槛，更通过产学研协同提升了创新项目的成功率，使英国成为全球高校创业的典范之一。

表 3-35　英国大学创业支持体系一览表

创业阶段	创业地点与优惠政策	其他红利
种子期	剑桥创业实验室（提供 5 万英镑无息贷款）	专利法务支持
成长期	帝国理工 White City 孵化器（对接 200 万英镑风险投资）	税务减免 30%
成熟期	苏格兰政府科技园（五年免租金办公空间）	

资料来源：根据官方公开数据整理。

创业案例：

（1）布里斯托机器人实验室孵化的 Spin-off 公司估值达 1.2 亿英镑，创始团队获"全球 35 岁以下创新者"称号，体现了高校科研成果的商业转化能力。

（2）谢菲尔德大学材料系创业项目开发的可降解塑料技术，获得欧盟 800 万英镑环保基金支持，展现了技术创新与可持续发展的结合。

三、把握移民与就业的规则红利

英国移民政策与就业市场的深度耦合，为国际学生提供了独特的"留学—工作—定居"路径设计。从 PSW 签证的延长到地区紧缺人才清单的动态调整，再到中资企业在英招聘的本土化需求，多重规则红利共同构成了职业发展的政策工具箱。理解并善用这些政策工具，能够显著提升留学投资的回报效率，实现从学术到职业的跨时空价值转化。

（一）PSW 签证 2025 新政解读

PSW 签证作为英国吸引国际人才的核心政策工具，2025 年新政进一步优化了不同学历层级的签证权益。从本科毕业生的 2 年签证到博士毕业生的 5 年签证，不仅延长了职业探索期，更通过与技术工人签证的衔接，构建了清晰的移民路径。这种差异化设计体现了英国对不同层次人才的战略需求。

表 3-36　PSW 签证细分赛道一览表

学历层级	签证时长	附加权益	适合人群
本科	2 年	可转技术工人签证	工程、护理专业
硕士	3 年	创业期免担保金	人工智能、数字媒体
博士	5 年	直通永居快速通道	生物科技、量子计算

资料来源：根据官方公开数据整理。

（二）地区紧缺人才清单

英国各地区基于产业特色制定的紧缺人才清单，为国际学生提供了差异化的职业选择策略。从苏格兰的海上风电到西米德兰兹的电动汽车电池研发，地区性政策通过薪资溢价、税收减免与生活补贴等组合措施，引导人才向关键领域流动。这种因地制宜的人才政策，既满足了区域经济发展需求，也为求职者创造了竞争蓝海。

表 3-37　2025 英国区域人才缺口（前五）一览表

地区	紧缺职业	薪资溢价	政策加持
苏格兰	海上风电工程师	+35%	免市政税+5 000 英镑安家补贴
北爱尔兰	网络安全专家	+28%	企业提供免费技术认证培训
西米德兰兹	电动汽车电池研发	+41%	减免 15% 个人所得税
威尔士	双语教育工作者	+22%	提供免费威尔士语课程
英格兰东北	老龄化社区规划师	+19%	NHS 优先家庭医生签约

资料来源：根据官方公开数据整理。

（三）中资企业的英伦桥头堡

随着中资企业在英投资的持续增长，其本土化招聘需求为中国留学生提供了独特的职业通道。从金融央企的跨境并购岗位到新能源巨头的技术研发职位，中资企业在英业务的多元化发展，创造了覆盖多个学科领域的就业机会。了解这些企业的招聘偏好与职业发展路径，能够帮助留学生在中英双市场中找到价值平衡点。

表 3-38　2025 在英中资企业招聘需求与偏好一览表

企业类型	目标院校	核心需求	薪资竞争力
金融央企	伦敦政治经济学院、华威大学	跨境并购合规人才	6.8 万~12 万英镑
新能源巨头	帝国理工学院、南安普敦大学	电池储能系统工程师	5.5 万~8.5 万英镑
互联网大厂	伦敦大学学院、爱丁堡大学	本地化运营经理（精通 TikTok 算法）	6.2 万~9 万英镑
高端制造	谢菲尔德大学、曼彻斯特大学	智能工厂项目经理	4.8 万~7.5 万英镑

资料来源：根据官方公开数据整理。

通关秘籍：参加全英学联创业大赛，成为连接中资企业的有效途径，如宁德时代 2025 年在该赛事中直接签约 6 名优胜者。

> **本章结语：在泰晤士河畔书写复利人生**
>
> 　　选择英国留学，本质上是购入一份"时间与空间的期权合约"：用 3 年本科学习叠加 2 年 PSW 签证的黄金组合，构建抵御未来职业风险的跨文化资本壁垒。当你在剑桥的古老图书馆敲代码，在曼彻斯特的工厂调试机器人，在爱丁堡的艺术节策划展览，这些跨越学术殿堂、产业现场与文化场域的经历，终将沉淀为不可复制的复合竞争力。这种优势既包含硬技能维度的跨学科知识架构，也涵盖软实力层面的跨文化认知图谱，如同经过时空发酵的多元合金，在全球化职业坐标系中锚定独特的价值坐标。

第四章　留学欧洲：

人文理想与实践主义相结合的培养模式

留学欧洲就是进入现代文明的源流之地。这里既有德国精密如钟表的教育双轨制，也有法国"平等与精英共生"的哲学思辨，同时孕育了丹麦全民终身学习的福利范式。不同于美式教育的竞争叙事与亚洲教育的效率驱动，欧洲教育将学术严谨性、职业适配性与社会公平性熔铸为一套多元共生的生态系统。

第一节
严谨与工科至上的德国教育优势

德国教育体系的真正价值，在于其将社会公平、产业需求与学术自由熔铸为一套精密运转的系统。它既不是乌托邦式的理想主义，也非功利至上的工具理性，而是在严谨秩序中培育创新，于实践土壤中验证理论。这种"可进化的稳定性"，正是德国在全球教育竞争中持续领跑的核心密码。

一、教育体系的结构性框架

（一）基础教育阶段：体现分流机制与社会公平

德国基础教育实行"早期分流"制度，小学阶段（一般是4年）结束后，学生根据学业表现与兴趣进入三类中学：

（1）文理中学（Gymnasium）：学制8~9年，直通综合性大学，培养学术研究型人才。

（2）实科中学（Realschule）：学制6年，衔接应用技术大学或双元制职业教育。

（3）主干中学（Hauptschule）：学制5年，侧重职业技能培训，对接工业与服务业岗位。

这种分流并非终身固化，通过"教育通道兼容机制"，学生可根据后期成绩跨体系流动，例如实科中学毕业生通过学习补充课程也可以申请大学。

（二）高等教育阶段：体现学术与职业的双轨并行

（1）综合性大学：侧重理论研究和学术创新，授予 Diplom（硕士）、

Magister（硕士）及 Doktor（博士）学位，在工程、自然科学、人文领域具有全球竞争力。

（2）应用技术大学：聚焦实践技术与行业应用，课程包含强制实习学期，机械工程、信息技术等专业就业率常年超 90%。

（3）双元制大学：企业深度参与培养，学生每周 3~4 天在岗实践，剩余时间在校学习，毕业即获学位与企业聘用合同。

（三）双元制职业教育：机械制造竞争力的基石

德国"双元制职业教育"（Duale Ausbildung）是全球标杆。

（1）**企业主导**：约 60% 的课程在企业完成，学徒薪资由企业与政府共同承担。

（2）**标准化认证**：全国统一职业资格框架（DQR），涵盖 350 余个工种，证书欧盟通用。

（3）**终身教育接口**：职业资质可叠加学术深造，例如技师（Meister）资格等同于应用技术大学入学许可。

二、德国留学申请的不同阶段

（一）德国高中申请

中国学生最早在国内初二后就可以申请德国中学的 9 年级（12 年制）或 10 年级（13 年制），最晚于初三毕业或高一申请入读德国中学的 10 年级（12 年制）或 11 年级（13 年制）。中国学生可申请公立或私立的寄宿制中学。德国中学一年的各项费用（包括学费）总计 20 万~40 万元，公立学校免学费，一年总开支在 20 万元以下。

针对德国中学的留学规划一般需要提前一到两年准备，因为国际学生比例有限。德国中学以德语授课为主，仅少部分国际学校有英语授课课程，录取时会发放标有语言要求的录取通知。通常学生报到时德语需达到德语歌德（歌德等级考试是由德国对外文化机构之一的歌德学院举办的德语等级考试）或欧标 B2（约 33 周全日制学习课程）水平。

（二）德国本科申请

中国学生到德国攻读本科，通常有三个渠道。

1. 中国高中毕业生直接申请赴德留学

中国高中毕业生直接申请赴德留学。不过，这需要满足一些条件。

（1）高中毕业证书（12 年制）。

（2）普通高中会考成绩和高考成绩。申请人的高考分数至少要达到高考满分的70%，而申请热门专业如医学、药学、兽医、牙医和法律等，高考分数至少要达到高考满分的80%。

（3）高考科目中有两门语言（语文和一门外语）、一门数学，以及理科或文科综合中的两个科目。

（4）来自中国国际学校或DSD（德语语言证书，德语全称为Deutsches Sprach-Diplom）学校的中学毕业生：若通过了DSD二级考试且高考分数达到高考满分的70%，则具备德国大学直接入学的资格；若通过了DSD一级考试且高考分数达到高考满分的70%，则可以申请德国大学的预科。成功获得IB（国际预科证书课程）、A-Level（英国高中课程）、AP（美国大学预修课程）等课程的国际中学毕业证书的学生也有可能具备德国大学的入学资格。

2. 在国内大学读完1~3学期，再申请德国本科

（1）国内重点大学学生完成一个学期的课程即可，普通高校学生则需完成三个学期的课程。

（2）TestDaF（德福考试，一种考查学生大学生活环境中语言表达能力的标准化中、高级考试）考试成绩在16分以上（满分20）。

（3）通过TestAS（德适考试）或APS（德国驻华使馆文化处留德人员审核部）面谈，申请者拿到审核证书后，才可以申请德国学校。

3. 一年德国预科，再申请德国本科

（1）高考成绩达到本科线。

（2）参加7月的中国预科选拔考试（大学入学资格鉴定考试）。

（3）10月进入预科学习。

（4）第二年6月进入德国大学本科。

综合大学与应用科学大学有各自的预科，或几所大学共有一所预科，申请者向希望就读的综合大学或应用科学大学提出申请即可。

（三）德国硕士申请

学术要求为：申请者要有相关专业的本科背景，4年制本科毕业或已完成6个学期的学习，申请前需通过APS面试，国内本科成绩均分不低于80分（合巴伐利亚绩点2.5），德国知名大学要求本科成绩均分高于85分。

语言要求为：德语授课课程一般要求学生达到TestDaF 4×4或歌德C1（或C2，个别仅需B2）或DSH2（高校德语水平考试2级）的水平；英语授课课程一

般要求雅思 6.5 分或托福 90 分以上，经济系的部分专业要求 GMAT（经企管理研究生入学考试）600 分以上。专业不同，对语言成绩的要求也不同，具体要求以各学校官网公示信息为准。

（四）德国艺术专业申请

申请艺术、设计、音乐和体育等专业的学生最好提前一年给意向大学写信索要有关申请专业的背景材料，然后根据要求及时寄去本人的作品集等资料。一旦作品通过预选并收到学校的考试通知书后，申请者应立即办理有效签证赴德参加专业能力考试。考试通过后将获得专业入学资格，持合格的语言证书即可正式入学。德国音乐艺术类院校的授课语言多为德语，一般要求申请者达到 TestDaF 4×3 或 TestDaF 4×4 的水平。

第二节
精英主义与平等主义共生的法国教育体系

法国教育的真正价值，在于其构建了一个既保障全民教育权又为顶尖人才保留上升通道的弹性系统。这种"双轨并行、相互渗透"的模式，使其在全球教育竞争中始终保持独特性——既不放弃平等主义的理想，又为产业升级持续输送精锐力量。

一、教育体系的结构性框架

法国的小学是 5 年制，初中是 4 年制，高中是 3 年制，申请者通过 BAC（法国高中毕业会考，相当于美国的 SAT 和 ACT）后，即可申请进入大学或大学预备班，也可以在高中毕业后直接就业。法国大学颁发的国家文凭全球认可，其完善的教育体系能满足各种教育需求。

法国拥有 78 所公立综合性大学（含法属领地）、近 250 所工程师学院、220 所高等商学院、120 所艺术学院、20 所建筑学院及 273 所博士生学院和 2 500 所其他类院校，提供近 1 600 个英语授课项目，遍及所有学科和各个层级。每年在法国留学的学生人数有 4 万人左右，其中 40% 以上的学生选择公立大学，30% 以上的选择商学院（根据法国高等教育、研究与创新部数据统计）。

（一）基础教育：全民统一与早期分流

1. 学制划分

小学与初中实施全民统一教育，课程涵盖语言、数学、科学及公民教育；高中分为普通类高中、技术类高中与职业类高中，学生需通过 BAC 获得高等教育准入资格。

2. BAC 分类

（1）普通类 BAC（分文学、经济社科、理科三方向）占比约 55%，主要对接综合性大学。

（2）技术类 BAC（含工业、医疗等八大领域）占比约 25%，侧重应用型高等教育。

（3）职业类 BAC（CAP/BEP 证书）占比约 20%，直接衔接就业或短期职业培训。

（二）高等教育：双轨制分层体系

1. 综合性大学

（1）免试入学（持 BAC 即可注册），实行"宽进严出"，本科毕业率约 40%。

（2）学制为"本科 3 年，硕士 2 年，博士 3 年"，学费低廉（本科阶段注册费仅 170 欧元/年）。

2. 精英大学

（1）通过预科班（CPGE）2 年学习 + 竞考（Concours）选拔，涵盖工程师学校、商学院、政治学院等。

（2）学制灵活（工程师学校 3 年、高等商学院 GE 项目即高等商学院大学校项目 3～5 年），学费较高（工程师学校年均 3 000～8 000 欧元，顶尖高等商学院可达 2 万欧元/年）。

3. 职业高等教育

（1）高级技师文凭（BTS）与大学技术文凭（DUT）：2 年制职业课程，对接企业中层技术岗。

（2）学徒制（Alternance）：企业承担学费并提供工资（SMIC 标准的 25%～80%），占高等教育注册人数的 10%。

（三）继续教育：全民终身学习体系

（1）个人培训账户（CPF）：公民每年累计培训经费（500～800 欧元），可自由选择课程。

（2）职业认证（VAE）：凭工作经验申请学历认证，每年超 5 万人通过该机制获得文凭。

二、法国教育的核心理念

（一）平等主义框架下的精英选拔

（1）公立教育普惠性：从幼儿园至博士阶段，公立院校学费全免（仅收注册费），外籍学生可同等享受。

（2）精英通道独立性：大学校自主招生，不受教育部统一管控，确保高端人才培养标准。

（二）学术与实践的强制耦合

（1）实习制度：本科阶段需完成 2~6 个月实习，工程师学校的实习时长需累计 12 个月以上。

（2）校企合作：75% 的工程师学校与企业共建实验室，40% 的科研经费来自工业界。

（三）哲学与批判思维的全民培养

（1）BAC 哲学必考：所有普通类考生需参加 4 小时哲学论文考试，题目涵盖自由、正义等抽象命题。

（2）思辨课程占比：文科专业的批判理论课程达总课时的 30%，理科生必修科学史与伦理。

三、法国教育的核心优势

（一）双轨制教育的全球稀缺性

（1）精准的人才分层：综合性大学培养学术研究者（占博士生的 80%），大学校输送企业高管。

（2）职业转化效率高：工程师学校毕业生起薪的中位数为 3.8 万欧元/年，失业率低于 3%。

（二）超低成本的留学选择

（1）学费优势：公立大学本科和硕士的注册费分别为 170 欧元/年和 243 欧元/年，仅为英国的 1/20。

（2）生活补贴：享受住房补贴（CAF，最高可减免 50% 的房租）、公共交通折扣（Imagine R 年卡仅需 200 欧元）。

（三）高度国际化的教育生态

（1）英语课程扩张：2023年提供的英语授课项目超1 600个，较2015年增长300%。

（2）留学生政策：硕士毕业生可获1年法国临时居留许可证（APS），STEM专业延长至2年。

四、法国不同类型的大学的特点

（一）公立综合性大学

法国的公立综合性大学中，学士学制通常为3年（180学分），硕士学制2年（120学分），博士学制3年（180学分）。这类大学主要提供9个学科门类：艺术、文学、语言、人文科学、法律与政治学、科学、经济与管理、体育科技与运动学、医学。大部分公立综合性大学免收学费，学生每年只需要交两三千欧元的注册费用。公立综合性大学的LMD文凭［本科（Licence）、硕士（Master）、博士（Doctorat）］制度是大多数欧盟国家一致实行的学制。

（二）高等商学院

法国高等商学院是法国大学校（Grandes Ecoles，又称法国高等专业学院），也称精英院校，是法国教育机制的一大特色。因其培养了大批高级商业精英，毕业生非常有"前（钱）途"，因此颇受法国本土和国际学生的欢迎。大部分高等商学院设有本科和硕士课程，而法国排名第一的巴黎高等商学院（HEC Pairs）仅有硕士课程，授课语言有英语、法语和英法双语。法国高等商学院文凭有GE（管理学硕士）文凭、MSc（理学硕士）文凭、MBA文凭，都可被认证为硕士文凭。

（三）工程师院校

法国工程师院校涵盖多个工程师专业，它既有国立大学深厚的学术背景，又兼具工程师教育的灵活性。法国社会各界对工程师院校的教育质量高度认可，工程师学院的毕业生有很高的就业率和社会地位。其重要的原因在于此教育体制培养了既掌握尖端技术，又精通管理的高素质人才。工程师院校的工程师文凭（MS文凭）可被认证为硕士文凭。

（四）艺术院校

艺术院校的定义非常宽泛，包括建筑学校、应用艺术学校、平面设计学校、服装学校、设计学校、电影学院等。这些院校的特点就是非常注重艺术操作和实践，而公立综合性大学的艺术教学则侧重于艺术的理论知识。

学生获得高中会考文凭后，可通过考试或材料审核进入该类院校就读，该类院校颁发的文凭覆盖各个层次。公立艺术院校文凭包括 DNAP（法国国家造型艺术文凭，学士）、DNSEP(国家高等造型艺术表现文凭，硕士)。私立艺术院校文凭包括 BTS（高级技术文凭，Bac+2，大专）、DMA（艺术行业文凭，Bac+2，大专）、DSAA（高等实用艺术文凭，Bac+5，硕士）。

第三节
卓越与创新实践的丹麦教育模式

丹麦教育体系以"全民终身学习"为核心框架，构建了基础教育、职业教育与高等教育无缝衔接的生态系统。其结构设计强调社会公平、实践能力与可持续发展，形成了全球公认的"高福利，高技能"教育模式。以下从体系架构、核心理念与核心优势三方面展开解析。

一、教育体系的结构性框架

（一）基础教育阶段：全民平等与个性化发展

（1）学制划分：小学至初中（Folkeskole，9年）实行全免费教育，无标化考试，注重跨学科项目制学习；高中（Gymnasium/HF/HTX，3年）分为普通高中（学术导向）、商业高中（HHX）与技术高中（HTX），学生通过毕业考试（STX/HHX/HTX）申请高等教育。

（2）核心特色：无排名竞争——中小学禁止公布成绩排名，教师聚焦能力评估而非分数考核；自主选课制——高中生可跨校选修大学先修课程，最高抵扣大学30%学分。

（二）职业教育：实践导向的双元路径

（1）职业高中（EUD）：学制2~5年，覆盖120余个工种（如护理、电工、幼教），企业实习占比40%~70%；毕业生获职业资格证书（EUX），可直接就业或申请应用科学大学。

（2）学徒制（Apprenticeship）：企业与学校联合培养，学徒薪资由企业支付（约1.2万~2万丹麦克朗/月）；丹麦80%的蓝领技术工人通过此路径培养。

（三）高等教育阶段：学术与应用的二元互补

（1）研究型大学：8所公立大学（如哥本哈根大学、奥胡斯大学）提供本科

（3年）、硕士（2年）、博士（3年）学位，免学费（非欧盟学生在硕士阶段部分收费）；科研聚焦生命科学、可再生能源与社会科学，论文引用率居全球前10%。

（2）应用科学大学：提供职业学士（3.5年）与专业硕士（1.5~2年）学位，强制实习占比30%；优势领域包括护理、工程管理与数字设计，毕业生就业率超92%。

二、丹麦教育的核心理念

（一）全民终身学习制度

（1）免费教育覆盖：从学前教育至博士阶段，丹麦公民及永居者享受全免费教育（非欧盟学生部分收费）。

（2）成人教育体系（FVU）：政府资助公民不限年龄重返校园，2023年40%的继续教育学员为在职人员。

（二）产学研深度协同

（1）企业实验室嵌入校园：如诺和诺德在哥本哈根大学设立糖尿病研究中心，学生可以直接参与药物研发。

（2）课题反哺机制：高校科研经费的35%来自企业合作项目，硕士论文需解决实际产业问题。

（三）绿色技能全民化

（1）碳中和课程强制化：所有高中必修"气候变化与可持续技术"，大学理工科嵌入碳足迹测算模块。

（2）绿色职业认证：风能技师、循环经济顾问等新兴职业纳入国家资格框架（DKQF）。

三、丹麦教育的核心优势

（一）超低成本的留学选择

（1）学费减免：欧盟和欧洲经济区学生免学费，非欧盟学生硕士学费为6万~16万丹麦克朗/年，仅为英美的1/3。

（2）生活补贴：留学生可申请月均6 000丹麦克朗的政府教育津贴（需要每周打工10~12小时）。

（二）英语授课的广泛覆盖

（1）国际化程度：700+英语授课项目（占高等教育课程的68%），STEM领域英语授课率达 90%。

（2）语言包容性：多数院校仅要求雅思达 6.5 分或托福达 88 分，无小分强制要求。

（三）就业与永居的高效转化

（1）求职签证：本科或硕士毕业生可获 3 年求职居留签证（STEM 专业自动延长），其间全职工作不受限。

（2）薪资门槛低：永居申请仅需年均收入 34 万丹麦克朗，低于本地中位数水平。

（3）行业缺口红利：护理、风电工程、数据科学等领域的外籍人才缺口达 2.4 万，雇主担保成功率超 70%。

（四）研究创新的政策加持

（1）博士带薪制度：博士生被视为正式雇员，月薪约 3.5 万～4.5 万丹麦克朗（免税），享全额社保。

（2）创业签证：高校孵化项目可获 2 年创业签证，政府提供最高 50 万丹麦克朗的启动资金。

第四节
欧洲名校精准定位与录取偏好

欧洲大学以传统的严谨教育风格，保持了数百年的教育优势。本节对德国、法国、丹麦的部分名校的录取要求及学校偏好进行分析解读，以便留学家庭参考。

一、德国名校精准定位与录取偏好

2025 年，德国有五所大学进入了 QS 世界大学排名前 100（见表 4-1）。

表 4-1　进入 2025 年 QS 世界大学排名前 100 的德国大学一览表

大学名称	2024 年	2025 年	优势领域
慕尼黑工业大学	37	28	机械工程、计算机科学与信息系统
慕尼黑大学	54	59	医学、生物科学、哲学、法律与法律研究
海德堡大学	87	84	生命科学、医学、化学、神学研究

（续表）

大学名称	2024 年	2025 年	优势领域
柏林自由大学	98	97	政治学、社会学、人类学、传媒学
亚琛工业大学	106	99	机械工程、电气工程与信息技术、材料科学与工程、计算机、信息技术、可再生能源

资料来源：根据 QS 官网公开信息整理。

（一）慕尼黑工业大学

作为德国 TU9 联盟顶尖院校，慕尼黑工业大学在机械工程、计算机科学与信息系统及自然科学领域的卓越声誉吸引了大量留学生。慕尼黑工业大学的本科课程以德语为主，部分国际课程提供英语授课。中国学生主要集中在机械工程、计算机科学与信息系统及电气工程专业。

1. 本科入学要求

慕尼黑工业大学本科生入学要求如表 4-2 所示。

表 4-2 慕尼黑工业大学本科生入学要求

类别	具体要求	备注
高考成绩	总成绩需在高考满分的 70% 或 80% 以上（如高考满分为 750 分，则至少需要 525 分或 600 分，根据专业有所不同）	通过 APS 审核（成绩单认证）
预科要求	未达直录标准者需入读德国预科，通过预科结业考试（FSP）	预科类型需匹配专业方向（如 M-Kurs 对应医学），需要参加入学选拔考试
课程匹配度	高中课程与申请专业高度相关。例如，申请心理学，需要生物、数学成绩突出；申请机械工程，需要数理化成绩优异	审核严格，部分专业需提交课程描述（Modulhandbuch）认证
德语授课	TestDaF 4×4 或 DSH-2；医学、法学等专业要求更高水平（如 TestDaF 5×4 或 DSH-3）	歌德学院 C1 证书可替代，部分大学提供语言衔接班（达到 B2 水平才可入学）

资料来源：根据慕尼黑工业大学官网公开信息整理。

慕尼黑工业大学的录取偏好与建议：

（1）建议体现学术深度：文科需理论素养，比如发表学术论文（如历史、哲学期刊）、参与国际模联（Best Delegate 奖项）；理科需体现科研潜力，比如实验室科研、国际竞赛（如国际生物奥赛）等。

（2）语言能力优秀：德语水平决定文科录取成功率，英语项目需突出国际化背景。

（3）表现较强的文化适应度：动机信中体现对德国学术传统（如洪堡教育理念）的理解。

2. 研究生入学要求

慕尼黑工业大学研究生入学的具体要求如表 4-3 所示。

表 4-3　慕尼黑工业大学研究生入学的具体要求

类别	具体要求
学历要求	中国教育部认可的全日制本科毕业，持有学士学位； 申请专业需与本科课程高度相关（课程匹配度 ≥ 75%）； 均分要求：211、985 院校建议 ≥ 80%，双非院校建议 ≥ 85%（部分专业可能更高）
语言要求	德语授课：TestDaF 4×4 / DSH-2 / 歌德 C2 证书； 英语授课：雅思 6.5（单项 ≥ 6.0）或托福 88（单项 ≥ 20）； 特殊要求：部分专业（如计算机科学）可能要求雅思 7.0 或托福 100
APS 审核证书	必须通过 APS 学历审核，获得 APS 证书
核心材料	本科成绩单（中英文公证件），学位证，在读证明（中英文公证件），课程描述（需与申请专业匹配），语言成绩单（德语或英语），APS 证书，个人简历（Europass 格式）
附加材料	推荐信：1~2 封（教授或工作主管）；动机信：明确研究兴趣与职业规划（1~2 页）；作品集或研究计划：部分专业（如建筑、设计）需提交
GRE/GMAT	部分专业（如管理、计算机科学）建议提交 GRE（数学 ≥ 160）或 GMAT（≥ 600）
实习或科研经历	工程类、商科类专业优先考虑有相关实习或科研经历的申请者（需提供证明）

资料来源：根据慕尼黑工业大学官网公开信息整理。

（二）慕尼黑大学

作为德国精英大学之一，慕尼黑大学主要在自然科学、医学和人文社科领域吸引中国学生。本科课程以德语为主，研究生课程德语和英语并行。中国学生主要集中在自然科学、经济学及信息学领域。根据德国学术交流中心（DAAD）及慕尼黑大学公开数据，该校在读中国学生总数约为 1 800 人。

1. 本科入学要求

慕尼黑大学的本科录取标准及具体要求如表4-4所示。

表4-4 慕尼黑大学的本科录取标准及具体要求

类别	具体要求	备注
学历背景	高中毕业证（需通过APS审核）+高考成绩（需达到"211大学"录取线）	非高考生需提供IB/A-Level/SAT等国际课程成绩（如IB≥32分）
课程匹配度	申请专业需与高中文理分科匹配	例如，医学需理科背景，申请心理学需高中生物和数学成绩优异
入学考试	部分专业需参加校内考试（如医学需TestAS成绩）	数学、逻辑测试为主（可参考往年真题）
德语授课	DSH-2 / TestDaF 4×4 / 歌德C1证书	无德语基础者可申请预科（Studienkolleg，1年，费用为8 000～12 000人民币）
英语授课	雅思6.5（单项≥6.0）或托福88（仅限国际课程）	仍需掌握基础德语（建议A2水平）

资料来源：根据慕尼黑大学官网公开信息整理。

补充信息：高考需达到一本线以上（如高考满分为750分，建议高考分数在600分以上，医学和法学需在650分以上）；未直接达标的中国学生需通过预科考试（如M-Kurs医学预科）。

慕尼黑大学的录取偏好与建议：

（1）留学德国有硬性门槛，所以要加强课程匹配度和语言能力（德语和英语）。

（2）表现学术潜力有加分作用，比如用科研或竞赛证明学术潜力，实习体现实践能力。

（3）清晰阐述为何选择慕尼黑大学及德国（如工业4.0资源、双元制教育）。

2. 研究生入学要求

慕尼黑大学研究生入学要求如表4-5所示。

表4-5 慕尼黑大学研究生入学要求

类别	具体要求	备注
学历背景	相关领域的学士学位（需APS认证+课程匹配度≥80%）	双非学生需均分≥85%或发表论文（如EI/Scopus）
GPA要求	均分≥2.5（德国5分制，即中国百分制≥80%）	竞争激烈的专业（如计算机科学）要求均分≥85%

（续表）

类别	具体要求	备注
研究计划	研究型硕士、博士需提交德语或英语研究计划（与导师研究方向契合）	例如，申请物理学博士需明确量子计算或凝聚态方向
德语授课	DSH-2 / TestDaF 4×4	法学、医学需更高的语言水平（如 TestDaF 5×4）
英语授课	雅思 7.0（单项≥6.5）或托福 100（如数据科学）	部分专业需 GRE（如经济学硕士要求数学≥160分）
双语项目	德语 B2 + 英语 C1（如国际关系与公共政策）	需提交双语言证明

资料来源：根据慕尼黑大学官网公开信息整理。

（三）海德堡大学

根据德国联邦统计局（Destatis）数据，海德堡大学在读的中国学生总数约为 1 200 人，占该校国际学生的 12%。该校本科课程以德语为主，仅少数跨学科专业（如跨文化研究）提供英语授课。中国学生主要集中在医学、自然科学及汉学专业。

1. 本科入学要求

海德堡大学本科录取的具体要求如表 4-6 所示。

表 4-6 海德堡大学本科录取的具体要求

类别	具体要求	备注
高考成绩	达到一本线以上（若高考满分为 750 分，则高考分数需要在 600 分以上，医学、法学则需在 650 分以上）	中国学生需通过 APS 审核认证，成绩未达标者需进入预科学习
德国预科	未直接达标者需通过预科考试（如 M-Kurs 医学预科、W-Kurs 社科预科）	预科结业考试（Feststellungsprüfung）成绩决定本科申请资格
课程匹配度	高中课程与申请专业严格匹配（如生物医学需生物、化学成绩突出）	跨专业申请需补修相关课程或通过预科调整方向
德语授课	TestDaF 4×4 或 DSH-2（医学专业建议 TestDaF 5×4）	部分大学接受歌德 C2 证书，语言成绩需在申请截止前提交
英语授课	仅限少数专业（如跨文化研究），要求雅思 6.5 或托福 90	英语授课本科项目不足 5%，需提前确认目标院校开设计划

资料来源：根据海德堡大学官网公开信息整理。

海德堡大学的录取偏好与建议：

（1）更倾向招收语言过硬的学生：建议提前 2 年学习德语，优先考取 TestDaF 4×4（建议参加歌德学院培训）；英语授课专业需雅思 6.5 以上以增加竞争力。

（2）申请者需要体现学术兴趣与潜力：医学、心理学申请者参与科研实习（如在医院、心理诊所进行科研实习）；理工科学生积累竞赛奖项（如全国中学生物理竞赛奖项）。

（3）未达标者可进行预科选择：未达直录条件者可申请预科（如 M-Kurs 针对医学和自然科学），通过 FSP 考试后入读本科。

2. 研究生入学要求

海德堡大学的研究生入学要求如表 4-7 所示。

表 4-7　海德堡大学的研究生入学要求

类别	具体要求	备注
学历背景	相关领域学士学位（需 APS 认证 + 课程匹配度 ≥ 75%）	双非学生需均分 ≥ 85% 或发表论文（SCI/SSCI 优先）
GPA 要求	均分 ≥ 2.3（德国 5 分制，即中国百分制 ≥ 80%）	竞争激烈专业（如医学、法学）要求均分 ≥ 85%
研究计划	研究型硕士、博士需提交德语或英语研究计划（与导师研究方向契合）	例如，申请医学博士需明确肿瘤学或神经科学方向，引用海德堡大学附属医院研究成果
德语授课	DSH-2 / TestDaF 4×4	法学、医学需更高语言水平（如 TestDaF 5×4）
英语授课	雅思 7.0（单项 ≥ 6.5）或托福 100（如分子生物科学）	部分专业需 GRE（如经济学硕士要求数学 ≥ 160）
豁免条件	德语国家本科毕业或英语国家全英文授课学位	需学校官方证明信

资料来源：根据海德堡大学官网公开信息整理。

（四）柏林自由大学

根据德国学术交流中心最新的统计数据，柏林自由大学在读中国学生（本科＋硕士＋博士）总数约为 1 500 人，占该校国际学生的 20%。柏林自由大学本科课程以德语为主。中国学生主要集中在汉学、社会学、经济学等专业。

1. 本科入学要求

柏林自由大学本科生的具体录取要求如表 4-8 所示。

表 4-8　柏林自由大学本科生的具体录取要求

类别	具体要求	备注
高考成绩	达到一本线以上（若高考满分为 750 分，则高考分数需要在 600 分以上，医学、法学则需在 650 分以上）	通过 APS 成绩认证（总成绩需在高考满分的 70% 或 80% 以上，如高考满分为 750 分，则至少需要 525 分或 600 分，根据专业有所不同）
德国预科	未达直录标准者需入读预科，通过预科结业考试	预科类型需匹配专业方向：如 T-Kurs（数学、理工）、W-Kurs（社科、经济）
课程匹配度	高中课程与申请专业高度相关	需提交高中课程描述（含学分与课时），部分大学要求学科成绩单公证
德语授课	TestDaF 4×4 或 DSH-2，医学专业需 TestDaF 5×4	歌德学院 C1 证书可替代，预科阶段需同步提升德语至 C1 水平
英语授课	仅限极少数本科专业（如跨文化研究），需要雅思 6.5（单项 ≥ 6.0）或托福 90	需额外提供德语基础证明（A1 或 B1），英语授课本科项目不足总专业的 3%

资料来源：根据柏林自由大学官网公开信息整理。

柏林自由大学的录取偏好与建议：

（1）倾向于招收匹配度高的学生：文科注重跨文化理解能力，理科强调科研潜力。

（2）倾向于招收语言能力强的学生：德语决定文科录取上限，英语项目需要国际化背景。

（3）看重属地化视角：突出对柏林地缘资源（如欧盟机构、智库）的利用计划。

2. 研究生入学要求

柏林自由大学的研究生入学要求如表 4-9 所示。

表 4-9　柏林自由大学的研究生入学要求

类别	具体要求	备注
学历背景	相关领域学士学位（需 APS 认证 + 课程匹配度 ≥ 70%）	双非院校学生需均分 ≥ 85% 或发表论文（SSCI/SCI 优先）
GPA 要求	均分 ≥ 2.5（德国 5 分制，即中国百分制 ≥ 80%）	竞争激烈专业（如政治学、计算机科学）要求均分 ≥ 85%

（续表）

类别	具体要求	备注
研究计划	研究型硕士、博士需提交英语或德语研究计划（需与柏林自由大学研究团队方向契合）	例如，政治学需结合欧洲政治或中德关系研究，引用该校教授的成果
专业匹配度	严格审核本科课程相关性（如申请计算神经科学需数学和编程基础）	跨专业需补修学分（如文科转环境科学需补修生态学课程）
德语授课	TestDaF 4×4 / DSH-2（C1 水平）	人文社科专业（如社会学）需德语C1+学术写作能力
英语授课	雅思6.5（单项≥6.0）或托福95（如全球政治）	部分专业需GRE（如经济学硕士要求数学≥160分）
豁免条件	英语国家全英文授课学位或德语国家本科毕业	需学校官方证明信

资料来源：根据柏林自由大学官网公开信息整理。

（五）亚琛工业大学

根据德国学术交流中心及亚琛工业大学非官方统计，该校在读的中国学生（本科+硕士+博士）总数约为3 200人，占国际学生总数的25%。亚琛工业大学因其机械工程、电气工程与信息技术、计算机科学的全球声誉，长期吸引中国学生，尤其是理工科申请者，中国学生主要集中在工程类专业。亚琛工业大学的本科课程以德语为主。

1. 本科入学要求

亚琛工业大学本科生的具体录取标准如表4-10所示。

表4-10 亚琛工业大学本科生的具体录取标准

类别	具体要求	备注
高考成绩	一本线以上（若高考满分为750分，则需在600分以上，工程类专业需在620分以上）	通过APS成绩认证（总成绩需在高考满分的70%或80%以上，如高考满分为750分，则至少需要525分或600分，根据专业有所不同）
德国预科	未达直录标准者需入读预科，通过预科结业考试	预科类型需匹配专业方向（如T-Kurs对应工科），需参加预科入学选拔考试
课程匹配度	高中课程与申请专业严格匹配，例如申请机械工程专业者，需数学、物理、化学成绩突出	需提交高中成绩单及课程描述，部分专业要求核心科目成绩单科达满分的85%以上

（续表）

类别	具体要求	备注
德语授课	TestDaF 4×4 或 DSH-2，部分工科专业可接受 TestDaF 4×3	可用歌德学院 C1 证书替代

资料来源：根据亚琛工业大学官网公开信息整理。

亚琛工业大学的录取偏好与建议：

（1）偏好理工科学生：理科成绩顶尖，课程匹配度高。

（2）看重学生的科研实践能力：竞赛、实习、科研项目证明技术应用潜力。

（3）德语成绩过关有助于录取：工科虽可放宽至 TestDaF 4×3，但 B1 以上的德语水平可显著提升生活与实习适应性。

2. 研究生入学要求

亚琛工业大学的研究生入学要求如表 4-11 所示。

表 4-11 亚琛工业大学的研究生入学要求

类别	具体要求	备注
学历背景	相关领域的学士学位（经 APS 认证 + 课程匹配度 ≥ 80%）	双非学生需要均分 ≥ 85% 或发表论文（EI/SCI 优先）
GPA 要求	均分 ≥ 2.5（德国 5 分制，即中国百分制 ≥ 80%）	竞争激烈的专业（比如机械工程、计算机科学）要求均分 ≥ 85%
研究计划	研究型硕士、博士需提交英语或德语研究计划（需与亚琛工业大学的研究方向契合）	例如，申请汽车工程需明确新能源或自动驾驶方向，引用亚琛汽车研究所（IKA）成果
专业匹配度	严格审核本科课程与目标专业的相关性（如申请计算机科学需申请者有数学、编程基础）	跨专业需补修学分（如材料转机械需补修力学课程）
德语授课	DSH-2 / TestDaF 4×4	工程类课程需德语 C1（如 TestDaF 4×4）
英语授课	雅思 6.5（单项 ≥ 6.0）或托福 90（如机器人系统工程）	部分专业需 GRE（如数据科学量化分析 ≥ 160）
双语项目	德语 B2 + 英语 C1（如可持续能源工程）	需双语言证明（如 TestDaF + 雅思）

资料来源：根据亚琛工业大学官网公开信息整理。

二、法国名校精准定位与录取偏好

2025 年，法国有 4 所大学进入了 QS 世界大学排名前 100（见表 4-12）。

表 4-12　进入 2025 年 QS 世界大学排名前 100 的法国大学

大学名称	2024 年	2025 年	优势学科（QS 学科排名全球前 50）
巴黎文理研究大学	24	24	数学、物理与天文学
巴黎综合理工学院	38	46	工程与技术、计算机科学
索邦大学	59	63	医学、艺术与人文
巴黎萨克雷大学	71	73	数学、物理与天文学

资料来源：根据 QS 官网公开信息整理。

（一）巴黎文理研究大学

法国高等教育署的统计及巴黎文理研究大学国际办公室的公开数据显示，该校在读的中国学生总数约为 500 人，占国际学生的 10%。

1. 本科入学要求

本科生的具体录取要求如表 4-13 所示。

表 4-13　巴黎文理研究大学本科生的具体录取要求

类别	具体要求	备注
高考生	理科生：超一本线 130 分 +（高考满分 750 分），数学、物理单科接近满分（145+/150）； 文科生：全省排名前 0.5%	需要提交省级排名证明
国际课程生	A-Level：至少 3A*（数学、物理、化学必选）； IB：总分 42+/45，HL 数学、物理 7 分；AP：5 门满分（含微积分 BC、物理 C）	AP 需匹配专业方向（如工程类需计算机科学 AP）；IB 需 EE（扩展论文）获 A/B 评级
语言要求	法语授课：DELF 达 B2 或 TCF 达 400 分以上；英语授课：雅思达 7.0 分（单项 ≥ 6.5 分）或托福达 100 分	部分专业要求 DELF 达 C1；英语项目需附加法语基础证明（A2 以上）

资料来源：根据巴黎文理研究大学公开信息整理。

巴黎文理研究大学的录取偏好及建议：

（1）法语授课的申请及录取较难，建议优先申请英语授课项目（如跨学科科学学士），或法语授课基础学科（如数学、哲学）。

（2）优秀学生可申请"埃菲尔奖学金"（覆盖生活费）或"巴黎文理研究大学

卓越奖学金"，奖学金比较看重单独提交研究计划。

（3）建议同步申请索邦大学、巴黎综合理工学院，或选择巴黎文理研究大学合作院校（如北京大学"巴黎文理研究大学—北大双学位项目"）。

2. 研究生入学要求

巴黎文理研究大学研究生入学的具体要求如表 4–14 所示。

表 4–14　巴黎文理研究大学研究生入学的具体要求

类别	具体要求	备注
硕士	本科 GPA ≥ 3.3（双非需 ≥ 3.7），核心课程匹配（如数学硕士需本科修满实分析、拓扑学）	部分专业（如金融数学）需 GRE（数学 ≥ 168 分），隐性偏好国际交换或科研实习经历
博士	硕士 GPA ≥ 3.5，研究计划需引用巴黎文理研究大学导师近 5 年成果	需提前 6 个月联系导师并获书面支持意向，跨学科项目（如人工智能 + 哲学）优先
英语项目	雅思 ≥ 7.0（单项 ≥ 6.5）或托福 ≥ 100（写作 ≥ 25）	人文社科类需提交学术写作样本（如论文章节）
法语项目	法语 C1（DALF/TCF），常见于艺术史、文学专业	需面试（法语答辩研究计划）
动机信	明确与巴黎文理研究大学实验室或教授的合作方向	未提及具体研究团队者将被直接淘汰
推荐信	2 封学术推荐信（需含硕士导师的推荐信）+1 封行业推荐信（如来自于企业或博物馆）	艺术类推荐信需来自知名机构（如卢浮宫、蓬皮杜）
作品集或研究计划	艺术类需作品集（PDF 格式 + 视频链接），博士需 5 年研究规划（含方法论与预算）	人工智能类需开源代码库或专利证明

资料来源：根据巴黎文理研究大学公开信息整理。

（二）巴黎综合理工学院

根据法国高等教育署统计及巴黎综合理工学院校方非公开数据，巴黎综合理工学院的在读中国学生总数约为 350 人，占该校国际学生的 15%。作为法国顶尖的工程师院校，其数学、物理、计算机科学及能源工程领域的精英教育很具吸引力。

1. 本科入学要求

巴黎综合理工学院本科生的具体录取要求如表 4–15 所示。

表 4-15 巴黎综合理工学院本科生的具体录取要求

类别	具体要求	备注
高考生	理科生：全省排名前0.3%（高考满分750分），数学单科接近满分（148+/150），物理、化学成绩全省前0.5%	需提供省级考试院官方排名证明
国际课程生	A-Level：至少3A*（数学、物理必选A*）；IB：总分42+/45，HL数学、物理7分；AP：5门满分（含微积分BC、物理C）	AP需匹配专业方向（如计算机科学需CSA满分）；IB需EE（扩展论文）获A评级
语言要求	雅思7.0（单项≥6.5）或托福100（写作≥25）	部分专业要求雅思7.5+；接受PTE 70+（单项≥65）

资料来源：根据巴黎综合理工学院官网公开信息整理。

巴黎综合理工学院的录取偏好与建议：

（1）学校喜欢能突出"科学探索与社会责任"的申请者，比如用数学模型解决环境问题等。

（2）奖学金机会：优秀学生可申请"巴黎综合理工学院卓越奖学金"（覆盖50%的学费），或法国政府的"埃菲尔奖学金"。

（3）可同步申请巴黎文理研究大学、巴黎综合理工—麻省理工双学位项目。

2. 研究生入学要求

巴黎综合理工学院研究生入学的具体要求如表 4-16 所示。

表 4-16 巴黎综合理工学院研究生入学的具体要求

类别	硕士申请要求	博士申请要求	隐性筛选标准
学术背景	本科GPA≥3.5（985/211优先）；课程匹配（数学、工程学分≥总学分的30%）	硕士GPA≥3.7；至少1篇SCI/EI论文（第一作者）	工程类需提供项目代码或专利，数学类需有竞赛或建模获奖证明
语言要求	英语项目：雅思≥7.0（单项≥6.5）或托福≥100；法语项目：C1（TCF/DALF）	同硕士要求	博士申请需达法语B2水平（部分实验室要求参与法语会议）
申请材料	研究计划（关联实验室方向）；2封推荐信（1封需来自领域权威）	博士提案（需引用至少3篇导师论文）；3封推荐信（需含硕士导师及合作学者的推荐信）	动机信中需明确提及实验室资源（如"流体力学中心"或"量子计算组"）

（续表）

类别	硕士申请要求	博士申请要求	隐性筛选标准
选拔流程	初审：GPA+课程匹配度；复审：技术面试（现场解题或代码审查）	初审：论文质量+研究提案；终审：导师组答辩（全法语或全英语）	硕士面试可能涉及数学建模（如有限元分析），博士答辩需展示方法论创新性

资料来源：根据巴黎综合理工学院公开信息整理。

（三）索邦大学

根据法国高等教育与研究部（MESRI）报告及索邦大学非公开数据，该校在读的中国学生总数约为900人，占比不到国际生的10%。作为法国顶尖的综合性大学，索邦大学在数学、物理、古典文学和医学领域颇具学术声誉。索邦大学本科阶段以法语授课为主，英语授课项目极少。

1. 本科入学要求

索邦大学本科生的具体录取要求如表4-17所示。

表4-17 索邦大学本科生的具体录取要求

类别	具体要求	备注
高考生	理科生：超一本线100分+（高考满分750分），高考数学、物理单科成绩在全省前1%；文科生：DELF达B2以上，高考语文、历史成绩突出	理科生需提交单科省级排名证明；文科生需参加法语笔试（如索邦大学法语写作测试）
国际课程学生	A-Level：至少2门达A*（数学必选）；IB：总分38分以上，HL相关科目6分以上；AP：4门满分（含微积分、欧洲史等）	AP需匹配专业方向（如人文社科需学欧洲史、艺术史）；IB需TOK与EE综合评级达B以上
语言要求	法语授课：DELF达B2或DALF达C1；英语授课（如数学）：雅思达6.5分（单项≥6.0分）或托福达90分	人文专业要求DALF达C1；英语项目需附加法语基础证明（A2以上）

资料来源：根据索邦大学官网公开信息整理。

索邦大学的录取偏好与建议：

（1）学校录取时重视科研与法国文化的融合，要注重体现学生的适应性。

（2）同步申请巴黎三大（新索邦大学）、里昂二大等法语授课高校，或中外合作项目（如中山大学-索邦大学联合培养）。

2. 研究生入学要求

索邦大学研究生入学的具体要求如表 4-18 所示。

表 4-18 索邦大学研究生入学的具体要求

类别	具体要求	备注
硕士申请	GPA ≥ 3.2（双非院校需 ≥ 3.5）；课程匹配度（如数学硕士需本科修满实分析、拓扑学）	理工科申请者需有竞赛获奖（如全国大学生数学建模竞赛）或实验室经历；文科需申请者具备法语文学、哲学原著阅读能力
博士申请	GPA ≥ 3.5，至少 1 篇相关领域论文（文科需法语论文）	研究方向需与导师课题高度契合（建议提前 6 个月联系导师），需提交详细的研究计划（含方法论与文献综述）
法语授课项目	DELF 达 B2 或 C1（文科强制要求具有 C1 水平），部分理工科接受英语（雅思 ≥ 6.5）	动机信需用法语撰写（展示学术写作能力）。面试可能用法语进行（考察专业术语的应用）
英语授课项目	雅思 ≥ 6.5（单项 ≥ 6.0）或托福 ≥ 90（仅限部分理工科，如数据科学硕士）	英语项目仍需具备基础的法语能力（A2 水平）
动机信	明确学术目标与索邦资源关联（如引用实验室或教授著作）	需体现跨学科能力（如"数字人文"项目需同时展示文学与编程技能）
推荐信	2 封学术推荐信（至少有 1 封来自本科毕业论文导师）	来自法国合作院校（如巴黎高师）的推荐信显著加分
研究计划或作品集	博士需提供 10～15 页的研究计划（含参考文献）。艺术史或音乐学需提供作品集或演出录像	理工科需附加代码库或实验数据

资料来源：根据索邦大学公开信息整理。

（四）巴黎萨克雷大学

法国高等教育署的统计及巴黎萨克雷大学的公开统计数据显示，该校在读的中国学生总数约为 850 人，主要是研究生，占比不到国际生的 15%。巴黎萨克雷大学本科阶段以法语授课为主，英语授课项目极少。

1. 本科入学要求

巴黎萨克雷大学本科生录取的具体要求如表 4-19 所示。

表 4-19 巴黎萨克雷大学本科生录取的具体要求

类别	具体要求	备注
高考生	理科生：超一本线 120 分以上（高考满分 750 分），数学单科成绩全省前 0.5%，物理、化学单科成绩全省前 1%	需要提交省级排名证明
国际课程生	A-Level：至少达 3A*（数学、物理必选 A*），IB：总分 40+/45，HL 数学、物理 7 分，AP：5 门满分（含微积分 BC、物理 C）	AP 需匹配专业方向（如工程类需计算机科学 AP），IB 需 EE（扩展论文）获 A/B 评级
法语授课	DELF 达 B2 或 C1（文科专业建议达 C1）	—
英语授课	雅思 6.5（单项 ≥ 6.0）或托福 90 以上	英语授课项目集中于理工科（如数学、计算机），需附加法语基础证明（A2+）

资料来源：根据巴黎萨克雷大学官网公开信息整理。

巴黎萨克雷大学的录取偏好与建议：

（1）偏好突出"科研潜力与社会价值"的学生：例如用数学模型优化城市交通等。

（2）把握奖学金机会：优秀学生可申请"埃菲尔奖学金"或"萨克雷卓越奖学金"（部分学费减免）。

（3）建议同步申请巴黎综合理工学院、格勒诺布尔理工学院，或中外合作项目（如上海交大—巴黎高科卓越工程师学院）。

2. 研究生入学要求

巴黎萨克雷大学研究生入学的具体要求如表 4-20 所示。

表 4-20 巴黎萨克雷大学研究生入学的具体要求

类别	硕士申请要求	博士申请要求	附加说明
GPA	本科 GPA ≥ 3.3（985/211 院校），双非院校需 ≥ 3.6	硕士 GPA ≥ 3.5，需发表至少 1 篇国际期刊论文（理工科 SCI，文科 SSCI/法语期刊）	数学、物理类需提供竞赛（如全国大学生数学竞赛）成绩
课程匹配	核心课程学分 ≥ 总学分的 30%（如计算机科学需修满算法、数据结构）	研究领域与导师课题高度契合（需提前联系导师并提交研究提纲）	跨学科项目（如生物信息学）需展示多学科背景

（续表）

类别	硕士申请要求	博士申请要求	附加说明
英语项目	雅思6.5（单项≥6.0）或托福90（理工科为主，如人工智能与数据科学硕士）	同硕士要求	英语授课项目仍需法语基础（建议A2，满足生活交流需求）
法语项目	DALF C1（文科强制），理工科接受B2+英语辅助	DALF C1（文科），理工科需法语B2+英语能力	法语动机信需展示学术写作能力（文科需引用法语文献）
动机信	明确研究方向与巴黎萨克雷大学的资源关联（如引用实验室或教授论文）	10~15页的研究计划（含方法论、参考文献及与导师课题的关联性）	需要提及巴黎萨克雷大学的合作机构
推荐信	2封学术推荐信（至少有1封来自本科导师）	2封学术推荐信（含来自硕士导师的推荐信）+1封目标导师支持信	推荐人若为巴黎萨克雷大学合作学者可加分
附加材料	理工科需提供代码或实验报告，文科需提供写作样本（如哲学论文）	已发表论文全文+同行评审意见（如有）	艺术类需提供作品集（如数字媒体项目需提供视频或交互设计文件）

资料来源：根据巴黎萨克雷大学官网公开信息整理。

三、丹麦名校精准定位与录取偏好

（一）哥本哈根大学（UCPH）

进入2025年QS世界大学排名前100的丹麦大学只有哥本哈根大学。哥本哈根大学主要在生命科学、药学及环境科学领域吸引着中国学生，但因该校的丹麦语授课课程比例较高，因此中国学生规模相对有限（40~60人/年），占比不到国际生的5%。

1. 本科入学要求

哥本哈根大学本科生录取的具体要求如表4-21所示。

表 4-21　哥本哈根大学本科生录取的具体要求

类别	具体要求	备注
高考生	理科生：超一本线 110 分+（高考满分 750 分），数学、生物、化学单科成绩全省前 1%；文科生：申请英语授课项目需高考英语成绩 140+/150	理科生需提交单科省级排名证明，文科生英语成绩可替代雅思或托福
A-Level	至少 2 门 A*（数学、生物或化学等科学类课程必选 A 类）	需要匹配专业方向（如生物医学要求化学达 A*），部分专业接受用进阶数学替代
IB	总分 38+/45，HL 相关科目（如生物或化学）6 分以上	需 TOK 与 EE 综合评级 B 以上，实验科学科目需提交 IA（内部评估）报告
AP	4 门满分（必含微积分 BC、生物或化学）	建议选修 AP 环境科学或统计学以增强竞争力，需通过 AP Classroom 提交官方成绩单
英语授课	雅思 6.5（单项≥6.0）或托福 83 以上	单项写作≥6.5，接受 PTE 59 分以上（单项≥59）
丹麦语授课	通过 PD3 考试（丹麦语高级认证，C1 水平）	需额外参加口语面试，建议提前 1 年完成语言课程

资料来源：根据哥本哈根大学官网公开信息整理。

哥本哈根大学的录取偏好及建议：

（1）学校很看重学生的学术背景：申请自然科学专业需突出数学或实验能力（如竞赛、科研项目）；申请社会科学专业建议积累相关实习或志愿经历。

（2）提前规划语言：英语课程需雅思 6.5 以上，建议高二结束前考取语言成绩；丹麦语课程需至少 B2 水平，建议提前一两年学习。

2. 研究生入学要求

哥本哈根大学研究生入学的具体要求如表 4-21 所示。

表 4-22　哥本哈根大学研究生入学的具体要求

类别	具体要求	备注
学历背景	相关领域学士学位（需经丹麦学历评估机构认证）	中国学生需提供学位证、毕业证及成绩单（中英文公证+学信网认证）
GPA	均分≥80%（对标丹麦 7 分制 GPA≥8.0）	双非学生需均分 85%+ 或发表论文或参与科研项目

（续表）

类别	具体要求	备注
专业匹配度	课程匹配度严格（如申请医学需本科为生物或医学相关专业）	跨专业需补充先修课程（如经济学转数据科学需修数学或编程基础等课程）
研究经历	研究型硕士（MSc）、博士（PhD）需提交研究计划或已发表论文（SCI、SSCI优先）	例如，公共卫生硕士需具有流行病学相关研究经验
雅思	总分6.5（单项≥6.0）	医学或法学：总分7.0（单项≥6.5）
托福	总分83（网考）	写作部分≥21
豁免条件	英语国家本科毕业或全英文授课学位	需学校出具官方证明信

资料来源：根据哥本哈根大学官方公开信息整理。

第五节
欧洲学科优势地图及职业转化路径

德国以精密工业与系统性创新为根基，工程教育深度嵌入高端制造产业链，产学研协同机制推动技术快速转化。法国依托文化资本与战略科技双轨优势，精英教育体系融合奢侈品经济、核能技术及航空航天等国家命脉领域，构建跨学科人才输出网络。丹麦则立足绿色转型与社会福祉，将可再生能源、生物医药与福利社会研究纳入全民创新框架，学术实践高度适配碳中和目标。三国以差异化路径形成互补——德国强化工业纵深，法国深耕文化科技耦合，丹麦聚焦可持续社会实验，共同构筑欧洲高等教育的战略三角。

一、德国学科优势地图：产教融合下的精准就业生态

德国教育体系以"双元制"和"科研产业化"闻名全球，其学科优势紧密捆绑地区产业资源，形成"一城一产一学"的独特格局。本节以地域划分，解析德国六大核心经济区的学科优势、顶尖院校及职业转化路径，为留学生提供精准择校与就业策略。

（一）德国学科优势地图：地域、院校与产业资源的完美拼图

1. 巴登-符腾堡州（斯图加特、卡尔斯鲁厄）——汽车工程与工业4.0心脏

（1）核心学科：汽车工程、机械制造、自动化技术。

（2）院校分布：斯图加特大学，戴姆勒集团联合培养双元制硕士；卡尔斯鲁厄

理工学院（KIT），工业 4.0 发源地，拥有欧洲最大的风洞实验室。

（3）产业资源：奔驰、保时捷总部；博世工业 4.0 研发中心；弗劳恩霍夫协会工业工程研究所（IAO）。

（4）职业转化路径——汽车工程师：卡尔斯鲁厄理工学院双元制硕士（企业赞助）→ 博世自动驾驶部门实习 → 德企研发岗（起薪 5.2 万欧元/年）。

（5）认证要求：通过 VDA（德国汽车工业协会）认证，年薪可提升 20%。

2. 巴伐利亚州（慕尼黑、纽伦堡）——高端制造与信息技术的双核引擎

（1）核心学科：精密机械、计算机科学、半导体物理。

（2）院校分布：慕尼黑工业大学，西门子人工智能实验室直培基地；埃尔朗根-纽伦堡大学（FAU），欧洲"硅 Saxon"芯片研究中心。

（3）产业资源：西门子总部；英飞凌全球研发中心；宝马电动化转型基地。

（4）职业转化路径——半导体工程师：埃尔朗根-纽伦堡大学微电子硕士 → 英飞凌实习（参与 3 nm 芯片研发）→ 工艺工程师（年薪 6 万欧元 + 股权）。

（5）政策支持：信息与通信技术（ICT）领域人才可通过欧盟蓝卡快速获得永居权（年薪门槛 43 800 欧元）。

3. 北莱茵-威斯特法伦州（亚琛、科隆）——化学能源与生命科学集群

（1）核心学科：化学工程、生物制药、能源系统。

（2）院校分布：亚琛工业大学，拜耳集团合作药物研发中心；科隆大学，马普所衰老生物学研究基地。

（3）产业资源：拜耳制药总部；巴斯夫化学园区；莱茵集团（RWE）新能源基地。

（4）职业转化路径——化学工程师：亚琛工业大学硕士→巴斯夫实习→工艺优化工程师（起薪 4.8 万欧元/年）。

（5）行业认证：通过 VDI（德国工程师协会）考试，可晋升项目经理（年薪超 7 万欧元）。

4. 柏林-勃兰登堡州（柏林、波茨坦）——数字创意与绿色经济的试验场

（1）核心学科：数字媒体、可持续设计、清洁技术。

（2）院校分布：柏林工业大学，欧洲创新技术学院（EIT）数字校区；波茨坦大学，哈索·普拉特纳设计思维学院（与斯坦福设计学院 D.school 合作）。

（3）产业资源：思爱普数字创新实验室（SAP）；特斯拉超级工厂；1 500+ 初创企业（如 Zalando）。

（4）职业转化路径——可持续设计师：柏林工业大学能源设计硕士 → 参与欧盟"地平线"项目 → 碳中和咨询师（时薪 80 欧元＋）。

（5）移民捷径：初创企业就业满 3 年可申请自主创业居留。

5. 下萨克森州（汉诺威、不莱梅）——海洋工程与航空航天枢纽

（1）核心学科：船舶工程、航空航天、风能技术。

（2）院校分布：汉诺威大学，大众集团自动驾驶联合实验室；不莱梅大学，DLR（德国宇航中心）卫星技术基地。

（3）产业资源：空中客车不莱梅工厂；Nordex 风电研发中心；Meyer Werft 邮轮造船厂。

（4）职业转化路径——风能工程师：不莱梅大学可再生能源硕士 → Nordex 现场工程师（驻场补贴 +10%）→ 项目经理（年薪 6.5 万欧元）。

（5）认证红利：GL（德国劳氏船级社）认证工程师全球通用。

6. 萨克森州（德累斯顿、莱比锡）——微电子与材料科学的隐形冠军

（1）核心学科：纳米技术、光电子学、新材料。

（2）院校分布：德累斯顿工业大学（TUD），欧洲最大半导体集群"萨克森硅谷"；莱比锡大学，宝马电池材料研究中心。

（3）产业资源：格罗方德（Global Foundries）12 in 晶圆厂；英飞凌功率器件研发基地。

（4）职业转化路径——芯片工程师：德累斯顿工业大学微电子硕士 → 格罗方德工艺整合实习 → 良率提升专家（年薪 5.5 万欧元＋股票）。

（5）政策优势：东德地区工作满 2 年可减免 50% 个人所得税。

（二）职业转化路径的三大核心逻辑

1. 双元制教育：从课堂到车间的"零时差"过渡

（1）模式本质：企业承担 70% 的培养成本（如博世双元制学生月薪为 1 200 ~ 1 800 欧元）。

（2）代表项目：斯图加特大学汽车工程双元制硕士，每周 3 天参与企业实践，2 天用于理论学习；亚琛应用技术大学机械工程本科，巴斯夫全程赞助，毕业即入职。

2. 科研与产业转化：实验室直通生产线

弗劳恩霍夫模式：学生参与企业委托课题（如宝马电池项目），成果直接商用。

3. 移民与就业政策捆绑：紧缺职业的永居快车道

（1）蓝卡政策：STEM 专业年薪约 44 304 欧元（非 STEM 专业年薪约 56 800 欧元），21 个月德语 B1 即可转永居；2023 年新增"机会卡"（积分制），IT（信息技术）人才无须雇主担保直接赴德求职。

（2）紧缺职业清单：2024 年优先领域包括护士、软件开发、机电工程师（年薪门槛降低 15%）。

（三）德国留学后职业转化关键指标

2024 年德国毕业生起薪 Top 5 专业如表 4–23 所示。

表 4–23　2024 年德国毕业生起薪 Top 5 专业

专业	起薪中位数（欧元/年）	主要雇主
半导体工程	62 000	英飞凌、博世、西门子
汽车电子	58 500	宝马、奔驰、大陆集团
医疗机器人	55 000	库卡、费森尤斯
可再生能源工程	52 000	西门子歌美飒、Nordex
工业化学	48 000	巴斯夫、拜耳、汉高

资料来源：德国联邦统计局 2024 年薪资报告。

德国各州移民政策友好度对比如表 4–24 所示。

表 4–24　德国各州移民政策友好度对比

地区	紧缺职业配额	永居所需年限	语言门槛
巴伐利亚州	高	21 个月（蓝卡）	德语 B1
萨克森州（东德）	中	33 个月	德语 A2（减免政策）
柏林	低	60 个月	德语 B1

资料来源：德国移民与难民事务局移民政策白皮书。

二、法国学科优势地图：艺术、工程与商业的黄金三角

法国教育体系以"学术深度与行业实践双轨并行"著称，其学科布局紧密围绕地域产业优势，形成"大区–院校–企业"联动的独特生态。本节以五大核心地区解析法国学科竞争力，并梳理从留学到就业的关键路径。

（一）法国学科优势地图与职业转化路径

1. 巴黎大区（法兰西岛）：商业与工程的全球枢纽

（1）核心学科：奢侈品管理、金融数学、航空航天工程。

（2）院校分布：巴黎高等商学院，LVMH（酪悦·轩尼诗－路易·威登）集团高管摇篮，50% 课程由行业领袖授课；巴黎综合理工学院，法国"工程师治国的基石"，达索系统联合培养；巴黎第九大学（Université Paris-Dauphine），量化金融全欧第 3，法国央行人才储备库。

（3）产业资源：LVMH/开云集团总部；空客研发中心；Euronext（泛欧）巴黎证券交易所。

（4）职业转化路径——奢侈品品牌经理：埃塞克高等商学院（ESSEC）MBA → LVMH 管培生（年薪 5.5 万欧元）→ 亚太区市场总监。

（5）认证加持：通过法国注册金融分析师（FRM）考试，投行起薪提升 30%。

2. 奥克西塔尼大区（图卢兹）：航空航天与人工智能高地

（1）核心学科：航空航天工程、数据科学、机器人学。

（2）院校分布：图卢兹联邦大学（Université Fédérale Toulouse），空客 A380 研发合作方，硕士生直接参与欧盟伽利略卫星项目；国立民用航空学院（ENAC），欧洲最大的航空管制员培训基地。

（3）产业资源：空客总部；泰雷兹集团雷达实验室；法国国家航天研究中心（CNES）。

（4）职业转化路径——航空系统工程师：国立民用航空学院硕士 → 空客实习 → 适航认证工程师（起薪 4.8 万欧元/年）→ 国际民航组织（ICAO）技术官。

（5）政策红利：航空航天属于法国战略行业，外籍员工可申请加速入籍。

3. 普罗旺斯－阿尔卑斯－蔚蓝海岸大区（尼斯、戛纳）：艺术与数字创意的地中海明珠

（1）核心学科：电影制作、数字艺术、文化管理。

（2）院校分布：路易·卢米埃尔电影学院，全球三大电影学院之一，校友包揽戛纳金棕榈奖；SKEMA（知识经济与管理）商学院尼斯校区，元宇宙与 NFT（非同质化代币）商业应用研究中心。

（3）产业资源：戛纳电影节官方合作网络；育碧南法工作室；松林制片厂（《007》拍摄基地）。

（4）职业转化路径——电影制片人：路易·卢米埃尔电影学院硕士 → Netflix

法国分部实习→独立制片公司创始人。

（5）签证捷径：文化创意人才可申请"艺术家护照"（3年居留+自由职业许可）。

4. 奥弗涅-罗讷-阿尔卑斯大区（里昂、格勒诺布尔）：生命科学与绿色化学先锋

（1）核心学科：生物制药、环境工程、核能技术。

（2）院校分布：里昂高等化学物理电子学院（CPE Lyon），赛诺菲联合实验室，硕士生参与mRNA（信使核糖核酸）疫苗研发；格勒诺布尔理工学院（Grenoble INP），欧洲同步辐射光源（ESRF）合作方。

（3）产业资源：赛诺菲全球研发中心；施耐德电气智慧电网实验室；法国原子能委员会（CEA）。

（4）职业转化路径——核安全工程师：格勒诺布尔理工学院硕士→法国原子能委员会实习→国际原子能机构（IAEA）顾问（年薪7万欧元+）。

（5）行业认证：通过法国核安全局（ASN）考试，执业范围覆盖欧盟。

5. 新阿基坦大区（波尔多）：葡萄酒经济与农业创新的古典范本

（1）核心学科：葡萄酒管理、农业科学、食品工程。

（2）院校分布：波尔多高等商学院（KEDGE BS），拉菲罗斯柴尔德集团合作项目，拥有自有葡萄园实训基地；波尔多国立农业学院（Bordeaux Sciences Agro），欧盟有机农业标准制定者之一。

（3）产业资源：波尔多五大名庄联盟；达能集团研发中心；国际食品展（SIAL）主办地。

（4）职业转化路径——葡萄酒品牌大使：波尔多高等商学院硕士→木桐酒庄亚洲市场部→自主进口商（年利润20万欧元+）。

（5）创业支持：农业创新项目可获法国国家投资银行（BPI France）最高5万欧元的补贴。

（二）职业转化路径的三大核心机制

1. 学徒制（Alternance）——企业买单的职场直通车

（1）模式本质：学生与企业签订雇佣合同，企业支付学费+月薪（1 200～2 500欧元）；

（2）代表项目：埃塞克高等商学院奢侈品管理硕士，50%课程在LVMH/Prada总部完成；巴黎中央理工（CentraleSupélec）工程师学位，雷诺和施耐德电气承担

全额学费。

2. 精英大学校（Grandes Écoles）——政商资源的精准输送

政商旋转门：巴黎高师毕业生垄断法国顶级智库；国立行政学院校友占据 70% 的政府高层职位。

3. 人才签证政策——紧缺行业的永居快车道

（1）人才护照（Passeport Talent）：科研人才、创业者、艺术家可获 4 年居留，无雇主绑定；2024 年新增"绿色科技"类别，年薪门槛降至 3.5 万欧元。

（2）签证优化：硕士毕业生可申请 1 年求职签证，STEM 专业延长至 2 年。

（三）法国留学后职业转化关键指标

2024 年法国毕业生起薪 Top 5 专业如表 4-25 所示。

表 4-25　2024 年法国毕业生起薪 Top 5 专业

专业	起薪中位数（欧元/年）	主要雇主
航空航天工程	52 000	空客、达索、泰雷兹
量化金融	48 000	法国巴黎银行、兴业银行
核能技术	45 000	法国电力公司、法马通、法国原子能委员会
人工智能	42 000	DeepMind 巴黎、Mistral AI（米斯特拉尔人工智能）
葡萄酒国际贸易	38 000	拉菲集团、保乐力加

资料来源：法国高等教育署《2024 国际学生就业报告》。

2024 年法国各行业外籍人才缺口如表 4-26 所示。

表 4-26　2024 年法国各行业外籍人才缺口

行业	缺口人数	政策优惠
航空航天	8 200	年薪门槛降低 10%
制药研发	6 500	法语要求降至 A2
数字创意	5 800	自主创业签证加速审批

资料来源：法国国家投资银行创新资助计划。

三、丹麦学科优势地图：绿色科技与高福利社会教育实验

丹麦教育以"产学研无缝衔接"和"高福利社会支持"著称，其学科布局深度

绑定北欧绿色转型与福利国家需求，形成"小而精"的竞争力生态。本节解析丹麦四大核心教育集群及其职业转化路径，为留学生提供精准决策框架。

（一）丹麦学科优势地图与职业转化路径

1. 首都大区（哥本哈根、罗斯基勒）——生命科学与可持续设计的全球标杆

（1）核心学科：生物医药、可持续设计、公共政策。

（2）院校分布：哥本哈根大学，诺和诺德联合实验室，胰岛素技术发源地；丹麦技术大学（DTU），风力发电全球 Top 3，维斯塔斯（Vestas）定向培养基地；哥本哈根商学院（CBS），欧盟碳交易政策制定智库。

（3）产业资源：诺和诺德、灵北制药总部；乐高集团可持续材料实验室；Maersk 航运碳中和项目。

（4）职业转化路径——生物制药研究员：哥本哈根大学硕士 → 诺和诺德临床试验助理（年薪 45 万丹麦克朗）→ 研发总监。

（5）政策红利：生命科学属"正面清单"（Positive List）职业，雇主无须优先招聘本地人。

2. 中日德兰大区（奥胡斯、锡尔克堡）——清洁能源与农业科技的北欧心脏

（1）核心学科：风能工程、食品科学、智慧农业。

（2）院校分布：奥胡斯大学，欧洲最大的沼气研究中心，Arla 乳业合作项目；VIA 大学学院（丹麦公立大学），丹麦唯一的"农业机器人"本科，与 DeLaval（利拉伐）联合开发挤奶系统。

（3）产业资源：维斯塔斯全球研发中心；丹麦皇冠集团（欧洲最大的猪肉出口商）；丹佛斯（Danfoss）零碳园区。

（4）职业转化路径——风能运维工程师：奥胡斯大学硕士 → 维斯塔斯现场技术员（年薪 52 万克朗 + 极地津贴）→ 北欧区域经理。

（5）行业认证：获得 DONG Energy（沃旭能源，现更名为 Ørsted）认证资格，薪资提升 25%。

3. 北日德兰大区（奥尔堡、腓特烈港）——信息通信与海洋工程的前沿阵地

（1）核心学科：5G 通信、海洋工程、游戏设计。

（2）院校分布：奥尔堡大学（AAU），爱立信北欧 5G 实验室，Problem-Based Learning（PBL）发源地；丹麦媒体与新闻学院，育碧哥本哈根分部人才储备库。

（3）产业资源：爱立信北欧总部；Blue World 海事燃料电池研发基地；Unity 丹麦游戏引擎中心。

（4）职业转化路径——通信协议工程师：奥尔堡大学硕士 → 爱立信 5G 标准化团队 → 3GPP（第三代合作伙伴计划）国际标准组织代表（时薪 600 丹麦克朗）。

（5）签证优势：ICT 人才可申请"快速通道工签"（处理时间 14 天）。

4. 南丹麦大区（欧登塞、埃斯比约）——机器人技术与医疗创新的"童话工厂"

（1）核心学科：协作机器人、康复工程、老年护理技术。

（2）院校分布：南丹麦大学（SDU），全球首个优傲（UR）机器人校企实验室，丹麦老龄化研究中心；欧登塞机器人学院，优傲机器人创始人母校。

（3）产业资源：优傲机器人全球总部；葛兰素史克（GSK）智能药械实验室；丹麦养老科技协会。

（4）职业转化路径——医疗机器人工程师：南丹麦大学硕士 → 优傲机器人临床协作项目 → 产品经理（年薪 60 万丹麦克朗）。

（5）认证加持：通过丹麦技术协会（Teknologisk Institut）认证，执业范围覆盖欧盟。

（二）职业转化路径的三大核心机制

1. 产学研"三角联盟"

企业深度参与课程设计：维斯塔斯为丹麦技术大学风能硕士提供 80% 的实践课程；乐高集团在哥本哈根商学院开设"循环经济与玩具设计"必修课。

2. 工签-永居"低门槛通道"

（1）毕业生工签（Post-study Work Visa）：本科、硕士毕业后自动获得 2 年工签，博士 3 年；找到全职工作（月薪 3.5 万丹麦克朗）即可申请永居，无行业限制。

（2）正面清单：护士、工程师、人工智能专家等 85 个职业免劳动力市场审核。

3. 创业型社会支持

留学生创业签证：商业计划通过丹麦成长基金（Vaekstfonden）审核，可获 2 年居留；典型案例是中国留学生创立北欧首个"碳中和物流平台"，获丹麦出口信贷局注资。

（三）丹麦留学后职业转化关键指标

2024 年丹麦毕业生起薪 Top 5 专业如表 4-27 所示。

表 4-27　2024 年丹麦毕业生起薪 Top 5 专业

专业	起薪中位数（丹麦克朗/年）	主要雇主
风能工程	620 000	沃旭能源、维斯塔斯、西门子

（续表）

专业	起薪中位数（丹麦克朗/年）	主要雇主
生物制药	580 000	诺和诺德、灵北制药
协作机器人	550 000	优傲机器人、MiR（移动工业机器人）
5G通信协议	520 000	爱立信、诺基亚
老年护理技术	480 000	Coloplast（康乐）、GN Hearing（大北欧听力）

资料来源：丹麦统计局（DST）2024年薪资报告。

2024年丹麦各行业外籍人才缺口如表4-28所示。

表4-28　2024年丹麦各行业外籍人才缺口

行业	缺口人数	政策优惠
可再生能源	3 200	免雇主担保，直接申请工签
医疗设备研发	2 800	薪资门槛降低15%
农业数字化	1 500	提供免费丹麦语培训

资料来源：2024丹麦工业联合会（DI）人才需求预测。

本章结语

欧洲留学的意义，可能从不局限于学历镀金或职业跳板，而在于其重塑思维范式的深层力量，欧洲教育的共性是让批判性思维与工匠精神共生。留学者实际参与着一场实验：如何让教育既成为社会公平的基石，又不失驱动创新的锐度。

第五章

留学澳大利亚：产学研一体的教育体系

澳大利亚教育结构的本质，是以产业需求和社会发展为锚点，通过灵活的学分机制、职业与学术的深度互通，以及国家层面的标准化认证，实现个人成长与社会资源的最优配置。无论是高中生通过职业教育培训提前锁定职业方向，还是博士生在国家级实验室攻克产业难题，其核心逻辑始终围绕"将教育转化为生产力"。这种高度务实的体系，正是澳大利亚在全球人才竞争中持续领先的关键因素。

第一节
以实用主义构建全球竞争力的澳大利亚教育优势

澳大利亚教育体系以其鲜明的实用导向、灵活路径和产学研融合特色，在全球留学市场中独树一帜。其核心逻辑在于将教育目标与职业发展、社会需求深度绑定，形成"学以致用"的闭环。本节从教育体系结构、核心优势及独特属性三部分展开分析。

一、从高中到高等教育的贯通式体系

澳大利亚教育体系以灵活性和实用主义为核心，构建了从基础教育到高等研究的完整框架。

（一）高中教育：职业分流与学术深化的起点

澳大利亚高中教育（Senior Secondary Education）通常涵盖 10～12 年级（15～18 岁），核心目标是为学生提供学术升学与职业导向的双重选择。

1. 课程体系与评估机制

课程结构：各州自主设定高中课程体系，毕业生领取相应的毕业证书，如新南威尔士州的 HSC（高中毕业证书）、维多利亚州的 VCE（维多利亚高中毕业证书）、昆士兰州的 QCE（昆士兰高中毕业证书）等。学生需完成英语必修课，并从数学、科学、人文、艺术、技术等领域选修 5～6 门科目。

评估方式：采用"平时成绩（50%）+ 州统考（50%）"的综合评分制，避免

"一考定终身"。例如，新南威尔士州的 HSC 考试中，学生日常作业、实验报告等均计入最终成绩。

2. 职业教育与培训（VET）的早期渗透

高中可修职业教育与培训：允许高中生在 11 或 12 年级选修职业教育与培训（如商业、信息技术、护理），学分可同时计入高中毕业要求、技术与继续教育（TAFE）。

学校本位学徒制（SBAT）：学生每周 1~2 天在企业实习，同步完成高中学业，常见于建筑、酒店管理等领域。

3. 升学路径的多元出口

大学预科（Foundation）：针对国际学生或未达直录标准的本地生，通过 1 年预科课程衔接大一。

直入职场：获得 Certificate III 以上职业资格的学生可直接就业，如电工、幼教助理等。

（二）本科教育：灵活学制与行业认证导向

澳大利亚本科教育以"就业竞争力"和"跨学科融合"为设计原则，学制通常为 3 年（荣誉学位为 4 年），提供高度灵活的学术路径。

1. 学制结构与入学通道

标准学制：普通学士学位（Bachelor Degree），3 年制，涵盖商科、文科、理科等基础领域；荣誉学士学位（Bachelor Honours Degree），4 年制，含独立研究项目，为攻读博士铺垫。

入学路径：高考直录，凭 ATAR（高校入学排名）成绩申请，热门专业（如医学、法律）要求 ATAR 95+；衔接课程，通过预科或大一文凭课程（Diploma）转入大二，升学率超 80%。

2. 课程设计的实用基因

双学位：允许学生组合跨领域专业，如"工程＋商业""计算机＋法律"，学制延长至 4~5 年。

行业认证嵌入课程：工程专业需满足澳大利亚工程师协会（EA）认证课程要求；护理专业包含 800+ 小时临床实习，符合澳大利亚护理与助产士委员会（NMBA）标准。

3. 职业教育（VET）与高等教育（HE）可互通

学分转换：获得高级文凭（Advanced Diploma）的学生可直升大二，例如新南威尔士职业教育（TAFE NSW）的信息技术文凭可对接悉尼科技大学计算机科学本科。

技能升级路径：在职人员可通过"先前学习认定"（RPL）将工作经验转化为大学学分。

（三）研究生教育：研究与实践的分水岭

澳大利亚研究生教育分为授课型（Coursework）硕士、研究型（Research）硕士和博士两类，目标人群与培养模式差异显著。

1. 授课型硕士：就业导向的精准赋能

（1）学制与结构：一到二年制，聚焦专业能力提升，课程含核心课、选修课及行业实践（如商科案例分析、工程实习）；部分专业设"延长版"（2年制），满足留学生工签时长要求。

（2）跨专业申请：允许非相关背景学生通过"桥梁课程"（Graduate Certificate/Diploma）过渡，如文科生攻读信息技术硕士需先完成4门编程基础课。

2. 研究型学位：学术创新的孵化器

（1）研究型硕士（Master by Research）：两年制，以独立课题研究为主，需提交学术论文。

（2）博士（PhD）：三到四年制，强调原创性贡献，多数项目提供全额奖学金（年均3万~4万澳元）。

（3）产学研联动：博士生常参与企业合作项目，如CSIRO（联邦科学与工业研究组织）的农业科技研究。

（四）AQF（澳大利亚学历资格框架）：教育层级的统一标尺

澳大利亚通过AQF将全部教育资格划分为10个等级，确保各阶段学历互通互认：

- 等级5~6：文凭（Diploma）、高级文凭（Advanced Diploma）。
- 等级7：学士学位。
- 等级8：荣誉学士、研究生证书。
- 等级9：硕士学位。
- 等级10：博士学位。

该框架允许学生自由转换路径，例如TAFE高级文凭（等级6）可衔接本科（等级 7），硕士毕业生（等级 9）可凭工作经验申请博士（等级 10）。

（五）国际学生的适配路径

本科阶段：通过预科或国际大一课程（Diploma）过渡，语言要求为雅思 6.0 或 6.5 以上；优先选择移民清单（MLTSSL）相关专业（如护理、信息技术），提升就业与永居机会。

研究生阶段：授课型硕士接受"非相关背景＋桥梁课"申请，研究型学位需提交研究计划书；毕业生可申请 2～4 年工签（485 签证），STEM 专业可额外延长 2 年。

二、多层次衔接，多元化出口的灵活机制

澳大利亚教育体系以"贯通性"和"包容性"为核心，为不同学术背景的学生提供适配路径。

（一）无缝连接基础教育与高等教育

1. 职业教育与高等教育互通

学生可通过 TAFE 获得职业文凭后，直接转入大二。

2. 预科与文凭课程

国际学生若未达直录标准，可通过预科（1 年）或大一文凭课程（8～12 个月）过渡，课程内容与大一接轨，升学率达 85% 以上。

（二）灵活的高等教育层级

（1）本科阶段：大部分专业为三年制（荣誉学位为四年制），支持双学位组合（如商科＋数据科学）。

（2）硕士阶段：分为授课型（1～2 年，侧重就业）与研究型（2～3 年，导向博士），且接受跨专业申请（如文科生可申请信息技术硕士，但需完成相应的桥梁课程）。

（三）独特的结构特色

（1）全国统一学历框架：10 个等级清晰划分，进阶路径明确，确保学历互认。

（2）学分银行制：工作经历、在线课程可通过 RPL（先前学习认定）转换为学分，缩短学制。

三、澳大利亚教育的五大核心特点

澳大利亚教育的全球竞争力很大程度上源于以下差异化特点。

（一）打造实用主义课程设计

（1）行业认证嵌入学位：工程专业需满足 EA（工程师协会）认证课程，护理专业包含实习小时数强制要求（如蒙纳士大学护理本科需完成 800 小时临床实习）。

（2）打造微证书（Micro-credentials）：新南威尔士大学推出"人工智能伦理""碳中和管理"等短期认证课，企业认可度与学位等同。

（二）强调产学融合的深度实践

（1）企业参与和主导课程开发：科廷大学采矿工程专业由必和必拓（BHP）参与设计，学生大三全年在矿区实践。

（2）带薪实习（Co-op）规模化：昆士兰科技大学（QUT）计算机专业 60% 的学生进入亚马逊、微软实习，部分企业提供学费补贴。

（三）突出教育公平与路径灵活

（1）全国无统一高考：各州自主设定高中毕业考核，大学录取结合平时成绩（50%）与州统考（50%）。

（2）建造终身学习体系：工作后可随时通过在线教育（如 Open Universities Australia）攻读学位，学分终身有效。

（四）加强国际化战略的在地化实施

（1）建设全球化校区网络：例如，蒙纳士大学在马来西亚、南非设分校，学生可低成本获得蒙纳士大学学位。

（2）驱动跨文化能力培养：例如，悉尼大学商学院课程强制包含跨国团队项目，如模拟亚太区企业实战场景。

（五）凸显政策与教育的双向赋能

（1）移民清单驱动专业设置：护理、幼教等专业扩招与州担保配额直接挂钩。

（2）留学生权益保障立法深入校园：《海外学生教育服务法案》（ESOS）强制要求学校提供学术支持与投诉仲裁机制。

第二节
精准定位下的申请全攻略及方法论

澳大利亚教育环境比较宽松，许多低龄求学的学生也会到澳大利亚去完成自己的学业，从小学到大学再到研究生，在阳光海岸完成所有学业，是许多留学家庭的追求。

一、澳大利亚公立中学和私立中学皆招收国际学生

在澳大利亚，国际学生在 6 岁就可以入读一年级。澳大利亚的学年设置与国内略有不同，我国是当年 9 月到次年 6 月为一个学年，而澳大利亚是当年 1 月到 12 月为一个学年。澳大利亚一个学年有 4 个学期，分别在 1 月、4 月、7 月、10 月开学，学生可以选择任意时间插读（11 和 12 年级除外）。

澳大利亚的公立中学和私立中学均招收国际学生。公立学校的师资和设施由政府资助，由州教育局统一管理，当地学生按照学区就近入学，而国际学生申请则不受学区限制（个别学校除外），学费统一且性价比高。私立学校则由学校独立运营，部分资金来自州政府和联邦政府拨款。无论是本地学生还是国际学生，申请私立学校时都不受学区限制，私立学校采用择优录取的方式录取学生。

至于私立学校，一类是独立学校，学校通过自身优秀的教学声誉吸引生源，部分学校已经有超过百年的历史，早已形成一套独特的教学模式；另一类是教会学校，学校秉承英国传统教会学校的教学方式，除了非常注重学生学业，也十分重视对学生礼仪、行为举止的培养，这是西方教育体系中独具特色的模式。

需要注意的是，学校必须有 CRICOS（澳大利亚联邦政府招收国际学生的院校及课程登记簿）代码，这样学生才能登记注册和获得学位认证。公立学校统一使用州政府的 CRICOS 代码，私立学校则拥有各自的 CRICOS 代码。不同学校对招收的国际学生的年级要求也不相同，部分学校招收 1~12 年级或 7~12 年级的国际学生，有些学校则只招收 10~12 年级的国际学生。

二、澳大利亚本科申请要求

澳大利亚大学遵循早申请、早录取的滚动式录取原则，有些热门专业会因为申请人数过多而提前结束录取。因此，有意向申请的同学要尽早准备。本科申请需满足以下四个方面的基本条件。

（1）学历要求：至少高中毕业或者大专毕业，所读的院校是经过国内教育部门认证的全日制院校。

（2）年龄要求：年龄要与学生实际情况相符合，不能太大或者太小，毕业年龄区间为 18~30 岁，超出年龄或者毕业太久的申请都是无效的。

（3）语言要求：直接就读本科的语言要求为雅思 6 分以上，托福 80 分以上。如果没有达到这个基本要求，学生后面的日常生活和学习就会感到力不从心。

（4）资金要求：每年 60 万元左右。

（一）普通高中课程体系学生的申请途径

申请澳大利亚的学校，学生不仅可以用国际高中课程体系的成绩申请，也可以用国内普通高中的成绩或高考成绩申请。对于国内普通高中课程体系的学生而言，就读澳大利亚本科，主要有四种申请途径。

途径一：用高考成绩直申大一。

途径二：用高中三年的成绩申请国际大一文凭课程。

途径三：用高中三年的成绩直申大一。

途径四：用高中两年或三年的成绩申请预科。

（二）国际课程体系学生的入学标准与要求

除了用高考成绩申请澳大利亚的大学，也有国际课程体系的学生对澳大利亚大学感兴趣。可用以下几大国际体系的成绩申请澳大利亚的大学（本章第三节会有各校详细入学解读，本节不做详解）。

1. 使用 A-Level 与 IBDP（国际文凭大学预科课程）成绩申请入学

澳大利亚大学对 A-Level 科目按照特定算法进行量化评判，其中接受度较广的为 A2 科目，少量学校允许学生提交 AS 科目进行折算，不同专业对 A-Level 成绩的要求不同。

2. 使用 SAT、ACT 或 AP 成绩申请入学

除了 A-Level 和 IBDP 这两种国际课程，也有不少学生用 SAT、ACT 或者 AP 成绩来申请澳大利亚的大学。尽管这些成绩都被澳大利亚的大学广为接受，但不同的大学有着不同的要求。

三、澳大利亚研究生申请

澳大利亚不同的研究生专业会有不同的学年制，一般有一年制、一年半制、两年制。不同学年制的申请要求也不一样。通常，两年制的专业课程是主流，要求申请者提供本科学科成绩和语言成绩。学生只要符合录取要求，基本上就可以收到录取通知，不需要其他条件，比如工作经验等。如果是一年制或一年半年制的课程，那么它可能会有一些额外的要求，比如获奖证明和工作经验等。中国学生喜欢申请的商科，学制一般会比较长。

澳大利亚各院校的研究生申请截止日期不同，但大多设定于 9 月或 10 月，有些截止日期则更早。一般情况下，录取通知会在申请后的 1~2 个月内寄给申请者，奖学金结果在 11 月底至 12 月中旬揭晓。学校一般要求学生在 15~20 日内回复是

否接受奖学金。若过期不回复，名额将自动转给待定人员。

依据课业内容和申请条件，澳大利亚的硕士研究生可分为三种类型，从难到易分别为研究类硕士研究生、授课类硕士研究生和过渡课程类硕士研究生。中国学生大多选择前两种，第三种是专科过渡硕士研究生。

第三节
澳大利亚名校精准定位与录取偏好

2025年，澳大利亚一共有9所大学进入到QS世界大学排名前100（见表5-1），是历史上数量最多的一次。

表5-1　QS世界排名前100的澳大利亚大学

大学名称	2024年	2025年	优势领域
墨尔本大学	14	13	商科、医学、法学、计算机科学
悉尼大学	19	18	医学、工程、传媒、教育学
新南威尔士大学	19	19	工程（尤其是光伏技术）、金融、人工智能
澳大利亚国立大学	34	30	国际关系、环境科学、天文学
蒙纳士大学	42	37	药学、化学工程、材料科学
昆士兰大学	43	40	农业科学、生物技术、矿业工程
西澳大学	72	77	矿业工程、海洋科学、农业生态
阿德莱德大学	89	82	葡萄酒科学、健康医学、人工智能
悉尼科技大学	90	88	计算机、数字创意、商科

资料来源：根据QS官网公开信息整理。

一、墨尔本大学

根据墨尔本大学官网数据，墨尔本大学本科在读的中国学生为6 000～7 000人（在国际本科生中的占比约为40%）。

1. 本科入学要求

墨尔本大学本科生入学的具体要求如表5-2所示。

表5-2 墨尔本大学本科生入学的具体要求

类别	要求说明	备注
标准课程	学制：10个月；学术要求：高二均分80%+；语言要求：雅思6.0（单项≥5.5）	通过墨尔本大学预科（如Trinity College，即墨尔本大学三一学院）授课；升学需达到预科最终成绩要求（如GPA 7.0+）
快速课程	学制：8个月；学术要求：高三均分80%+；语言要求：雅思6.0（单项≥6.0）	适合学术基础扎实的学生，课程紧凑，需较强的适应能力
延伸课程	学制：15个月；学术要求：高二均分75%+；语言要求：雅思5.5（单项≥5.0）	含6周学术英语强化课程，适合需提升语言或学术基础一般的学生
IB文凭	总分要求：34~38分；HL科目：至少2门科目在6分以上	热门专业（如商科、医学）建议总分37+；需完成TOK及EE
A-Level	成绩要求：AAB-AAA（如商科需AAA，工程需AAB）	需至少3门完整A-Level科目；进阶数学（Further Maths）可增强竞争力
本科直录	英语授课：雅思6.5（单项≥6.0）或托福79（写作≥21）	接受PTE Academic 58+（单项≥50）；语言成绩有效期为2年
预科课程	按具体课程类型要求（见预科部分）	完成预科后升本科时，部分专业有额外的语言测试（如医学）

资料来源：根据墨尔本大学官网公开信息整理。

墨尔本大学的录取偏好与建议：

（1）学校更喜欢背景差异化的学生：通过竞赛、科研或实习提升竞争力，尤其是商科、医学等热门专业。

（2）尽早规划：提前1~2年准备高考/A-Level/IB及语言考试。

（3）灵活选专业：利用澳大利亚本科的"通识教育"模式，逐步聚焦学术兴趣。

2. 研究生入学要求

墨尔本大学研究生入学的具体要求如表5-3所示。

表5-3 墨尔本大学研究生入学的具体要求

类别	具体要求
学历要求	中国教育部认可的本科学位（需通过清华认证CDGDC），部分专业要求荣誉学位

（续表）

类别	具体要求
均分要求	985/211院校：均分建议80~85/100（商科、计算机等热门专业需85+）；双非院校：均分建议85~90/100（部分专业如法学、医学可能要求更高）
专业匹配	部分专业（如工程、心理学）要求本科背景相关，跨专业需提供相关课程或经验证明
雅思	总分6.5（单项≥6.0）	法学、教育、医学：总分7.0（单项≥7.0）
托福	总分79（写作≥21，口语≥18，其他≥13）	法学、医学：总分94（写作≥27，口语≥23）
PTE	总分58~64（单项≥50）	高分专业需65+

资料来源：根据墨尔本大学官网数据整理。

二、悉尼大学

悉尼大学官网显示，截至2024年12月，该校本科在读的中国学生近两万人（在国际本科生中的占比约为45%）。悉尼大学是澳大利亚中国学生人数最多的大学之一，2024年录取的中国学生人数为2 200人（含预科项目学生）。

1. 本科入学要求

悉尼大学本科录取的具体要求如表5-4所示。

表5-4 悉尼大学本科录取的具体要求

类别	要求说明	备注
高考成绩	需达到一本线以上（若高考满分为750分，则多数专业需600分+，商科和工程需650分+）	需通过学信网认证；部分省市（如北京、上海）一本线分数要求可能浮动5%~10%
A-Level	成绩要求：AAB~AAA，商科需AAA，工程需AAB	需至少3门完整A-Level科目；建议数学、物理科目成绩为A*（工程类专业）
IB文凭	总分33~37分；HL科目需6分以上	HL科目需与申请专业相关（如工程类需HL物理）；TOK+ EE ≥ 3分
英语能力	雅思总分6.5（单项≥6.0）；托福85（写作≥19）	接受PTE Academic 58+（单项≥50）；语言成绩有效期为2年（以申请截止日期为准）

资料来源：根据悉尼大学官网公开信息整理。

悉尼大学的录取偏好与建议：

（1）尽早规划：提前 1~2 年准备高考 /A-Level/IB 及语言考试。

（2）学校更喜欢有深度科研实力和勇于挑战的学生：通过竞赛、科研或实习提升竞争力，尤其是法学、医学等热门专业。

2. 研究生入学要求

悉尼大学研究生入学的具体要求如表 5-5 所示。

表 5-5　悉尼大学研究生入学的具体要求

类别	具体要求	备注
学历背景	相关领域的学士学位（需通过本国的学位认证）	双非学生需均分 ≥ 80%（商科、计算机等热门专业要求 ≥ 85%）
GPA 要求	985/211 院校：均分 ≥ 70%；双非院校：均分 ≥ 75%~85%（视专业而定）	例如，商科硕士（Master of Commerce）要求双非学生均分 ≥ 87%
专业匹配度	严格审核本科课程相关性（如申请金融硕士需具有量化背景）	跨专业需具备相关的实习经验或提供相应证书（如信息技术转数据分析需具备 Python 项目经验）
英语授课	雅思总分 7.0（单项 ≥ 6.0）或托福总分 96（写作 ≥ 23）	法学、医学等专业要求更高（如法律博士需雅思 7.5，单项 ≥ 7.0）
豁免条件	英语国家本科毕业或全英文授课学位	需提供学校官方授课语言证明

资料来源：根据悉尼大学官网公开信息整理。

三、新南威尔士

新南威尔士大学在中国留学生中具有较高的吸引力，但近年其国际学生配额有所限制，呈下降趋势。2023 年，新南威尔士大学本科录取中国大陆学生约 1 800 人（在国际本科生中的占比约为 35%），2024 年为 1 600 人（含预科项目学生）。

1. 本科入学要求

新南威尔士大学本科生录取的具体要求如表 5-6 所示。

表 5-6 新南威尔士大学本科生录取的具体要求

类别	要求说明	备注
高考总分要求	一本线以上：若高考满分为 750 分，则商科要求 525~660 分（70%~88%），工程、计算机科学要求 600~660 分（80%~88%），文科要求 525~600 分（70%~80%）	需提供省级考试院认证的高考成绩单；部分省市（如江苏、海南）需按当地总分比例折算
专业额外要求	工程、理科：高考数学、物理或化学单科 80%+；设计类：提交作品集（建筑设计、工业设计等）	作品集需包含 3~5 个原创项目；数学成绩需达到 85%+（工程类专业）
标准预科（Standard）	学制：9 个月；学术要求：高二均分 80%+；语言要求：雅思 5.5（单项≥5.0）	升学率约 85%；需完成预科 GPA 7.0+（满分 10 分）
强化预科（Transition）	学制：4 个月；学术要求：高三均分 80%+；语言要求：雅思 6.0（单项≥5.5）	仅限部分专业开放（如商科、理科）；课程强度高，适合学术基础扎实的学生
延伸预科（Extended）	学制：15 个月；学术要求：高二均分 75%+；语言要求：雅思 5.0（单项≥4.5）	含 8 周学术英语强化课程；适合需提升语言或适应海外教学模式的学生
A-Level	成绩要求：ABB~AAA。例如，商科、工程：AAA，其他专业：ABB	需至少 3 门完整的 A-Level 科目；进阶数学可替代一门理科科目
IB 文凭	总分要求：32~38 分；HL 科目：与专业相关科目 5~6 分以上	工程类需 HL 物理、HL 数学；商科类需 HL 经济学、HL 数学
本科直录/国际课程	雅思总分 6.5（单项≥6.0）；托福 90（写作≥23）	接受 PTE Academic 64+（单项≥54）；语言成绩有效期为 2 年（以入学日期为准）
预科课程	按预科类型要求（见预科部分）	预科期间需达到语言升级目标（如升本科前雅思 6.5）

资料来源：根据新南威尔士大学官方公开信息整理。

新南威尔士大学的录取偏好与建议：

（1）尽早规划：建议高二结束前开始准备高考或预科申请。

（2）学校看重学生的理科能力与潜力：工程、计算机专业重视数学成绩，可提前学习 AP 或竞赛课程。

2. 研究生入学要求

新南威尔士大学研究生入学的具体要求如表 5-7 所示。

表 5-7　新南威尔士大学研究生入学的具体要求

类别	具体要求	备注
学历背景	中国教育部认可的本科学位（或大四在读证明）	需通过 CDGDC 认证（学信网）
均分标准	211/985 院校：70%~75%；双非院校：75%~85%	商科、计算机等热门专业要求更高（如双非申请商科需≥85%）
专业匹配度	相关学科背景（如工程需工科学位）	跨专业需补充课程或具有工作经验（如文科转商科需提供商业分析证书）
附加材料	研究型硕士：研究计划；商科：GMAT≥650/GRE≥320+2年工作经验；设计、建筑：作品集	法学需 LSAT 成绩（部分 LLM 豁免）
雅思	总分6.5（单项≥6.0）	总分7.0（单项≥6.5）
托福	总分90（写作≥23，其他≥22）	总分94（写作≥25，其他≥23）
PTE Academic	总分64（单项≥54）	总分65（单项≥58）
豁免条件：	在英语国家完成本科或硕士学业的学生可申请豁免语言成绩	—

资料来源：根据新南威尔士大学官网数据整理。

四、澳大利亚国立大学

澳大利亚国立大学官网显示，该校国际生2023年是3 972人，但到2025年下滑了14.4%，现有3 400个在读国际生。

1. 本科入学要求

澳大利亚国立大学本科生录取的具体要求如表5-8所示。

表 5-8　澳大利亚国立大学本科生录取的具体要求

类别	要求说明	备注
高考成绩	需达到一本线以上（若高考满分为750分，则多数专业需600分+，精算、计算机等热门专业需650分+）	需通过省级教育考试院认证，部分省市（如上海、浙江）需按当地总分比例折算
A-Level	精算学：AAA；国际关系：AAA；其他专业：ABB~AAA	需至少3门完整的A-Level科目；数学、高等数学成绩为A*可增加竞争力（精算学）

（续表）

类别	要求说明	备注
IB 文凭	总分 34~38 分，HL 科目需 6~7 分	HL 科目需与申请专业相关（如计算机科学需 HL 数学和 HL 物理）；TOK+EE 综合评级≥B
雅思	总分 6.5（单项≥6.0）	法学、心理学：总分 7.0（单项≥6.5）；接受 Indicator 考试成绩（需线下监考）
托福	总分 80（写作≥20，其他单项≥18）	医学本科：总分 100（写作≥27）；接受家庭版成绩（需通过 ETS 认证）
PTE Academic	总分 64（单项≥55）	接受家考成绩（需通过 ProctorU 监考）；成绩有效期为 2 年
语言豁免条件	英语国家高中全英文授课满 2 年	需提供学校官方证明信（注明授课语言及学时）；部分院校需面试确认语言能力

资料来源：根据澳大利亚国立大学官网公开信息整理。

澳大利亚国立大学的录取偏好与建议：

（1）体现学术深度：确保核心科目（数学、英语）成绩顶尖，尤其是精算、计算机等专业。

（2）展现学术潜力：通过论文、竞赛或实地调研凸显研究能力。

2. 研究生入学要求

澳大利亚国立大学研究生入学的具体要求如表 5-9 所示。

表 5-9 澳大利亚国立大学研究生入学的具体要求

类别	具体要求	备注
学位要求	中国教育部认可的本科学位（或大四在读证明）	部分专业需相关学科背景（如商科需数学、统计等量化课程基础）
均分要求	985/211 院校：均分≥75%；双非院校：均分≥80%~85%	985/211 院校：商科、计算机等热门专业需≥80%；双非院校：商科、法学等竞争激烈专业需≥85%
研究型硕士	提交研究计划	需提前联系导师并确认研究方向匹配度
商科硕士	建议提供 GMAT（650+）或 GRE（320+）	金融、MBA 等专业强制要求，其他商科项目优先考虑
设计和艺术类	提交作品集或创意项目展示	需体现原创性、技术能力与专业相关性（如建筑需提供 CAD 图纸，即计算机辅助设计图纸；平面设计需提供完整的项目流程）

（续表）

类别	具体要求	备注
雅思	总分6.5（单项≥6.0）	法学、心理学：总分7.0（单项≥6.5）
托福	总分80（写作≥20，其他≥18）	医学：总分100（写作≥25）
PTE Academic	总分64（单项≥55）	教育类课程：总分70（单项≥65）
豁免条件	英语国家本科毕业或全英文授课学位证明	需学校官方出具授课语言证明

资料来源：根据澳大利亚国立大学官网公开信息整理。

五、蒙纳士大学

蒙纳士大学官网显示，本科在读的中国学生约有8 000人（在国际本科生中的占比约为35%）。

1. 本科入学要求

蒙纳士大学本科生录取的具体要求如表5-10所示。

表5-10 蒙纳士大学本科生录取的具体要求

类别	要求说明	备注
高考成绩	需达到一本线以上（若高考满分为750分，则多数专业需600分+，商科、工程需650分+）	需提供省级教育考试院认证的成绩单，部分省市（如北京、江苏）一本线浮动5%~10%
A-Level	商科：AAA；工程：AAB；其他专业：ABB~AAA	需至少3门完整的A-Level科目；建议数学、物理科目成绩为A*（工程类专业）
IB文凭	总分30~34分，HL科目需5~6分	HL科目需与专业相关（如工程类需HL物理）；TOK+ EE ≥ 2分
雅思	总分6.5（单项≥6.0）	法学、医学等专业可能要求更高（如总分7.0）；接受UKVI雅思成绩
托福	总分79（写作≥21，其他单项≥18）	接受家庭版托福成绩（需通过ETS认证）；成绩有效期为2年（以申请截止日期为准）

资料来源：根据蒙纳士大学官网公开信息整理。

蒙纳士大学的录取偏好与建议：

（1）尽早规划：提前1~2年准备高考/A-Level/IB及语言考试。

（2）阶段性参加学术竞赛，提升竞争力，尤其是药学、材料科学等热门专业。

（3）了解相关专业的发展：利用蒙纳士丰富的双学位和跨学科课程拓宽职业路径。

2. 研究生入学要求

蒙纳士大学研究生入学的具体要求如表 5-11 所示。

表 5-11　蒙纳士大学研究生入学的具体要求

类别	具体要求	备注
学历背景	中国教育部认可的本科学位	需学信网认证
均分要求	211/985 院校：均分 70%~75%；双非院校：均分 75%~85%	例如，商科硕士（如金融）要求双非院校均分 ≥ 80%
专业匹配度	严格审核本科课程相关性（如申请计算机科学需编程基础）	跨专业需提供相关证书或实习证明（如文科转商业分析需具备 Python 技能）
附加材料	商科：GMAT ≥ 600（非强制但加分）；研究型硕士：需研究计划 + 导师预审	设计、建筑类需提交作品集
雅思	总分 6.5（单项 ≥ 6.0）	法学、医学：总分 7.0（单项 ≥ 6.5）
托福	总分 79（写作 ≥ 21，口语 ≥ 18，阅读 ≥ 13，听力 ≥ 12）	教育学：总分 102（写作 ≥ 27）
PTE Academic	总分 58（单项 ≥ 50）	护理学：总分 65（单项 ≥ 65）
豁免条件	英语国家本科毕业或全英文授课学位	需学校官方证明 + 课程大纲

资料来源：根据蒙纳士大学官网公开信息整理。

六、昆士兰大学

昆士兰大学官网显示，该校本科在读的中国学生为 5 000~6 000 人（国际本科生中占比约 35%），主要集中在商科、工程及环境科学领域。由于澳大利亚政府的政策，从 2024 年起该校每年的留学人数呈下降趋势。

1. 本科入学要求

昆士兰大学本科生录取的具体要求如表 5-12 所示。

表 5-12　昆士兰大学本科生录取的具体要求

类别	要求说明	备注
高考成绩	需达到一本线以上（若高考满分为 750 分，则多数专业需 580 分+，商科、工程需 600 分+）	需通过省级教育考试院认证，部分省市（如江苏、海南）需按总分比例折算
A-Level	商科：AAB；工程：ABB；医学：AAA；其他专业：ABB~AAA	需至少 3 门完整的 A-Level 科目；医学专业建议生物、化学成绩为 A*
IB 文凭	总分 30~36 分，HL 科目需 5~6 分	HL 科目需与专业相关（如医学需 HL 生物或 HL 化学）；TOK+ EE ≥ 2 分
雅思	总分 6.5（单项≥ 6.0）	接受 UKVI 雅思成绩；成绩有效期为 2 年（以申请截止日期为准）
托福	总分 87（写作≥ 21，其他单项≥ 19）	部分专业（如医学）可能要求更高分数

资料来源：根据昆士兰大学官网公开信息整理。

昆士兰大学的录取偏好与建议：

（1）尽早规划：提前 1~2 年准备高考/A-Level/IB 及语言考试。

（2）通过竞赛、科研或行业实习提升竞争力，尤其是商科、工程等热门领域。

（3）学校喜欢与当地资源结合，昆士兰在矿业、旅游、环境科学领域的资源可转化为职业发展机会。

2. 研究生入学要求

昆士兰大学研究生入学的具体要求如表 5-13 所示。

表 5-13　昆士兰大学研究生入学的具体要求

类别	具体要求	备注
学历背景	中国教育部认可的本科学位（或大四在读证明）	需通过学信网认证
均分要求	985/211 院校：70%~75%；双非院校：75%~85%	商科、计算机等热门专业要求更高（如双非申请商科需≥ 85%）
专业匹配度	严格审核本科课程相关性（如工程需工科学位，金融需量化背景）	跨专业需补充相关课程或具有工作经验（如文科转信息技术需编程证书或项目经验）
附加材料	研究型硕士：研究计划（需导师预审）；商科：建议 GMAT ≥ 600 或 GRE ≥ 300；设计、建筑：作品集	医学类需通过专业评估（如临床医学需执业资格）

（续表）

类别	具体要求	备注
雅思	总分 6.5（单项≥6.0）	法学、医学：总分 7.0（单项≥7.0）
托福	总分 87（写作≥21，其他≥19）	护理硕士：总分 100（写作≥25）
PTE Academic	总分 64（单项≥60）	教育类课程：总分 65（单项≥65）
豁免条件	英语国家本科毕业或全英文授课学位（需官方证明）	部分专业不接受豁免（如法学、医学）

资料来源：根据昆士兰大学官网公开信息整理。

七、西澳大学

西澳大学官方数据显示，西澳大学的国际学生总数约 8 000 人，其中中国学生占比约 25%～30%（2 000～2 400 人）。

1. 本科入学要求

西澳大学本科生录取的具体要求如表 5-14 所示。

表 5-14　西澳大学本科生录取的具体要求

类别	要求说明	备注
高考成绩	需达到一本线以上（若高考满分为 750 分，则多数专业需 580 分+，工程、商科需 600 分+）	申请专业需与高中选科紧密相关（如理科需数学、物理成绩突出）；需提供省级教育考试院认证的成绩单
A-Level	工程：AAB；商科：BBB；医学：AAA；其他专业：BBB～ABB	需至少 3 门完整的 A-Level 科目；数学、物理成绩建议为 A（工程类）
IB 文凭	总分 28～34 分，HL 科目需 5 分以上	HL 科目需与申请专业相关（如工程需 HL 物理）；TOK+ EE ≥ 2 分
雅思	总分 6.5（单项≥6.0）	接受 UKVI 雅思成绩；成绩有效期为 2 年（以申请截止日期为准）
托福	总分 82（写作≥22，其他单项≥18）	医学类专业可能要求更高

资料来源：根据西澳大学官网公开信息整理。

西澳大学的录取偏好与建议：

（1）学术扎实：最关键的就是确保核心科目（数学、理科）成绩达标，尤其是工程、商科等热门专业。

（2）地域优势转化：利用西澳在矿业、海洋科学领域的资源，通过实习或科研项目提升竞争力。

（3）精准定位：将所申请专业与未来职业发展考虑相结合。

2. 研究生入学要求

西澳大学研究生入学的具体要求如表5-15所示。

表 5-15　西澳大学研究生入学的具体要求

类别	具体要求	备注
学历背景	中国教育部认可的本科学位（需学信网认证）	部分专业要求本科相关学科背景（如工程需工科学位）
均分要求	985/211院校：均分≥70%；双非院校：均分≥75%~80%	商科、法学等热门专业要求更高（如双非申请商科需≥80%）
附加材料	研究型硕士：研究计划+导师预确认；商科：建议GMAT≥600或相关工作经验；设计、艺术类：作品集	工程类硕士需提交项目报告或实习证明
雅思	总分6.5（单项≥6.0）	法学、医学：总分7.0（单项≥6.5）
托福	总分82（写作≥22，阅读≥18，听力、口语≥20）	教育学：总分94（写作≥27）
PTE Academic	总分64（单项≥59）	护理学：总分70（单项≥70）
豁免条件	英语国家本科毕业或2年以上全英文工作证明	需提供官方语言证明

资料来源：根据西澳大学官网公开信息整理。

八、阿德莱德大学

阿德莱德大学官网显示，2023年该校本科在读的中国学生有2 500~3 000人（在国际本科生中的占比约为25%），主要集中在工程、医学及农业领域。受澳大利亚政策影响，2024年阿德莱德大学的国际生人数略有下降。

1. 本科入学要求

阿德莱德大学本科生录取的具体要求如表5-16所示。

表 5-16 阿德莱德大学本科生录取的具体要求

类别	要求说明	备注
高考成绩	需达到一本线 70%~80%，即若高考满分为 750 分，则多数专业需 525~600 分，工程、医学需 600 分+	需通过省级教育考试院认证；申请专业需与高中科目相关（如医学需生物、化学成绩突出）
A-Level	工程：AAB；医学：AAA；其他专业：BBB~ABB	需至少 3 门完整的 A-Level 科目；工程类建议数学成绩 A（HL 数学可加分）
IB 文凭	总分 24~32 分，HL 科目需 4~6 分	HL 科目需与专业相关（如医学需 HL 生物、HL 化学）；TOK+ EE ≥ 1 分
雅思	总分 6.5（单项≥ 6.0）	接受 UKVI 雅思成绩；成绩有效期为 2 年（以申请截止日期为准）
托福	总分 79（写作≥ 21，其他单项≥ 18）	医学类专业可能要求更高

资料来源：根据阿德莱德大学官网公开信息整理。

阿德莱德大学的录取偏好与建议：

（1）确保成绩符合目标专业要求，核心科目（数学、科学）表现突出。

（2）通过特色活动来提升竞争力，比如阿德莱德的葡萄酒与酿酒专业全球顶尖，就可以多参与葡萄酒研究类活动。

2. 研究生入学要求

阿德莱德研究生入学的具体要求如表 5-17 所示。

表 5-17 阿德莱德研究生入学的具体要求

类别	具体要求	备注
学历背景	中国教育部认可的本科学位（需学信网认证）	部分专业要求本科相关学科背景（如工程需工科学位，计算机需编程基础）
均分要求	985/211 院校：均分 ≥ 70%~75%；双非院校：均分 ≥ 75%~80%	商科、计算机等热门专业要求更高（如双非申请商科需 ≥ 80%）
专业匹配度	严格审核本科课程相关性（如金融硕士需量化课程基础）	跨专业需补充相关课程或具有相关的实践经历（如文科转数据科学需 Python 或统计课程证明）
附加材料	研究型硕士：需研究计划+导师预审；商科：建议 GMAT ≥ 600（非强制但加分）；设计和艺术类：作品集	医学类需通过专业评估（如临床心理学需面试）
雅思	总分 6.5（单项≥ 6.0）	法学、教育学：总分 7.0（单项≥ 7.0）

(续表)

类别	具体要求	备注
托福	总分 79（写作≥21，口语≥18，其他≥13）	护理硕士：总分 94（写作≥27）
PTE Academic	总分 58（单项≥50）	医学类：总分 65（单项≥65）
豁免条件	英语国家本科毕业或全英文授课学位（需学校官方证明）	不接受豁免的专业：法学、医学、教育学

资料来源：根据阿德莱德学校官网数据整理。

九、悉尼科技大学

悉尼科技大学官网显示，该校国际学生总数约 18 000 人（占全校学生的 40%），其中中国学生占比约 35%，约 6 300 人。

1. 本科入学要求

悉尼科技大学本科生录取的具体要求如表 5-18 所示。

表 5-18　悉尼科技大学本科生录取的具体要求

类别	要求说明	备注
高考成绩	需达到各省二本线以上（若高考满分为 750 分，则多数专业需 500 分+，计算机科学等热门专业需 550 分+）	需省级教育考试院认证，部分省市（如江苏、海南）需按当地总分比例折算
A-Level	计算机科学、工程：ABB；商科：BBB；其他专业：BBB~ABB	需至少 3 门完整的 A-Level 科目；建议数学、物理成绩为 A（计算机、工程类专业）
IB 文凭	总分 24~30 分，HL 科目需 4~5 分	HL 科目需与申请专业相关（如计算机科学需 HL 数学）；TOK+ EE≥1 分
雅思	总分 6.5（单项≥6.0）	接受 UKVI 雅思成绩；成绩有效期为 2 年（以申请截止日期为准）
托福	总分 79（写作≥21，其他单项≥18）	部分热门专业可能要求更高分数（如工程类）

资料来源：根据悉尼科技大学官网公开信息整理。

悉尼科技大学的录取偏好与建议：

（1）学校偏好理工科能力突出的学生，可通过项目、竞赛或实习证明技术应用能力（尤其是信息技术、设计类专业）。

（2）建议进行灵活选课：利用悉尼科技大学与行业的紧密联系（如实习嵌入课程）提升就业竞争力。

2. 研究生入学要求

悉尼科技大学研究生入学的具体要求如表5-19所示。

表5-19 悉尼科技大学研究生入学的具体要求

类别	具体要求	备注
学历背景	中国教育部认可的本科学位（需学信网认证）	双非院校申请热门专业（如商科、信息技术）需更高均分
均分要求	985/211院校：均分≥70%~75%；双非院校：均分≥75%~85%	例如，商科硕士（如金融）要求双非均分≥80%
专业匹配度	严格审核本科课程相关性（如计算机硕士需编程背景）	跨专业需补充相关课程或具有相应的实习经历（如文科转数据分析需具备Python和SQL技能）
附加材料	商科：建议GMAT≥600或具有2年相关工作经验；研究型硕士：研究计划+导师预审	艺术和设计类需提交作品集（PDF或在线链接）
雅思	总分6.5（单项≥6.0）	法学硕士：总分7.0（写作≥7.0）；教育学：总分7.0（单项≥6.5）
托福	总分79~93（写作≥21）	护理硕士：总分94（写作≥27）
PTE Academic	总分58~65（单项≥50）	接受家考成绩（需通过ProctorU监考）
豁免条件	英语国家本科毕业或2年以上全英文工作经验	需提供官方语言证明

资料来源：根据悉尼科技大学官网数据整理。

第四节
学科优势地图与职业转化路径

澳大利亚留学的核心逻辑是"学科优势+政策红利"双轮驱动。选择昆士兰大学的海洋科学，可能比跟风悉尼商科能更快地实现职业转化；攻读西澳大学的采矿工程，起薪甚至超过硅谷计算机编程人员。建议学生结合自身的职业规划与各州的政策，定制自主发展路径。

一、澳大利亚学科优势地图：从金融科技到矿产财富密码

澳大利亚高等教育以"产学研深度结合"著称，不同的州依托本地的产业资源，形成独特的学科优势。以下为分地区的核心学科及对应职业路径解析。

（一）新南威尔士州以及堪培拉地区——商科金融与科技的黄金三角

  1. 院校分布

（1）悉尼大学：金融学与沃顿商学院合作双学位。

（2）新南威尔士大学：硅谷科技公司 Target School。

（3）澳大利亚国立大学：联合国实习直通车。

  2. 产业资源

（1）悉尼：亚太金融中心（麦肯锡、高盛澳大利亚总部）。

（2）堪培拉：政府与智库聚集地（澳大利亚国立大学与国防部合作网络安全项目）。

  3. 职业转化路径

（1）商科：四大会计师事务所（普华永道、安永）管培生 → CPA（注册会计师）/CFA（特许金融分析师）认证 → 投行 VP（副总裁）。

（2）计算机：Atlassian（悉尼）实习 → 技术岗（年薪10万澳元起）→ 技术移民（MLTSSL 职业清单）。

  4. 政策支持

移民加分：悉尼、堪培拉属"非偏远地区"，但信息技术、工程为移民紧缺职业，可走189独立技术移民。

（二）维多利亚州（墨尔本）——医学与艺术的全球标杆

  1. 院校分布

（1）墨尔本大学：皇家墨尔本医院临床实习。

（2）蒙纳士大学：与 Moderna（莫德纳）合作疫苗研发。

  2. 产业资源

（1）生物医药：CSL（全球血液制品巨头）研发中心。

（2）艺术设计：NGV（维多利亚州国立美术馆，全球 Top 20 艺术机构）策展合作项目。

3. 职业转化路径

（1）医学：医院实习（PGY1）→ 执业医师考试（AMC）→ 公立医院全职（年薪 15 万澳元＋）。

（2）艺术：艺术管理硕士 → NGV 策展助理 → 独立策展人（可申请 GTI 移民，即全球人才独立计划移民）。

4. 政策支持

州担保：护理、社工属维多利亚州优先职业，190 签证州担保加分。

（三）昆士兰州（布里斯班）——环境科学与旅游经济的天然实验室

1. 院校分布

（1）昆士兰大学：大堡礁生态研究基地。

（2）格里菲斯大学：与洲际酒店集团合作管培计划。

2. 产业资源

（1）矿业：必和必拓昆士兰州铁矿实验室。

（2）旅游：黄金海岸主题公园（华纳兄弟、梦幻世界）运营管理项目。

3. 职业转化路径

（1）环境科学：政府环保署顾问 → 碳排放审计师（CA 认证）→ 企业可持续发展总监。

（2）酒店管理：奢华度假村前台 → 部门经理（年薪 7 万澳元）→ 连锁品牌区域总监。

4. 政策支持

偏远地区加分：布里斯班以外地区（如凯恩斯）留学可申请 491 签证，移民加 15 分。

（四）西澳大利亚州（珀斯）——矿业与能源的财富密码

1. 院校分布

（1）西澳大学：必和必拓定向培养。

（2）科廷大学：与伍德赛德能源联合搭建实验室。

2. 产业资源

（1）能源转型：澳洲氢能研究中心（珀斯）。

（2）农业科技：CSIRO（联邦科工组织）旱作农业项目。

3. 职业转化路径

（1）矿业工程：矿区现场工程师（起薪 12 万澳元/年）→ 项目管理（PMP 认

证)→跨国能源公司高管。

（2）农业科学：农场技术顾问 → 农产品出口贸易经理（中澳自贸协定红利）。

4. 政策支持

州担保优先：采矿工程师、石油工程师是澳大利亚紧缺职业，190 签证配额充足。

二、跨学科优势与新兴职业的融合优势

澳大利亚高校近年推动"跨界融合"，催生了很多交叉领域和新兴职业方向，如表 5-20 所示。

表 5-20　澳大利亚交叉学科及代表院校对照表

交叉领域	代表院校	职业方向	年薪中位数（澳元）
数据科学+公共政策	澳大利亚国立大学+新南威尔士大学	政府数据分析师	9.5 万
人工智能+医疗影像	墨尔本大学+蒙纳士大学	医疗人工智能算法工程师	11 万
可持续能源+金融	昆士兰大学+悉尼科技大学	绿色金融顾问	8.5 万

资料来源：根据澳大利亚内政部 2024 年移民计划与各大学官网公开信息整理。

三、职业转化路径及相关政策

澳大利亚为留学生提供清晰的"学签→工签→永居"路径，核心政策如下。

（一）学习阶段：课程与实习绑定

（1）课程选择：优先选 MLTSSL 移民职业相关专业（如护理、信息技术、工程）。

（2）实习机会：新南威尔士大学工程 Co-op（带薪实习年薪达 3 万澳元以上）。

（二）工作阶段：签证与职业认证

（1）毕业生工签（485 签证）：本科 2 年、硕士 3 年、博士 4 年。

（2）职业评估：工程师需 EA 认证，会计需 CPA/CA 认证。

（三）永居阶段：技术移民与州担保

（1）189 独立技术移民：凑满 65 分（年龄 30 分+学历 15 分+雅思 20 分）。

（2）州担保（190/491 签证）：南澳大利亚州、塔斯马尼亚州对本地毕业生政策宽松（如留学 2 年直接获州担保）。

澳大利亚留学生毕业薪资 Top 5 专业如表 5-21 所示。

表 5-21　澳大利亚留学生毕业薪资 Top 5 专业

排名	专业名称	毕业年薪（澳元）
1	采矿工程	125 000
2	医学	118 000
3	计算机科学	92 000
4	石油工程	90 000
5	法律	85 000

资料来源：澳大利亚教育部 QILT（学习与教学质量指数）毕业生调查（2024 年），薪资为全职工作中位数。

本章结语

澳大利亚教育体系本质上是其资源型经济与社会多元化的产物：它不追求培养诺贝尔奖得主，但能系统性解决"护士荒""工程师断层"等现实问题；它弱化学术精英叙事，却为普通家庭提供了阶层跃迁的确定性。这种务实基因，使其成为全球教育平权的最佳试验场，在这里，教育不是奢侈品，而是一份可量化的"人生期权"。

第六章　求学亚洲：

中西融汇充满活力的高热度增长地区

亚洲正成为全球高等教育的新兴力量，新加坡、中国香港和日本以其独特的学术体系、文化兼容性与产业资源，为学生提供高性价比的国际化路径。

新加坡以双语精英教育为核心，政府通过"人才准证"等政策衔接留学与就业。中国香港依托自由经济体优势和中央政府粤港澳大湾区建设的政策倾斜，高校科研经费占 GDP 的 0.8%，金融、法律学科直接对接粤港澳大湾区职业认证体系，非本地毕业生可获 1 年无条件工作签证。日本则凭借低廉的国立大学学费、高就业率（制造业占比超 40%），以及独特的"研究型硕士－企业内定"衔接模式，成为理工科学子的务实之选。

三地共性在于：学费仅为欧美学费的 1/3 ~ 1/2，QS 百强院校密集，且签证政策向高层次人才倾斜。学生既能获取国际认可的学术资质，又可融入区域经济升级。

第一节
融合与高效协同的新加坡教育

新加坡教育以"政府主导、产业驱动、全球衔接"为内核，为国际生提供高性价比的学术跳板与职业跳板。其核心优势在于将教育投资转化为科技创新与区域领导力的可能性。

一、新加坡教育结构与教育体系
（一）基础教育

新加坡的教育体系采用"分流"的方式来分配学生，这在其他发达国家中是比较罕见的。从某种意义上说，这是一种比较残酷的教育体系。新加坡小学是 6 年制，学生在毕业后都会参加小学会考。根据小学会考成绩，所有学生进入三类学校学习。新加坡的分流制度看起来很残酷，因为它过早地对学生的人生道路进行了分级。 总之，新加坡基础教育以"分流制"为核心，通过阶段性考核实现因材施教。

1. 小学阶段

（1）小一至小四（基础阶段）：全科学习，强调英语与母语（华语/马来语/泰米尔语）双语能力。

（2）小五至小六（定向阶段）：根据 PSLE（小学离校考试）成绩分流至快捷班（Express）、普通学术班【N(A)】或普通工艺班【N(T)】，决定中学升学路径。

2. 中学阶段

（1）快捷班（4年）：直通 GCE O-Level（普通教育证书高级水准）考试，目标是进入初级学院（JC）或理工学院（Poly）。

（2）普通班（5年）：通过 GCE N-Level（普通教育证书基础水准）考试后，可升读理工学院或技术教育学院（ITE）。

新加坡的双语政策成效显著，在2023年 PISA（国际学生评估项目，经济合作与发展组织针对15岁的国际学生的评估项目）测评中，新加坡学生的阅读能力全球第2，数学与科学均居首位，英语普及率达96%。

（二）高等教育：三轨制与全球竞争力

与中国和日本一样，新加坡最优秀的高校教育体系是公立大学体系。新加坡有6所公立大学，分别为新加坡国立大学（NUS）、南洋理工大学（NTU）、新加坡管理大学（SMU）、新加坡科技设计大学（SUTD）、新加坡理工大学（SIT）和新跃社科大学。除了南洋理工大学，新加坡还有4所政府级理工院校，分别是新加坡理工学院（SP）、义安理工学院、共和理工学院、淡马锡理工学院（TP）。

新加坡的理工院校和人们通常认为的"大专"不同，新加坡理工院校的文凭在全球范围内都广受认可。理工院校的申请成功率和就业率也较高。在这几所政府级理工院校中，南洋理工大学是新加坡最难申请的大学。新加坡的私立大学相对于公立大学来说，门槛较低。私立大学制度灵活，大部分院校都受中国教育部的认可。

新加坡高等教育分为三大类，形成"学术–应用–技能"互补生态。

新加坡的公立大学分为3类。

（1）研究型大学：新加坡国立大学、南洋理工大学、新加坡管理大学，提供本科至博士课程。新加坡国立大学和南洋理工大学在 QS 世界大学排名中均稳居全球前50。

（2）理工类大学：新加坡科技设计大学、新加坡理工大学，聚焦人工智能、生物医药等新兴产业，课程含6~12个月强制实习。

（3）理工学院（5所）：提供三年制文凭课程（Diploma），就业率超90%，毕业生可衔接大二（如新加坡国立大学工学院）；代表院校是新加坡理工学院、淡马锡理工学院。

除了公立大学外，新加坡还有私立院校与海外分校，以及与英美澳高校合办课程（如PSB学院联培澳大利亚纽卡斯尔大学学位）。受教育部EduTrust认证的院校毕业生可申请工作签证。

二、国际生申请路径与策略

（一）本科申请

1. 学术要求

（1）公立大学：A-Level成绩AAA/AAB（3门H2科目），IB 38~42分，或SAT 1 500+（数学≥780）。

（2）理工学院：超高考成绩一本线80分（数学、理科单科≥85%）。

2. 语言要求

雅思6.5（单项≥6.0）或托福90（网考），部分专业需面试（如医学、法律）。

3. 申请时间

（1）公立大学：每年10月—次年3月（8月入学）。

（2）理工学院：每年1月—4月（4月或10月入学）。

（二）硕士申请

1. 学术门槛

（1）研究型硕士：本科GPA 3.5/4.0以上，需提交研究计划。

（2）授课型硕士：GPA 3.0/4.0，商科需GMAT 650+（如新加坡国立大学MBA平均GMAT 690）。

2. 专业适配

（1）优势学科：金融工程（新加坡国立大学亚洲第1）、计算机科学（新加坡国立大学全球第6）、公共政策（LKY School即新加坡国立大学李光耀公共政策学院亚洲第1）。

（2）跨学科项目：如新加坡国立大学"科技与政策"硕士，需提交编程作品集（Python/R）。

（3）截止日期：分轮次申请（主轮次11月到次年1月，补录轮次至4月）。

（三）博士申请

1. 争取奖学金机制

校长奖学金（President's Graduate Fellowship）：月津贴 5 000 新元 + 学费全免。

2. 申请科研基金（NRF Scholarship）

仅限人工智能、量子计算等国家战略领域。

3. 申请核心

研究计划需与导师课题组方向匹配；发表记录（SCI/SSCI 论文 ≥ 2 篇）为关键竞争力。

第二节
精工与产学融合的日本教育

日本教育体系以"全人教育"为核心，强调学术能力、道德培养与社会实践的平衡，形成了高度结构化且灵活多样的教育生态。

一、日本教育结构的四个阶段

（一）学前教育（1~6岁）

包括保育所（0~3岁）与幼儿园（3~6岁），侧重生活习惯与基础认知培养。

（二）初等教育（6~12岁）

小学六年制，课程涵盖国语、算数、理科、社会及道德教育，五年级起增设英语。

（三）中等教育

（1）初中3年（12~15岁）：实施通识教育，学生需参加高中升学考试。

（2）高中3年（15~18岁）：分为普通科（升学导向）与职业科（如工业、商业、农业），职业科学生可通过"专门学校"衔接高等教育。

（四）高等教育

（1）大学：四年制（医学部6年），授予学士学位。

（2）短期大学：两到三年制，聚焦护理、幼教等应用领域。

（3）专门学校：两到四年制，培养特定职业技能（如动漫、料理），学历等同大专。

（4）大学院：硕士（2年）与博士（3~5年）课程，研究型导向。

二、日本教育体系的特点

（1）双轨制升学路径：学生初中毕业后可选择学术型高中或职业型高中，后者直接对接专门学校与就业市场。

（2）全国统一考试：大学入学采用"中心考试"（现改为大学入学共通考试）与各校自主考试结合的选拔制度。

（3）产学协同：80%的国立大学设有"产官学连携"项目，如东京大学与丰田共建自动驾驶实验室。

三、日本教育的核心优势

（一）学术质量与研究实力

日本拥有 29 位诺贝尔奖得主（自然科学领域 25 人），京都大学、东京大学等 7 所高校常年位列 QS 世界大学排名前 200；材料科学、机器人工程、动漫设计等领域全球领先，东京工业大学"超级全球大学"计划每年投入 30 亿日元支持国际研究。

（二）文化浸润与国际化

留学生可深度体验"匠人精神"与现代科技融合的文化生态；文部科学省"留学生 30 万人计划"推动全英语授课项目，如早稻田大学 SILS（国际教养学部）、东京大学 PEAK。

（三）经济性与就业支持

（1）学费低廉：国立大学年均学费约 54 万日元（约 2.7 万元人民币），私立大学年均学费约 120 万日元（约 6 万元人民币）。

（2）奖学金覆盖：JASSO（日本学生支援机构）、文部科学省奖学金等 50 余种资助项目，30% 留学生获每月 5 万~15 万日元补助。

（3）就业率高：留学生就业率达 76%，制造业（32%）、信息技术（28%）、服务业（18%）为三大主力领域。

（4）政策支持：留学生每周可打工 28 小时，毕业可申请"特定活动签证"延长 1 年求职；2024 年起，年收入 300 万日元以上且日语 N1 持有者，申请永居所需年限从 10 年缩短至 3 年。

四、国际生申请条件与规划建议

（一）高中申请

1. 申请条件

（1）年龄 15~18 岁，完成 9 年义务教育。

（2）日语能力 N3 以上（部分寄宿高中要求 N2）。

（3）通过笔试（数学、英语）与面试（考察家庭支持力与适应能力）。

2. 规划建议

（1）提前 1 年进入日语学校强化语言（如修曼日本语学校）。

（2）优先选择留学生比例超 10% 的高中（如明德义塾中学、晓星国际学园）。

（3）准备初中成绩单与教师推荐信（需日语公证）。

（二）本科申请

1. 申请条件

（1）完成 12 年基础教育。

（2）参加 EJU（日本留学考试），文科需考日语、文综、数学Ⅰ；理科需考日语、理综（物理、化学、生物中任选 2 科）、数学Ⅱ。

（3）日语能力 N2 以上（国立大学普遍要求 N1）。

（4）通过校内考（小论文、专业测试）与面试。

2. 规划建议

（1）高二开始准备日本留学考试，重点突破理科。

（2）申请"渡日前入学许可"，通过海外直申避开语言学校过渡。

（3）利用"超级全球大学"计划以英语成绩申请（托福 85+ 或雅思 6.5+）。

（三）研究生（修士）申请

1. 申请条件

（1）本科毕业且 GPA ≥ 3.0/4.0（重点大学可放宽至 2.8）。

（2）日语 N1（文科）或 N2（理工科），英语托福 80+ 或雅思 6.0+（东京大学、京都大学等需托福 90+）。

（3）研究计划书（需明确问题意识、研究方法与预期成果）。

（4）导师内诺（提前 6~12 个月邮件沟通研究方向）。

2. 规划建议

（1）通过"研究生"（预科生）制度过渡，提升导师认可度。

（2）参与目标教授学术会议或发表合作论文（可增加内诺成功率 30%）。

（3）申请文部科学省国费奖学金（涵盖全部学费+每月14.5万日元生活费）。

（四）博士申请

1. 申请条件

（1）硕士学历且发表1~2篇核心期刊论文。

（2）研究计划需与日本国家战略（如Society 5.0、碳中和）契合。

（3）英语授课项目需达到GRE 310+或GMAT 650+水平。

2. 规划建议

（1）联系日本学术振兴会（JSPS）获取研究资助（DC1奖学金月额20万日元）。

（2）加入大学"特别研究员"项目（如东京大学FLA），积累跨学科资源。

日本教育的长期价值在于以"精准匹配个人志趣与社会需求"为核心，为留学生提供学术深造、职业发展与文化沉浸的三重机遇。

第三节
国际化与商业领航的香港教育优势

中国香港作为全球重要的教育枢纽，融合中西文化精髓，构建了国际化与本土化并重的教育体系。其教育制度以"两文三语"（中文、英文；粤语、英语、普通话）为核心，兼具灵活性与竞争力，形成了从学前教育至高等教育的完整生态链。

一、香港教育体系概述

（一）香港教育结构

1. 学前教育（3~6岁）

幼儿园教育以游戏为主导，注重双语启蒙与社会适应力培养。全港约1 000所幼儿园中，90%为非营利机构，政府提供学费减免计划（上限为每年36 800港元）。

2. 基础教育

（1）小学六年制（6~12岁）：课程涵盖中文、英文、数学、常识课，五年级起增设科学实验课。

（2）中学六年制（12~18岁）：分初中（中一至中三）与高中（中四至中六），高中实行"3+3"学制，学生需参加HKDSE（香港中学文凭考试）。

3. 高等教育

（1）大学：8所公立大学（如香港大学、香港中文大学、香港科技大学）提供四年制本科课程。

（2）专上学院：提供副学士（2年）与高级文凭（3年）课程，可衔接大二。

（3）职业训练局（VTC）：下设13所机构，培养工程、酒店管理等职业技能。

（二）教育体系的特点

（1）双轨制升学路径：学生可通过HKDSE、国际考试（IB/A-Level）或副学士衔接大学。

（2）国际化课程：90%的中学开设IBDP或IGCSE课程，大学全英文授课。

（3）产学结合：政府推行"STEM教育计划"，香港科技大学等校与华为、汇丰共建实验室。

二、香港教育的核心优势

（一）学术声誉与全球排名

香港大学、香港中文大学、香港科技大学常年位列QS世界大学排名前100，商科、工程、法律学科亚洲领先。2025年QS学科排名中，香港大学的牙医学全球第2，香港科技大学的数据科学及人工智能全球第17。

（二）国际化教育环境

高校教师国际化比例超60%，留学生来自100余个国家；全英文授课环境，毗邻内地，适合希望兼顾中西文化背景的学生。

（三）就业与政策支持

（1）签证便利：非本地毕业生可申请1年无条件留港签证（IANG），2023年留港就业率达78%。

（2）薪酬竞争力：大学毕业生平均起薪为18 000港元/月（金融、科技行业超25 000港元/月）。

（3）大湾区机遇：香港特区政府推出"大湾区青年就业计划"，资助企业为毕业生提供月薪18 000港元以上的岗位。

三、内地生和国际生申请条件与规划

（一）高中申请

1. 申请条件

（1）年龄12~18岁，需提供过去两年的成绩单（平均分≥80%）。

（2）英语能力证明（雅思6.0+或托福70+或提供校内英语考试成绩）。

（3）通过面试（考察家庭的经济能力与申请者的适应潜力）。

2. 规划建议

（1）优先选择国际学校（如汉基、德瑞）或直资中学（如拔萃男书院）。

（2）提前1年参加"香港中学插班生考试"（内容涵盖中、英、数三科）。

（3）申请学生签证时需提交存款证明（≥30万港元）。

（二）本科申请

1. 申请条件

（1）完成12年基础教育，提供HKDSE、IB、A-Level等成绩。

（2）HKDSE：最佳5科≥20分（香港大学医科需7科36分以上）。

（3）IB：36～42分（香港科技大学工程科要求HL数学≥6）。

（4）A-Level：AAB～AAA（香港中文大学法律系需A*AA）。

（5）英语成绩：雅思6.5+（单项≥6.0）或托福93+。

（6）部分专业需面试或提交作品集（如香港大学建筑系）。

2. 规划建议

（1）高二开始准备学科竞赛，如香港信息学奥林匹克竞赛（HKOI）。

（2）通过"大学联招系统"（JUPAS）或"非大学联招系统"（Non-JUPAS）双通道申请。

（3）申请截止日期："大学联招系统"为12月初，"非大学联招系统"为1月中旬。

（三）研究生申请

1. 申请条件

（1）学术要求：本科GPA≥3.0/4.0（985/211院校可放宽至2.8）。

（2）语言成绩：雅思6.5+或托福79+（商学院需雅思7.0+）。

（3）专业适配：商科需GMAT 650+（香港大学MBA平均要求GMAT 690+），理工科需具有相关科研经历。

（4）推荐信：2封学术推荐信（需使用大学官方信纸）。

2. 规划建议

（1）提前联系教授"套磁"（尤其是研究型硕士）。

（2）申请香港博士研究生奖学金计划（HKPFS）需在12月1日前提交。

（3）跨专业申请者需修读衔接课程（如香港中文大学金融硕士要求非商科生补修微观经济学）。

（四）博士申请

1. 申请条件

（1）硕士学历（研究型优先），需提交研究计划（与导师课题匹配）。

（2）发表记录：至少发表 1 篇 SSCI/SCI 论文，在申请中会有帮助（人文社科可放宽至会议论文）。

（3）推荐信：需包含 1 封国际知名学者推荐信。

2. 规划建议

（1）参与目标院校的暑期科研项目，如香港科技大学的"红鸟硕士项目"（"RED 项目"）。

（2）申请香港博士研究生奖学金计划可提升 30% 的录取率。

香港教育以"背靠祖国、联通世界"为内核，为内地生和国际生提供兼具学术含金量与职业前景的黄金平台。无论是金融专业的全球视野，还是科创领域的产学研资源，香港都能将教育投入转化为职业资本。选择香港，不仅是选择一座城市的繁荣，更是选择在粤港澳大湾区的浪潮中，成为跨文化竞争力的领航者。

第四节
亚洲名校精准定位与录取偏好

一、新加坡名校精准定位与录取偏好

2025 年，新加坡进入 QS 世界大学排名前 100 的学校依旧是新加坡国立大学和南洋理工大学（见表 6-1）。

表 6-1 进入 QS 世界大学排名前 100 的新加坡大学一览表

大学名称	2024 年	2025 年	优势学科（QS 学科排名全球前 50）
新加坡国立大学	8	8	土木与结构工程、化学工程、计算机科学与信息系统
南洋理工大学	26	15	材料科学、环境科学、数据科学及人工智能

资料来源：根据 QS 官网数据整理。

（一）新加坡国立大学

根据新加坡教育部（MOE）国际学生统计及新加坡国立大学年度报告，该校在

读的中国学生总数约为 6 500 人。作为亚洲顶尖的综合性大学，新加坡国立大学在工程、计算机科学、商科（如金融、MBA）及公共政策领域的全球排名对中国学生颇具吸引力。

1. 本科入学要求

新加坡国立大学的本科生录取要求如表 6-2 所示。

表 6-2 新加坡国立大学本科生录取要求

类别	要求说明	备注
高考生	理科：超一本线 130 分（高考满分为 750 分）；部分省市：理科前 0.3%，文科前 0.5%	需通过省级教育考试院认证成绩单；上海、浙江等省市需按当地总分比例折算
A-Level	至少 3 个 A	建议数学、物理为 A*（工程类专业）；需至少 3 门完整的 A-Level 科目
IB 文凭	总分 42+/45	HL 科目需 6~7 分（如 HL 物理、HL 化学）；TOK、EE ≥ A
AP	5 门满分（含核心科目如微积分 BC、物理 C 等）	需提交 SAT 1 500+/ACT 34+（如未提交高考成绩）
英语能力	雅思：总分 7.0（单项 ≥ 6.5）；托福：总分 105（单项 ≥ 22）	法律、医学专业：雅思 7.5（单项 ≥ 7.0）或托福 110（写作 ≥ 25）；接受 PTE Academic 76+（单项 ≥ 68）
豁免条件	英语国家高中全英文授课满 2 年	需学校官方证明信（注明授课语言及学时）；部分专业需面试确认语言能力

资料来源：根据新加坡国立大学官网公开信息整理。

新加坡国立大学的录取偏好与建议：

（1）新加坡国立大学极为看重学术能力与潜力，偏好高分，尤其是理工成绩高的学生。

（2）申请策略：选择专业时，如果硬件条件一般，避开超热门专业（如计算机科学），可申请数据科学与经济学、环境工程等交叉学科。

（3）科研实践：参与高校科研项目（如新加坡国立大学"青年科学家计划"），或发表国际会议论文（如 IEEE 学生会议）。

2. 研究生入学要求

新加坡国立大学研究生入学的具体要求如表 6-3 所示。

表 6-3　新加坡国立大学研究生入学的具体要求

类别	具体要求	备注
院校背景	优先录取 985/211 或"双一流"高校学生	双非学生需 GPA 或科研成果突出
GPA 要求	授课型硕士：均分≥80%（双非建议≥85%）；研究型硕士、博士：均分≥85%	研究型硕士、博士需发表论文（SCI/核心期刊）或参与国家级项目
专业匹配度	跨专业需辅修相关课程或有实习、研究经历证明（如文科转数据科学需参与编程项目）	例如，申请计算机科学需数学、编程基础

资料来源：根据新加坡国立大学官网公开信息整理。

（二）南洋理工大学

根据新加坡教育部统计数据及南洋理工大学年度报告，该校在读的中国学生总数约为 7 000 人，占国际学生的 35%，就读学生主要是研究生。作为亚洲顶尖的研究型大学，南洋理工大学在工程、材料科学、人工智能及商科领域的优势吸引中国学生。

1. 本科入学要求

南洋理工大学的本科生录取要求如表 6-4 所示。

表 6-4　南洋理工大学本科生录取要求

类别	要求说明	备注
高考生	理科：超一本线 120 分（高考满分为 750 分），部分省市：理科前 0.5%；文科前 0.8%	需通过省级教育考试院认证成绩单；上海、浙江等省市需按当地总分比例折算
A-Level	至少 3A（理工科需数学、物理为 A）	建议数学、物理为 A*（工程类专业）；需至少 3 门完整的 A-Level 科目
IB 文凭	总分 41+/45	HL 科目需 6~7 分（如 HL 数学、HL 物理）；TOK、EE≥A
AP	5 门满分（含微积分 BC、物理 C 等核心科目）	需提交 SAT 1480+/ACT 33+（如未提交高考成绩）
普通专业	雅思：总分 6.5（单项≥6.0）；托福：总分 90（单项≥20）	接受 PTE Academic 65+（单项≥60）
商科、传媒专业	雅思：总分 7.0（单项≥6.5）；托福：总分 100（单项≥22）	部分商科专业需附加面试或案例分析测试

资料来源：根据南洋理工大学官网公开信息整理。

南洋理工大学的录取偏好与建议：

（1）学校更喜欢理工扎实的学生：奥林匹克竞赛（数理化、信息学）省级一等奖以上、国际科创竞赛（如 ISEF、RoboRAVE）获奖者会被优先录取。

（2）体现扎实的学术基础：高考理科生重点强化数学、物理成绩（高考数学 140+/150，A-Level 数学和物理为 A）；国际课程生建议选修 AP 计算机科学、统计学。

（3）超热门专业竞争激烈：南洋理工大学的录取难度可比对美国卡内基－梅隆大学或加州大学伯克利分校，如果竞争力不足，可避开超热门专业，申请环境工程、生物医学工程等新兴领域，或选择"双主修"（如数学＋经济学）。

2. 研究生入学要求

南洋理工大学研究生入学的具体要求如表 6-5 所示。

表 6-5　南洋理工大学研究生入学的具体要求

类别	具体要求	备注
院校背景	优先录取 985/211 或"双一流"高校的学生	双非学生需 GPA 或科研、实践经历突出
GPA 要求	授课型硕士：均分≥80%（双非建议≥85%）；研究型硕士、博士：均分≥85%	研究型项目需发表论文（SCI/核心期刊）或参与国家级科研项目
专业匹配度	跨专业申请需辅修证明、相关实习或研究经历	例如，文科转数据科学需提供编程项目证明
英语成绩	雅思 6.5（单项≥6.0）；托福 90（网考）；部分专业接受 CET-6（大学英语六级考试，≥500 分）	接受 CET-6 的专业：公共管理、中国研究等
豁免条件	本科为全英文授课或英语国家学位	需提交学校官方证明信
GRE/GMAT	商科（金融、MBA）：建议 GMAT≥650 或 GRE≥320（非强制但加分）；工科类：无需 GRE	工程类若 GRE 数学≥160 可增强竞争力
研究计划	研究型硕士、博士需提交与导师研究方向契合的研究计划（3 000~5 000 字）	需引用南洋理工大学教授的近期论文，突出研究创新性
个人陈述	明确职业规划与南洋理工大学的课程或资源的关联性（如实验室设备、行业合作网络）	例如，申请人工智能可强调南洋理工大学与新加坡科技局的合作项目
推荐信	2 封学术或职业推荐信（研究型项目建议含教授推荐信）	推荐人邮箱需为官方域名（如 .edu 或企业邮箱）
作品集或专利	设计类需提交 PDF 作品集（3~5 个项目）；工程类可提交专利或技术报告	例如，媒体设计需提交视频或交互作品；材料科学需提交实验数据报告

资料来源：根据南洋理工大学官网公开信息整理。

二、日本名校精准定位与录取偏好

2025 年，日本共有 4 所大学进入 QS 世界大学排名前 100（见表 6-6）。

表 6-6　QS 世界大学排名前 100 的日本大学

大学名称	2024 年	2025 年	优势学科（QS 学科排名全球前 50）
东京大学	29	32	医学、工程、物理与天文学
京都大学	46	50	化学、材料科学、数学
东京工业大学	91	84	工程技术、计算机科学与信息系统
大阪大学	80	86	药学与药理学

资料来源：根据 QS 官网数据整理。

（一）东京大学

东京大学的国际学生总数约 4 200 人，其中中国学生占 30% 左右。中国学生中本科生非常少，以研究生居多。每年通过普通学部（本科）"外国人留学生特别选拔"录取的中国学生为 10～30 人。通过 PEAK 国际项目（英语授课）录取的中国学生为 10～20 人（竞争激烈，录取率低于 5%）。

1. 本科入学要求

东京大学的本科生录取要求如表 6-7 所示。

表 6-7　东京大学本科生录取要求

类别	要求说明	备注
EJU	理科生：总分 700+/800；数学 Ⅱ 接近满分；物理、化学单科 90% 以上	文科生需日语+综合科目高分（建议总分 680+）；需通过 JASSO 官方认证成绩
托福、雅思	建议分数：托福 100+/雅思 7.0+；PEAK 项目：强制要求托福 100+/雅思 7.0+	接受家庭版托福成绩（需 ETS 认证）；雅思仅接受学术类考试（UKVI 或普通学术类）
高考成绩	非必需，重点高中学生建议提交；一本线以上（高考满分 750 分的建议 650+）	需省级教育考试院认证成绩单，仅作为辅助材料（非核心录取依据）
日语	普通学部：日语 N1（文科建议 N1 140+分）；PEAK 项目：无硬性日语要求	JLPT（日语能力考试）成绩需在有效期内；文科生需提交日语写作样本（如小论文）
英语	普通学部：建议托福 90+；PEAK 项目：强制要求托福 100+/雅思 7.0+	英语成绩有效期为 2 年（以申请截止日期为准）；PEAK 项目不接受拼分（需单次考试成绩）

（续表）

类别	要求说明	备注
普通学部	适合日语流利、EJU 高分学生；需通过校内考（笔试）+ 面试	校内考内容：专业科目 + 日语论述；面试侧重学术潜力及研究计划
PEAK 项目	适合英语顶尖、国际化背景强的学生；需提交高中成绩单 + 文书 +2 封推荐信	文书需突出跨文化经历及学术目标；推荐信建议由学科教师或研究导师撰写

资料来源：根据东京大学官网公开信息整理。

东京大学的录取偏好与建议：

（1）日本属于东亚高考体系国家，所以分数为王，EJU 高分（理科 720+/ 文科 680+）是门槛，校内考决定最终录取。

（2）语言能力强是制胜法宝：普通学部需日语 N1+ 流畅表达，PEAK 项目需英语顶尖 + 国际化视野。

（3）可以通过学术竞赛、科研或发表文章显示个人的学科潜力。

2. 研究生入学要求

表 6–8　东京大学研究生入学的具体要求

类别	具体要求	备注
学历背景	中国教育部认可的本科学位（需学信网认证）	双非院校需更高学术成果（如论文、竞赛获奖）
均分 /GPA	无明确最低要求，但建议 GPA ≥ 3.5/4.0（或百分制均分 ≥ 85%）	理工科偏好科研经历，文科重视语言能力与研究计划深度
语言能力	日语：N1（文科强制要求，理工科建议 N2）；英语：托福 ≥ 90/ 雅思 ≥ 6.5（部分英语授课项目需提交）	部分全英文项目（如国际经济学项目、亚洲信息、技术和社会项目）可不要求日语，但需英语成绩
研究计划	需提交与申请领域匹配的详细研究计划书（2 000~3 000 字）	需提前联系导师并获得内诺，部分研究科需通过招生辅助办公室预审

资料来源：根据东京大学官网公开信息整理。

（二）京都大学

据京都大学官网统计，该校国际学生总数约 3 000 人，其中中国学生占比约 35%。中国学生以研究生居多，本科生极少（每年不足 10 人，该校国际本科生占比低于 5%）。受日本"大学国际化战略"推动，该校理工科（材料科学、生物工程等）扩招明显。

1. 本科入学要求

京都大学的本科生录取要求如表 6-9 所示。

表 6-9 京都大学本科生录取要求

类别	要求说明	备注
EJU	理科生：总分 700+/800（数学Ⅱ、物理或化学接近满分）；文科生：总分 680+/800（数学Ⅰ、文综高分）	需通过 JASSO 官方认证成绩，文科生需日语科目高分（建议 300+/400）
高考成绩	非必需，重点高中学生建议提交，一本线以上（高考满分 750 分的建议 650+）	需省级教育考试院认证成绩单，仅作为辅助材料（优先国际课程/EJU 成绩）
IB 文凭	总分 38+/45	HL 科目需 6~7 分（理科需 HL 数学、HL 物理），TOK、EE ≥ B
A-Level	AAA（理科需数学或物理为 A）	需至少 3 门完整的 A-Level 科目，建议附加进阶数学成绩（工程类专业）
日语	普通学部：日语 N1（建议 130+/180）；KYOTO iUP（京都大学本科课程项目）：无硬性要求（建议 N2+）	JLPT 成绩需在有效期内，普通学部需提交日语写作样本（如研究计划）
英语	普通学部：建议托福 90+/雅思 6.5+；KYOTO iUP 项目：强制要求托福 90+/雅思 6.5+	接受家庭版托福成绩（需 ETS 认证），雅思仅接受学术类考试
普通学部	适合日语顶尖、EJU 高分的学生，需通过校内考（专业科目笔试+面试）	校内考难度极高（如数学或物理超纲题），面试侧重学术逻辑与研究潜力
KYOTO iUP 项目	适合英语能力强、学术背景突出的学生，需提交研究计划书+2 封推荐信+高中成绩单	研究计划书需与申请专业高度相关，推荐信建议由学科导师或研究项目负责人撰写

资料来源：根据京都大学官网公开信息整理。

京都大学的录取偏好及建议：

（1）京都大学极为看重学术能力，EJU/校内考高分是硬门槛，尤其是理科难度极高。

（2）体现文化适应性有助于录取，文科生需展现对日本文化的深度理解。

2. 研究生入学要求

京都大学研究生入学的具体要求如表 6-10 所示。

表 6-10　京都大学研究生入学的具体要求

类别	具体要求	备注
学术背景	中国教育部认可的本科学位（985/211 院校优先），均分≥80%（双非要求更高）	理工科需相关实验室经历或发表论文（如 SCI/EI 收录）
语言能力	日语项目：日语 N1（文科强制）；英语项目：托福≥90/雅思≥6.5（部分专业需 GRE）	部分理工科导师接受纯英语申请（如 IGPES 项目）
导师内诺	需提前联系导师并获研究计划认可（邮件沟通+学术 CV+初步研究提案）	建议提前 6~12 个月联系导师，成功率与导师研究方向匹配度相关
申请材料	研究计划书（2 000 字）+推荐信（2 封）+发表论文或项目证明+语言成绩	研究计划书需明确问题意识、方法论及与京都大学资源的关联性

资料来源：根据京都大学官网公开信息整理。

（三）东京工业大学

东京工业大学官网显示，该校的国际学生总数约 2 000 人（占全校学生的 20%），其中中国学生占比约 30%。85% 的中国学生为研究生，本科阶段的录取人数极少（每年 10~25 人）。

1. 本科入学要求

东京工业大学的本科生录取要求如表 6-11 所示。

表 6-11　东京工业大学本科生录取要求

类别	要求说明	备注/附加条件
EJU	理科生：总分 700+/800，数学Ⅱ、物理、化学接近满分（单科 90%+）	需通过 JASSO 官方认证成绩，建议提交理科竞赛成绩（如日本科学奥林匹克竞赛）
高考成绩	非必需，重点高中学生建议提交，一本线以上（高考满分 750 分的建议 600+）	需省级教育考试院认证成绩单，仅作为辅助参考材料
IB 文凭	总分 38+/45	HL 科目需数学或物理 6~7 分，TOK+EE≥B
A-Level	AAA（数学或物理必选）	需至少 3 门完整的 A-Level 科目，建议附加进阶数学成绩
日语	常规学部：日语 N2 以上（建议 N1）；GSEP 英语项目：无硬性日语要求	JLPT 成绩需在有效期内，常规学部需提交日语学术写作样本
英语	常规学部：建议托福 90+/雅思 6.5+；GSEP 英语项目：强制要求托福 90+/雅思 6.5+	接受家庭版托福成绩（需 ETS 认证），雅思仅接受学术类考试（UKVI 或普通学术类）

（续表）

类别	要求说明	备注/附加条件
常规学部	适合日语流利、EJU 高分的学生，需通过校内考（理科笔试+面试）	笔试内容：数学或物理或化学超纲题（难度高于 EJU），面试侧重科研潜力与逻辑思维
GSEP 英语项目	适合英语顶尖、国际化背景强的学生，需提交研究计划书+视频面试+高中成绩单	研究计划书需与工程或科技领域相关，视频面试需展示跨文化沟通能力

资料来源：根据东京工业大学官网公开信息整理。

东京工业大学的录取偏好及建议：

（1）日本大学的录取标准参照中国高考，走硬核学术路线：EJU/校内考高分是门槛，理科难度尤其突出。

（2）有竞赛、科研或工程项目的学生，能证明技术应用潜力会受到学校青睐。

2. 研究生入学要求

东京工业大学研究生入学的具体要求如表 6-12 所示。

表 6-12　东京工业大学研究生入学的具体要求

类别	具体要求	备注
学术背景	985/211 院校均分 ≥ 80%，双非院校均分 ≥ 85%（理工科需相关专业背景）	材料科学、计算机等热门专业竞争激烈（双非均分建议 ≥ 88%）
语言要求	英语项目：托福 ≥ 90/雅思 ≥ 6.5；日语项目：日语 N2+（部分实验室要求 N1）	英语项目更普及（如 IGP），但日语能力可提升竞争力
研究计划	需与导师研究方向高度匹配，建议提前邮件联系获取导师内诺	部分实验室需提交编程或实验成果（如 GitHub 代码、论文）
推荐信	2 封学术推荐信（需教授署名，注明与申请人的具体合作）	若有海外教授推荐信更佳

资料来源：根据东京工业大学官网数据整理。

（四）大阪大学

大阪大学官网显示，该校的国际学生总数约 3 800 人，其中中国学生占比约 35%。中国学生以研究生为主，本科生占比不足 5%（每年录取 10~30 人）。

1. 本科入学要求

大阪大学的本科生录取要求如表 6-13 所示。

表 6–13　大阪大学本科生录取要求

类别	要求说明	备注
EJU	理科生：总分 680+/800（数学Ⅱ、物理、化学均分 85%+）；文科生：总分 650+/800（日语含论述 320+/400，文综高分）	需通过 JASSO 官方认证成绩，文科生需提交日语写作样本（如小论文）
IB 文凭	总分 36+/45	HL 科目需 5~6 分（理科需 HL 数学或 HL 物理），TOK、EE ≥ B
A-Level	AAA（理科需数学或物理为 A）	需至少 3 门完整的 A-Level 科目，建议附加进阶数学成绩（工程类专业）
高考成绩	非必需，提交者需达一本线以上（高考满分 750 分的建议 600+）	需省级教育考试院认证成绩单，仅作为辅助材料（优先 EJU/国际课程成绩）
日语	普通学部：日语 N1（文科建议 130+/180）；HUS（人间科学国际本科）项目：无硬性要求（建议 N2）	JLPT 成绩需在有效期内，文科生需提交日语学术论述能力证明
英语	普通学部：建议托福 90+/雅思 6.5+；HUS 项目：强制要求托福 90+/雅思 6.5+	接受家庭版托福成绩（需 ETS 认证），雅思仅接受学术类考试（UKVI 或普通学术类）
普通学部	适合日语顶尖、EJU 高分的学生；需通过校内考（笔试+面试）	笔试内容：专业科目高阶题（如数学或物理综合题），面试侧重学术逻辑与研究计划
HUS 项目	适合英语能力强、国际化背景突出的学生；需提交研究计划书+2 封推荐信+高中成绩单	研究计划书需与申请专业相关（如人文社科方向需明确研究主题）；推荐信建议由学科教师或项目导师撰写

资料来源：根据大阪大学官网公开数据整理。

大阪大学的录取偏好及建议：

（1）体现学术硬实力：EJU/校内考高分是基础，尤其是理科综合能力。

（2）体现实践与创新：通过科研、竞赛或社会实践展现问题解决能力。

（3）体现文化兼容性：文科生需深入理解日本社会，理工科生需突出技术应用潜力。

（4）常规考试路径对日语和 EJU 要求极高，建议优先考虑英语授课项目（需顶尖标化成绩+科研背景）。

2. 研究生入学要求

大阪大学研究生入学的具体要求如表 6–14 所示。

表 6-14 大阪大学研究生入学的具体要求

类别	语言要求	学术要求	关键材料
理工科	托福≥80/雅思≥6.0（日语 N2 非强制）	本科学位（985/211 GPA≥3.2，双非 GPA≥3.5）+ 科研经历	研究计划书、推荐信（教授署名）、论文或专利证明
文科	日语 N1（总分≥130）+ 托福≥90	本科学位（相关专业）+ 理论深度（需提交写作样本）	日英双语研究计划书、文化适应能力陈述

资料来源：根据大阪大学官网公开数据整理。

三、中国香港名校精准定位与录取偏好

2025 年，中国香港共有 5 所大学进入 QS 世界大学排名前 100（见表 6-15）。

表 6-15 QS 世界大学排名前 100 的中国香港大学

大学名称	2024 年	2025 年	优势学科（QS 学科排名全球前 50）
香港大学	26	17	医学、法学、教育学
香港中文大学	47	36	传播学、护理学
香港科技大学	60	47	工程、商科
香港理工大学	65	57	酒店管理、艺术与设计
香港城市大学	70	62	语言学、社会政策与行政管理

资料来源：根据 QS 官网数据整理。

（一）香港大学

据香港大学 2024 年年度报告及香港大学教育资助委员会（UGC）数据，该校在读的内地学生总数约为 4 500 人，占非本地学生的 70%。作为香港顶尖的综合性大学，香港大学在医学、商科（如金融、经济学）、工程及法律领域的国际化课程吸引内地学生。

1. 本科入学要求

香港大学对内地本科生的具体录取要求如表 6-16 所示。

表 6-16 香港大学本科生录取要求

类别	要求说明	备注
高考生	一本线以上 150 分（高考满分 750 分的建议 680+）	需省级教育考试院认证成绩单，部分热门专业（如医学或金融）需额外笔试或面试

（续表）

类别	要求说明	备注
IB文凭	总分40+	HL科目需6~7分（理科、商科需HL数学），TOK、EE≥A
A-Level	AAA-4A（建议数学或物理为A*）	需至少3门完整的A-Level科目，进阶数学可加分（工程类专业）
AP	5门5分+SAT 1500+/ACT 34+	AP核心科目需含微积分BC、物理C等，SAT Subject Tests（如数学Ⅱ）建议800分
英语能力	雅思：总分7.0（单项≥6.5），托福：总分100（单项≥22）	法律、英语相关专业：雅思7.5（单项≥7.0），接受PTE Academic 76+（单项≥68）
豁免条件	英语国家高中全英文授课满3年	需学校官方证明（注明授课语言及学时），部分专业仍需提交语言成绩

资料来源：根据香港大学官网公开信息整理。

香港大学的录取偏好及建议：

（1）必须保持学术顶尖水平：如果是高考生，成绩需达上海交通大学或复旦大学录取水平。

（2）高含金量竞赛+社会贡献会为录取加分。

（3）面试准备充分：香港大学采用MMI（多站迷你面试）方式进行面试，需练习案例分析。

2. 研究生入学要求

香港大学研究生入学的具体要求如表6-17所示。

表6-17 香港大学研究生入学的具体要求

类别	最低要求	竞争力标准
GPA	硕士：3.3	商科、计算机实际录取均分：985/211（85%+），双非（88%+）
GRE/GMAT	商科强制提交（GMAT 680+/GRE 325+）	金融学要求数学达到满分的85%以上
语言成绩	雅思6.5（单项≥6.0）或托福80	法学、新闻需雅思7.0（单项≥6.5）

资料来源：根据香港大学官网公开信息整理。

（二）香港中文大学

根据香港中文大学年报及非本地学生统计数据，该校在读的内地生总数约 4 000 人，占非本地学生的 70%。作为香港顶尖的综合性大学，香港中文大学在商科（金融学、管理学）、工程（人工智能、计算机科学）及社会科学领域的优势吸引了大量内地生。

1. 本科入学要求

香港中文大学对内地本科生的具体录取要求如表 6-18 所示。

表 6-18　香港中文大学本科生录取要求

类别	要求说明	备注
高考生	一本线以上 100~120 分（高考满分 750 分的建议 650+），部分热门专业（如商科、医学）要求更高	需省级教育考试院认证成绩单，数学、英语单科建议 130+（商科需数学高分）
IB 文凭	总分 37+	HL 科目需 6~7 分（商科需 HL 数学），TOK、EE ≥ B
A-Level	AAA~AAB（商科、理科需数学 A）	需至少 3 门完整的 A-Level 科目，进阶数学可加分（工程类专业）
AP	4 门 5 分 + SAT 1 450+/ACT 32+	AP 核心科目需含微积分 BC、统计学等（商科建议含微观经济学）
英语能力	雅思：总分 6.5（单项 ≥ 6.0），托福：总分 90（单项 ≥ 20）	法律、医学专业：雅思 7.0（单项 ≥ 6.5）或托福 100，接受 PTE Academic 62+（单项 ≥ 59）
豁免条件	英语国家高中全英文授课满 2 年	需学校官方证明（注明授课语言及学时），部分专业仍需提交语言成绩

资料来源：根据香港中文大学官网公开信息整理。

香港中文大学的录取偏好及建议：

（1）香港中文大学以高考成绩为核心，所以首先要确保高考总分和英语单科达到历年录取中位数（参考学校官网省份分数线）。

（2）高考生如有 SAT/AP/A-Level 成绩可提交（非必需，但能增强竞争力）。

（3）香港中文大学是提前批填报，不影响本科一批录取，建议第一志愿填报。

2. 研究生入学要求

香港中文大学研究生入学的具体要求如表 6-19 所示。

表 6-19　香港中文大学研究生入学的具体要求

类别	具体要求	备注
GPA 要求	985/211 院校：建议 80 分（3.3）以上；双非院校：建议 85 分（3.5）以上	商科、计算机等热门专业实际录取 GPA 普遍高于门槛（如商科录取均分 85+）
语言成绩	雅思：总分 6.5（单项 ≥ 5.5），托福：总分 79，部分专业接受 CET-6 430+	英语授课专业（如商科、计算机）需雅思或托福；人文社科部分专业可接受 CET-6
标化考试	商科：建议 GMAT 650+/GRE 320+（非强制但强烈建议）；其他专业：通常不要求 GRE/GMAT	计算机科学等理工科若有 GRE（数学 160+）可加分
科研或实践经历	研究型硕士：需发表论文或参与科研项目；授课型硕士：名企实习、竞赛奖项	商科重实习（如四大、投行的实习经历），传媒重作品集，理工科重实验室经历
文书材料	个人陈述：需匹配香港中文大学的课程资源；推荐信：2 封学术或职业推荐信	跨专业申请需在个人陈述中解释动机并展示相关能力（如辅修课程、实践经历）

资料来源：根据香港中文大学官网公开信息整理。

（三）香港科技大学

根据香港教育局统计报告及香港科技大学非公开数据，该校在读的内地生总数约为 1 900 人，占非本地学生的 60%。香港科技大学每年通过《全国普通高校统一招生计划》招收内地本科生约 190 人。

1. 本科入学要求

香港科技大学对内地本科生的具体录取要求如表 6-20 所示。

表 6-20　香港科技大学本科生录取要求

类别	要求说明	备注
高考生	理科、工科：一本线以上 130~150 分（高考满分 750 分的建议 670+）；商科、综合：一本线以上 120~140 分（建议数学、英语单科 135+）	需省级教育考试院认证成绩单，理科建议数学或物理单科接近满分（如 145+/150）
IB 文凭	总分 38+	HL 科目需 6~7 分（理科需 HL 数学或 HL 物理），TOK、EE ≥ B
A-Level	AAA（理科需数学、物理 A*）	需至少 3 门完整的 A-Level 科目，进阶数学建议提交（工程类专业）

（续表）

类别	要求说明	备注
AP	4门5分 + SAT 1480+/ACT 33+	AP核心科目需含微积分BC、物理C等（工程类必选），SAT Subject Tests 数学Ⅱ建议 750+
英语能力	雅思：总分6.5（单项≥6.0）；托福：总分90（单项≥20）	全球商业管理、计算机科学：雅思7.0（单项≥6.5）或托福总分100，接受PTE Academic 62+（单项≥59）
豁免条件	英语国家高中全英文授课满2年	需学校官方证明（注明授课语言及学时），部分专业仍需提交语言成绩

资料来源：根据香港科技大学官网公开信息整理。

香港科技大学的录取偏好及建议：

（1）香港科技大学在录取时是有隐形门槛的，录取者的分数远高于官网分数。香港科技大学实际录取者雅思均分7.0+，托福均分105+，口语、写作单项突出。

（2）香港科技大学非常看重学生的理工科水平，所以，理科生在数学、物理和化学方面，需要考出高分，文科生则要体现很高的英文水平。

（3）高含金量的竞赛与科研会有加分作用，比如信息学奥林匹克竞赛等。

2. 研究生入学要求

香港科技大学研究生入学的具体要求如表6–21所示。

表6–21　香港科技大学研究生入学的具体要求

类别	最低要求	竞争力标准
GPA	硕士：3.3	热门专业（如商业分析）实际录取均分85%+
GRE/GMAT	商科强制提交（GMAT 650+/GRE 320+）	金融科技要求数学达到满分的85%以上
语言成绩	雅思6.5（单项≥5.5）或托福80	商科、计算机要求更高（如雅思7.0，单项≥6.0）

资料来源：根据香港科技大学官网公开信息整理。

（四）香港理工大学

根据香港教育局报告及香港理工大学非公开数据，该校在读的内地生总数约为4 000人，占非本地学生的60%。香港理工大学每年通过《全国普通高校统一招生计划》招收内地本科生 200～220 人。

1. 本科入学要求

香港理工大学对内地本科生的具体录取要求如表 6-22 所示。

表 6-22　香港理工大学本科生录取要求

类别	要求说明	备注
高考生	理科、工科：一本线以上 80～100 分（高考满分 750 分的建议 620+）；商科、设计：一本线以上 60～80 分（建议数学、艺术单科突出）	需省级教育考试院认证成绩单，设计类专业需提交作品集（如建筑或服装设计）
IB 文凭	总分 32+/45	HL 科目需 5～6 分（商科需 HL 数学），TOK、EE ≥ C
A-Level	AAB～ABB（理科需数学 B 以上）	需至少 3 门完整的 A-Level 科目，设计类专业接受艺术类 A-Level
AP	3 门 4 分 + SAT 1350+/ACT 28+	AP 核心科目需含微积分 AB/BC（工程类必选），艺术类可用 AP Studio Art 替代部分科目
英语能力	雅思：总分 6.0（单项 ≥ 5.5）；托福：总分 80（单项 ≥ 18）	酒店管理、翻译专业：雅思 6.5（单项 ≥ 6.0）或托福 90，接受 PTE Academic 55+（单项 ≥ 51）
豁免条件	英语国家高中全英文授课满 2 年	需学校官方证明（注明授课语言及学时），部分专业仍需提交语言成绩

资料来源：根据香港理工大学官网公开信息整理。

香港理工大学的录取偏好及建议：

（1）高考成绩最关键：重点提升数学、物理（理工科）以及英语成绩。

（2）申请工程类专业建议积累 CAD 或编程技能。

（3）提前批填报：香港理工大学统招提前批录取，建议第一志愿报考。

（4）部分专业需面试：设计类需现场创作，商科类侧重案例分析。

2. 研究生入学要求

香港理工大学研究生入学的具体要求如表 6-23 所示。

表 6-23 香港理工大学研究生入学的具体要求

类别	具体要求	热门专业附加要求	备注
学历背景	中国教育部认可的本科、硕士学历；本科 GPA ≥ 3.0（或均分 80，双非院校建议 ≥ 85）	工程类硕士：需相关专业背景（如机械工程本科申请机械工程硕士）；商科硕士：建议 GMAT ≥ 600 或 GRE ≥ 310	部分专业接受跨专业申请，但需补修相关课程（如跨专业申请信息技术硕士需补修编程基础课程）
语言要求	雅思：总分 6.5（单项 ≥ 5.5）；托福：总分 80（写作 ≥ 20）；CET-6：450 分以上（仅限部分专业）	英语研究硕士：雅思 7.0（单项 ≥ 6.5）；翻译硕士：需通过专业笔试及面试	语言成绩有效期为 2 年，建议申请前半年考取
学术材料	学位证、成绩单（中英文原件 + 学校盖章）；学信网认证报告（教育部学历认证）；研究计划（研究型硕士需 1 500 词，英文撰写）	博士申请：需发表至少 1 篇相关论文（SSCI/SCI 优先）；设计学硕士：需提交作品集（PDF ≤ 20 页）	授课型硕士通常无需研究计划

资料来源：根据香港理工大学官网公开信息整理。

（五）香港城市大学

根据香港城市大学 2024 年年度报告及香港大学教育资助委员会（UGC）数据，该校在读的内地生总数约为 3 200 人，占非本地学生的 75%。香港城市大学每年通过《全国普通高校统一招生计划》招收内地本科生 220～240 人，具体计划需以教育部及校方公布为准。

1. 本科入学要求

香港城市大学对内地本科生的具体录取要求如表 6-24 所示。

表 6-24 香港城市大学本科生录取要求

类别	要求说明	备注
高考生	理科、工科：一本线以上 70～90 分（高考满分 750 分的建议 600+）；商科、文科：一本线以上 50～70 分（建议数学、英语单科 120+）	需省级教育考试院认证成绩单，创意媒体、设计类专业需提交作品集（如数字媒体作品、手绘设计）
IB 文凭	总分 30+	HL 科目需 5 分以上（商科需 HL 数学），TOK、EE ≥ C
A-Level	ABB～BBB（理科需数学 B 以上）	需至少 3 门完整的 A-Level 科目，创意媒体类接受艺术、设计科目

（续表）

类别	要求说明	备注
AP	3门4分 + SAT 1 300+/ACT 27+	核心科目需含微积分AB、统计学（商科建议含微观经济学），艺术类可用AP Studio Art替代
英语能力	雅思：总分6.5（单项≥6.0）；托福总分90（单项≥21）	法律、英语专业：雅思7.0（单项≥6.5）或托福100，接受PTE Academic 62+（单项≥59）
豁免条件	英语国家高中全英文授课满2年	需学校官方证明（注明授课语言及学时），部分专业仍需提交语言成绩

资料来源：根据香港城市大学官网公开信息整理。

香港城市大学的录取偏好及建议：

（1）高考生要体现学术能力：理科生重点提升数学、物理成绩，文科生强化英语及逻辑思维。

（2）国际课程学生：申请商科建议提交GMAT（600+）或SAT数学（750+），理工科可补充AP物理或微积分成绩。

（3）偏好有跨文化经历的学生（如国际竞赛、模联、海外夏校），以及英语实际应用能力强的学生。

2. 研究生入学要求

香港城市大学研究生入学的具体要求如表6-25所示。

表6-25　香港城市大学研究生入学的具体要求

类别	具体要求	备注
院校背景	优先录取985/211或"双一流"高校学生	双非学生需GPA或实践经历突出
GPA要求	授课型硕士：均分≥80%（双非建议≥85%）；研究型硕士：均分≥85%	研究型项目需发表论文（如EI/SCI）或参与国家级科研项目
专业匹配度	跨专业申请需提供辅修证明或具有相关实习、研究经历	例如，文科转传媒需作品集；工程转计算机需编程项目证明
英语要求	雅思6.5（单项≥6.0）；托福80（网考）；部分专业接受CET-6（≥500分）	接受CET-6的专业：中国语言学、社会工作等
豁免条件	本科为全英文授课或英语国家学位	需提交学校官方证明信
GRE/GMAT	商科（金融、MBA）：建议GMAT≥650或GRE≥320（非强制但加分）；工程类：无需GRE	工程类若GRE数学≥160可增强竞争力

资料来源：根据香港城市大学官网公开信息整理。

第五节
亚洲学科优势地图及职业转化路径

在亚洲高等教育版图中，新加坡、中国香港与日本以鲜明的学科特色编织出独特的"产研网络"。本节解码三地"教育—产业"的联动模式：从新加坡管理大学法学院的跨境并购课程到东盟企业总部法务岗，从香港理工大学酒店管理到澳门综合度假村管培生计划，从东京大学社会工学修士到日本地方创生智库——揭示如何将课堂知识转化为区域经济升级的"内在力量"，帮助学生精准锚定学术与职业的发展方向。

一、新加坡学科优势地图：东西融合的"小而强"的产学研生态

新加坡教育体系以"东西方融合"和"产业精准对接"为核心竞争力，其学科布局深度绑定全球贸易节点与东南亚区域需求，形成"小而强"的产学研生态。下面的内容解析新加坡四大核心教育集群及其职业转化路径，为留学生提供精准决策框架。

（一）新加坡学科优势地图与职业转化路径

1. 中央商务区（CBD）——金融科技与商业分析的亚太引擎

（1）核心学科：金融工程、商业分析、供应链管理。

（2）院校分布：新加坡国立大学，与高盛、星展银行共建数字金融实验室；新加坡管理大学，CFA协会亚太培训中心，90%的课程采用哈佛案例教学法。

（3）产业资源：淡马锡控股总部；Grab金融科技中心；普华永道东南亚创新基地。

（4）职业转化路径——量化分析师：新加坡国立大学金融工程硕士 → 对冲基金实习（月薪8 000新元）→ 基金经理（年薪25万新元＋）。

（5）政策红利：金融科技人才可申请"Tech@SG"快速工签，永居审批周期缩短30%。

2. 裕廊工业区（Jurong）——先进制造与工程技术的全球标杆

（1）核心学科：精密工程、化学工程、半导体技术。

（2）院校分布：南洋理工大学，台积电联合研发中心，拥有亚洲最大的纳米实验室。

（3）产业资源：壳牌东方石化园区；应用材料半导体设备基地；劳斯莱斯航空发动机厂。

（4）职业转化路径——芯片工艺工程师：南洋理工大学微电子硕士 → 应用材料半导体设备基地实习 → 技术专家（起薪 7 000 新元 / 月）。

（5）行业认证：通过新加坡工程师学会（IES）特许工程师（PE）认证，薪资提升 35%。

3. 纬壹科技城（One-North）——生物医药与数字健康的创新基地

（1）核心学科：生物制药、医疗人工智能、数字医疗系统。

（2）院校分布：新加坡科技设计大学，强生亚太数字手术机器人研发中心。

（3）产业资源：诺华制药亚太总部；Illumina 基因测序实验室；BioNTech 东南亚 mRNA 生产基地。

（4）职业转化路径——医疗人工智能工程师：新加坡科技设计大学生物医学工程硕士 → 强生创新工坊 → 产品总监（年薪 18 万新元）。

（5）签证优势：生物医药人才可申请"人才准证"，自主创业或自由职业无须雇主担保。

4. 圣淘沙 - 滨海湾（Sentosa/Marina Bay）——旅游经济与会展管理的全球样板

（1）核心学科：酒店管理、会展策划、文化遗产管理。

（2）院校分布：新加坡理工大学，香格里拉集团合作项目，课程包含金沙酒店轮岗实训；拉萨尔艺术学院，圣淘沙名胜世界官方人才培养基地。

（3）产业资源：金沙集团，圣淘沙发展局，新加坡会展局（SACEOS）。

（4）职业转化路径——奢华酒店经理，新加坡理工大学酒店管理硕士 → 金沙集团管培生 → 区域运营总监（年薪 15 万新元）。

（5）创业支持：会展策划项目可获新加坡旅游局最高 10 万新元的补贴。

（二）职业转化路径的三大核心机制

1. 开展政企学"铁三角"的培养模式

企业主导课程设计：星展银行为新加坡管理大学金融硕士定制区块链支付课程；台积电在南洋理工大学开设"半导体制造全流程"实战课，学生直接进入晶圆厂操作 ASML 光刻机。

2. 打造国际化实习网络

全球实习计划（Global Internship Program）：南洋理工大学工程学生可申请到

博世德国总部实习 6 个月，月薪补贴 4 000 新元；新加坡管理大学商学院与伦敦金融城合作"跨境金融实训"，毕业生优先进入汇丰管培生项目。

3. 全球人才签证矩阵

（1）顶级专才准证（ONE Pass）：月薪 3 万新元以上或行业顶尖人才可获 5 年居留，自由更换雇主；2024 年新增"绿色经济"类别，年薪门槛降至 2 万新元。

（2）创业入境准证（Entre Pass）：获新加坡企业发展局（ESG）认可的商业计划可获 2 年创业签证，续签需雇佣 3 名本地员工。

（三）新加坡留学后职业转化关键指标

2024 年新加坡毕业生起薪 Top 5 专业如表 6-26 所示。

表 6-26　2024 年新加坡毕业生起薪 Top 5 专业

专业	起薪中位数（新元/月）	主要雇主
半导体工程	7 200	台积电、应用材料、美光
金融科技	6 800	星展银行、蚂蚁国际
医疗人工智能	6 500	强生、美敦力
供应链管理	5 800	普洛斯、丰益国际
文化遗产管理	4 500	圣淘沙发展局、国家文物局

资料来源：2024 年新加坡统计局（SingStat）薪资调查。

2024 年新加坡各行业外籍人才缺口如表 6-27 所示。

表 6-27　2024 年新加坡各行业外籍人才缺口

行业	缺口人数	政策优惠
半导体制造	4 500	快速工签（14 天审批）
数字医疗	3 200	个人所得税减免 20%
可持续旅游	1 800	创业补贴最高 15 万新元

资料来源：新加坡人力部（MOM）2024 年外籍人才就业报告。

二、日本学科优势地图：传统匠心与现代创新的教育融合

日本教育体系以"产学研深度协同"和"职人精神传承"为核心竞争力，其学科布局紧密绑定地域产业特色与全球化技术需求，形成"传统与现代交织"的独特生态。本节解析日本五大核心教育集群及其职业转化路径，为留学生提供精准决策

框架。

（一）日本学科优势地图及职业转化路径

1. 关东地区（东京、横滨）——金融科技与数字内容的国际枢纽

（1）核心学科：金融工程、动漫与游戏设计、人工智能。

（2）院校分布：东京大学，野村证券联合金融实验室，量化交易算法研发中心；早稻田大学，集英社、万代南梦宫合作项目，全球游戏设计 Top 10。

（3）产业资源：三菱 UFJ（日联金融集团），索尼人工智能研究所，秋叶原数字内容产业集群。

（4）职业转化路径——量化分析师：东京大学金融工程硕士 → 三菱 UFJ 实习 → 对冲基金高级经理（年薪 1 200 万日元＋）。

（5）政策红利：STEM 领域人才可通过"高度专门职签证"加速永居（1 年转永居）。

2. 关西地区（大阪、京都）——高端制造与文化创新的千年传承

（1）核心学科：精密机械、化学材料、文化遗产保护。

（2）院校分布：京都大学，岛津制作所联合实验室，诺贝尔化学奖摇篮；大阪大学，松下电器定向培养基地。

（3）产业资源：京瓷集团，任天堂总部，关西化学工业带（住友化学、帝人）。

（4）职业转化路径——工业机器人工程师：大阪大学硕士 → 发那科（FANUC）实习 → 系统集成专家（年薪 800 万日元）。

（5）认证加持：通过日本技术士（PE）考试，薪资提升 30%。

3. 中部地区（名古屋、静冈）——汽车工程与航空航天产业核心

（1）核心学科：汽车工程、航空宇宙工学、新能源技术。

（2）院校分布：名古屋大学，丰田汽车联合研发中心，主导氢燃料电池攻关；丰桥技术科学大学：三菱重工航空发动机定向培养项目。

（3）产业资源：丰田总部，三菱航空宇宙事业部，东海地区汽车零部件产业集群。

（4）职业转化路径——氢能工程师：名古屋大学能源科学硕士 → 丰田 Mirai 项目组 → 技术总监（年薪 1 000 万日元＋股权）。

（5）行业认证：取得日本自动车技术会（JSAE）资格，全球车企通用。

4. 九州地区（福冈、熊本）——半导体与生物医药的亚洲硅谷

（1）核心学科：半导体材料、生物制药、农业生物技术。

（2）院校分布：九州大学，台积电熊本厂人才储备基地，拥有日本最大的无尘实验室；熊本大学，再生医学研究所（iPS细胞即诱导多能干细胞技术全球领先）。

（3）产业资源：索尼半导体工厂，武田制药九州研发中心，JAXA（宇宙航空研究开发机构）卫星基地。

（4）职业转化路径——芯片工艺专家：九州大学微电子硕士→索尼半导体实习→晶圆厂技术主管（年薪900万日元）。

（5）签证优势：特定技能2号签证（半导体领域）可无限续签，家属可同行。

5. 北海道地区（札幌、旭川）——环境科学与冰雪经济的北国标杆

（1）核心学科：低温科学、雪冰工程、水产养殖。

（2）院校分布：北海道大学，全球唯一的"冰雪防灾研究所"，参与冬奥会赛道设计；小樽商科大学，日本海经济圈贸易研究重镇。

（3）产业资源：札幌啤酒研发中心，北海道水产加工联盟，石狩湾新能源试验区。

（4）职业转化路径——冰雪工程师：北海道大学低温科学硕士→参与北海道新干线防冻项目→国际极地顾问（时薪1.5万日元）。

（5）政策支持：北海道"地方创生签证"，提供住房补贴与税收减免。

（二）职业转化路径的三大核心机制

1. 产学研"御三家"协作模式

企业内定式培养：丰田与名古屋大学设立"冠名讲座"，学生大二即锁定内定资格；任天堂在京都大学开设"游戏叙事心理学"必修课，毕业生直通关卡设计岗。

2. 签证-永居的阶梯式通道

找到对口工作即可申请（年薪300万日元+）技术·人文知识·国际业务签证，5年转永居；2024年新增"绿色成长领域"快速通道（半导体、氢能领域1年转永居）；特定技能签证优化：农业、护理等领域放宽日语要求（从N3降至N4），允许家属陪同。

3. 全球化实习网络

JETRO（日本贸易振兴机构）海外实习：早稻田大学商科生可申请到纽约金融公司实习3个月，月薪为35万日元；北海道大学水产专业对接挪威三文鱼企业，参与北欧养殖技术转移项目。

（三）日本留学后职业转化关键指标

2024 年日本毕业生起薪 Top 5 专业如表 6-28 所示。

表 6-28　2024 年日本毕业生起薪 Top 5 专业

专业	起薪中位数（万日元/年）	主要雇主
半导体工程	650	索尼、台积电、瑞萨电子
汽车电子	620	丰田、本田、电装
金融科技	580	三菱 UFJ、野村证券、LINE 金融
再生医学	550	武田制药、中外制药
冰雪工程	480	北海道旅客铁道、竹中工务店

资料来源：2024 年日本厚生劳动省薪资调查报告。

2024 年日本各行业外籍人才缺口如表 6-29 所示。

表 6-29　2024 年日本各行业外籍人才缺口

行业	缺口人数	政策优惠
半导体制造	4.2 万	特定技能签证，无限续签
护理福祉	12.5 万	日语要求降至 N4，住房补贴
建筑设备	3.8 万	允许自主接单，时薪上浮 20%

资料来源：日本文部科学省公开数据。

三、中国香港学科优势地图：国际枢纽与本土创新的战略交汇

中国香港教育体系以"东西方融合"和"行业垂直整合"为核心竞争力，其学科布局深度绑定全球金融枢纽地位与粤港澳大湾区产业升级需求，形成"国际规则与在地实践"双轮驱动的独特生态。本节解析香港四大核心教育集群及其职业转化路径，为学生提供精准决策框架。

（一）香港学科优势地图与职业转化路径

1. 金融商科与法律仲裁——全球资本流动的亚洲枢纽

（1）核心学科：金融工程、国际商法、风险管理。

（2）院校分布：香港大学，高盛、汇丰银行联合金融实验室，亚洲唯一 CFA 协会全认证课程；香港中文大学，全球仲裁法律硕士（LLM）排名领先，课程对接香港国际仲裁中心（HKIAC）。

（3）产业资源：中环国际投行集群，香港交易所（HKEX），前海深港法务区。

（4）职业转化路径——跨境并购律师：香港大学法学硕士→富而德（Freshfields）香港办公室实习→合伙人（年薪300万港币+）。

（5）政策红利：通过香港律师会（HKLAW）执业考试，可同时处理内地与普通法系案件。

2. 创新科技与数据科学——大湾区科创走廊的策源地

（1）核心学科：人工智能、金融科技（FinTech）、生物医学工程。

（2）院校分布：香港科技大学，微众银行联合实验室，主导粤港澳跨境数据流动研究；香港理工大学，商汤科技亚太研发中心，拥有全港首个元宇宙创新实验室。

（3）产业资源：数码港初创生态圈，科学园人工智能机器人基地，河套深港科技创新合作区。

（4）职业转化路径——区块链架构师：香港科技大学计算机硕士→微众银行区块链部→跨境支付项目负责人（年薪约150万港币）。

（5）认证加持：获得香港电脑学会（HKCS）认证的信息技术专家资格，薪资提升25%。

3. 医疗健康与公共卫生——亚洲医疗创新的试验场

（1）核心学科：精准医学、中医药现代化、公共卫生政策。

（2）院校分布：香港大学李嘉诚医学院，亚洲首个mRNA疫苗研发中心，与国药集团共建临床试验基地；香港中文大学医学院，粤港澳大湾区精准医学研究院总部，主导肝癌早筛技术攻关。

（3）产业资源：香港养和医院，大埔生物科技园，广州国际生物岛。

（4）职业转化路径——跨境医疗顾问：香港大学公共卫生硕士→联合医务集团（UMP）大湾区项目→首席政策官（年薪约180万港币）。

（5）行业认证：通过香港医务委员会（HKMC）执照考试，可在粤港澳大湾区三地执业。

4. 创意产业与文化遗产——文化软实力的国际窗口

（1）核心学科：影视制作、艺术管理、文化遗产数字化。

（2）院校分布：香港浸会大学传理学院，亚洲排名第1的影视学院，与TVB（香港电视广播有限公司）、英皇电影合作实训项目；香港城市大学创意媒体学院，腾讯互娱香港数字艺术人才培养基地。

（3）产业资源：西九文化区（M+博物馆、故宫文化博物馆），香港国际影视展（FILMART），亚洲艺术文献库。

（4）职业转化路径——数字策展人：香港城市大学艺术管理硕士 → M+博物馆数字转型部 → 元宇宙展览首席设计师（年薪约90万港币）。

（5）创业支持：西九文化区提供最高50万港币的艺术孵化基金。

（二）职业转化路径的三大核心机制

1. 粤港澳大湾区"跨境学分银行"

学分互认机制：香港科技大学（广州）与深圳大学共享课程库，学生可跨校区选修"人工智能＋商业"双学位；香港中医药硕士学分获广州中医药大学认可，支持粤港澳大湾区执业资格转换。

2. 签证－永居的阶梯式通道

（1）非本地毕业生留港计划（IANG签证）：本科及以上学位毕业生可无条件留港12个月，找到工作后续签；连续居住满7年（含留学时间）可申请永居。

（2）优才计划（QMAS）升级：2024年新增"科创人才"类别，满足年薪200万港币或专利成果即可加分30%。

3. 行业认证国际通行

（1）金融领域：CFA、FRM持证人可直接申请香港证券及期货事务监察委员会（SFC）牌照。

（2）工程领域：香港工程师学会（HKIE）认证资格与英美澳加等30国互认。

（三）中国香港求学就业关键指标

2024年香港毕业生起薪Top 5专业如表6-30所示。

表6-30　2024年香港毕业生起薪Top 5专业

专业	起薪中位数（万港币/年）	主要雇主
金融工程	65	高盛、摩根士丹利、中金
人工智能	58	商汤科技、华为香港、腾讯
国际商法	55	年利达、贝克·麦坚时
精准医学	50	养和医院、国药集团
数字艺术	42	M+博物馆、腾讯互娱

资料来源：香港教育局公开数据。

2024年香港各行业人才缺口如表6-31所示。

表 6-31　2024 年香港各行业人才缺口

行业	缺口人数	政策优惠
金融科技	8 200	优才计划加分 + 快速工签
生物医药	3 500	科研经费补贴高达 500 万港币
文化遗产数字化	1 200	创业基金 + 免租金办公空间

资料来源：香港教育局公开数据。

本章结语

求学亚洲，是站在传统与现代的临界点上，解码未来竞争力：新加坡以"双语精英教育"锻造东西方规则的通译者，日本将工匠精神注入数据科学的研发血脉，中国香港用全球金融中心的实战场景重塑商业思维。选择亚洲，就是选择了一种"高性价比的全球化"。在这里，教育是文化传统与创造力碰撞的火种，更是本土智慧参与全球治理的起点。

第七章

出国金融服务，助力留学之路

从做出留学决策到踏出国门，再到学成归来，几乎每个家庭都要往来银行数次。但对于绝大多数家庭而言，如何处理这些业务更省心，在网络上也很难找到标准答案。实际上，提前了解留学全过程需要用到的金融服务就像选择学校一样重要。出国金融服务不仅可以帮助申请者更加便捷地走上留学之路，还可以通过专业顾问的合理规划，实现留学资金效能的最大化。

第一节
留学金融服务清单

从开始考虑留学起，每个留学家庭都意识到可能要付出高出国内教育几倍甚至几十倍的资金。但具体在哪个阶段支出，如何有效地控制成本，怎样平衡好家庭财富稳健增长和留学费用支出，常常让很多家庭感到困扰。表 7-1 列出了留学过程中可能需要的金融产品和服务。不难看出，金融服务贯穿留学全程，留学过程中的许多活动都与金融服务密不可分，因此做好全方位的准备会让留学之路走得更加稳健。

表 7-1 留学过程中涉及的金融产品和服务

留学阶段	场景	金融产品和服务
留学规划和申请阶段	留学咨询和规划	留学讲座
	资金规划	外币存款、理财、教育金
	学校申请费	信用卡、银行电汇等
	标化考试报名费	信用卡，部分支持支付宝等方式
	入学押金	信用卡、银行电汇等
	资信证明（美国需在申请阶段提交）	存款证明、资产证明

（续表）

留学阶段	场景	金融产品和服务
行前准备阶段	申请签证和签证费用支付	签证服务
	存款证明（除美国外，其他国家在签证阶段提交）	存款证明
	学费和生活费汇款	购汇、银行电汇等
	用于海外消费的银行卡	借记卡、信用卡
	行前指导	行前说明会、离境会
留学阶段	学费和生活费	银行卡、银行电汇等
	取现	信用卡、借记卡
	消费	信用卡、借记卡，部分支持支付宝等方式
留学回国阶段	创业融资	贷款服务
	剩余外汇	结汇、外币理财、存款

> **要出国　找中信**
>
> 中信银行深耕出国金融业务 27 年，是美国、以色列等多国使馆签证业务的合作金融机构，形成了涵盖签证、外汇结算、外币理财、跨境汇款、留学汇、资信证明、出国特色卡等产品的一站式出国金融服务体系，累计服务出国客户超过 2 700 万人次。

第二节
留学前：兵马未动，粮草先行

一、留学规划阶段

留学规划阶段是留学的前奏。留学的想法可能源于一次家庭会议的讨论，或者某次海外游学的经历，又或者某个朋友的建议。当一个家庭做出让孩子去陌生世界探险的决策后，最直接的问题是要准备多少钱，以及需要什么时候准备好。根据现有的留学签证体系，家长最早需要在留学申请前半年就准备好能够覆盖留学阶段学费和生活费的资金，用于申请签证。

（一）留学教育资金规划服务

在留学规划阶段，中信银行推出专属的留学教育资金规划服务，围绕出国留学全周期，基于留学生所处年龄阶段，结合留学生的意向国家、学校与专业，为留学家庭提供关于留学资金的专业规划方案，帮助留学家庭客观全面地分析子女海外留学过程中的各项资金支出，比如综合素质教育费用、留学申请及学杂费用、海外生活费用、海外安全保障费用、学成创业费用等。规划方案从留学生的刚性需求出发，串联各个留学关键支出节点，从而实现资金储备与需求的动态平衡，满足留学生的各项资金使用需求。

留学家庭可以将拟留学使用的资金放在单独的银行账户内，通过留学教育资金规划服务，保障留学储备金稳健增长，实现子女海外求学无忧。

（二）留学专属借记卡

借记卡不仅有储蓄功能，还有投资理财功能。中信银行近年来联合国际卡组织为出国留学客群打造了 5 张借记卡产品，分别为中信银行护航借记卡、万事达外币借记卡、万事达人民币外币多币种借记卡、Visa 外币借记卡和美国运通借记卡。

中信银行护航借记卡

2018 年，中信银行联合中国少年儿童基金会推出了专门针对留学生的银行卡——护航借记卡。中信银行作为"护航计划"爱心编队成员，肩负起社会责任，响应中国少年儿童基金会的号召，推出"护航计划"联名借记卡和信用卡，在满足留学家庭境外消费、境外取现、学费汇划等核心需求的同时，整合了跨境汇款优惠、个人结售汇点差优惠、免货币转换费、境外刷卡返现、航班延误险、签证优惠服务、境外医疗协助、留学官方权威资讯、社会实践活动等权益，为留学家庭提供专业的出国金融服务，用心护航留学之路。

特色 1：专享跨境汇款优惠，跨境汇款（含留学汇）手续费最高可享受 250 元优惠。

特色 2：专享结售汇点差优惠，办理美元、英镑、澳元、加元结售汇业务，可享受 30bps（基点）点差优惠（购汇 5 万美元，约可省下往返京沪的高铁票价），最高可优惠 150 元。

了解更多护航借记卡权益，请扫码

中信银行万事达外币借记卡

中信银行在 2020 年 7 月携手万事达卡组织合作发行了中信银行万事达外币借记卡，是第一家发行万事达外币借记卡的全国股份制银行。该卡现支持使用美元、港元、英镑、澳元、新加坡元、欧元、加元、日元共计 8 个币种进行结算，持卡人在境外线上、线下消费可使用当地币种进行支付结算。卡片等级分为白金卡和世界卡，持卡人可以在中信银行柜台办理共计 13 个币种的储蓄与外币理财产品，也可在全球 210 个国家和地区的 1.3 亿家接受万事达卡的商户消费以及在数百万台 ATM（自动取款机）上取款。该卡聚焦海外留学、境外生活场景，甄选超值金融优惠及全球消费返现、优惠出行、国际酒店等特色权益。

特色 1：免年费，免每月前三笔境外 ATM 取现手续费，免境外 ATM 余额查询费，免境外交易货币转换费。

特色 2：全球品牌商户消费最高返现 20%，留学生境外绑卡返 48 美元（比如苹果商店、优步、优食等）。

特色 3：欧洲四国五大比斯特购物村消费返现 10%，爱彼迎消费满 600 美元返 40 美元。

了解更多万事达外币借记卡权益，请扫码

中信银行万事达人民币外币多币种借记卡

2024 年 5 月 9 日，中信银行携手万事网联，领先全国同业首发推出万事达人民币外币多币种借记卡产品。卡面设计采用貔貅这一中国传统文化中的祥瑞生物，貔貅被认为是招财进宝的吉祥物，也是勇气和权威的象征，这意味着持卡人拥有祥瑞、力量、财富和好运。铜钱纹路作为卡面背景的图形元素，象征着财富和好运，同时增加了卡片的独特性。该产品对卡面设计、创新卡函及盲盒式祝福语等方面进行了优化，上市后受到市场高度认可和好评。

该卡分为三个等级，依次为金卡、白金卡、世界卡。在原万事达外币借记卡的基础上，该卡进行了升级，增加了境内人民币交易结算功能，境外支持美元、港元、英镑、澳元、新加坡元、欧元、加元、日元共 8 个外币币种支付结算。万事达卡的受理网络遍布全球 210 多个国家和地区，有超过 1.3 亿家线上和线下商户受理万事达卡。在境内外贴有万事达卡受理标识的场所及线上商户消费，持卡人均可用中国万事达卡进行支付。对于贴有万事达卡标识的 ATM 机，持卡人均可使用万事达卡取款。持卡人可以在 POS 机上进行插卡支付，可以在带水波纹标识的 POS 机上拍卡支付，还可以在多个支付平台进行快捷支付，包括微信、支付宝、京东、抖音以及美团等。

在活动权益方面，持卡人可享携程钻石会籍匹配、比斯特中国购物村会籍匹配、潮流运动商户专属优惠、米其林餐厅预定礼遇、境外精品餐厅预定高额优惠、发发奇金卡礼遇等。同时，中信银行不定期推出刷卡赢微信立减金、迪士尼门票、环球影城门票、广州长隆乐园门票等专属开卡营销活动，全方位聚焦境内外衣食住行尊享服务体验。

了解更多万事达人民币外币多币种借记卡权益，请扫码

中信银行 Visa 外币借记卡

中信银行在 2022 年 11 月携手 Visa 卡组织推出中信银行 Visa 外币借记卡。该卡为白金卡，现支持使用美元、港元、英镑、澳元、新加坡元、欧元、加元、日元共计 8 个币种进行结算，持卡人在境外线上、线下消费可使用当地币种进行支付结算，也可以在中信银行柜台办理外币存款与外币理财业务。该卡支持在境外标有 Visa 标识的 ATM 机上查询余额并提取当地货币现钞，也可在境外商户进行消费支付，扣减账户内的美元余额。持卡人可享 Visa 权益平台的海外留学、消费等多项权益。

特色 1：Visa 权益平台提供境外生活随机返、境外交通笔笔返现、一拍即付全球返等丰富的活动及权益。

特色 2：留学申请优惠，持 Visa 外币借记卡可享新东方前途出国留学申请类业务服务费优惠，最高 2 000 元。

特色 3：家庭医生单月不限次线上咨询服务。

了解更多 Visa 外币借记卡权益，请扫码

中信银行美国运通借记卡

为更好服务出国金融客群，2023 年 6 月，中信银行携手美国运通重磅推出"中信银行美国运通 EL 金卡借记卡"（简称"美国运通借记卡"）。作为美国运通全球首发的 EL 金卡借记卡，该产品使用人民币进行结算，实现境内境外一卡通享。美国运通借记卡不仅能满足客户境内外消费取现的金融需求，同时囊括了运通境内境外、线上线下丰富的权益和活动，比如境外刷卡笔笔返现、国内星级酒店自助餐买一送一等，这是百年运通品牌与中信出国金融的传奇之作。

特色 1：人民币结算，省心省力。

特色 2：境内丰富权益，购物餐饮一网打尽；星级酒店自助餐、下午茶买一赠一；免费享购物村会籍，生日消费更多礼遇。

特色 3：运通全球支付网络，全球商户独享优惠，跨境消费笔笔返现，既能花又会省。同时有日本、中国香港等地商户优惠。

了解更多美国运通借记卡权益，请扫码

（三）外币理财产品

中信银行代销多款外币理财产品，币种涵盖美元、欧元、英镑，主投美元存款等债权类资产，起购金额低至 1 元（本币），包括现金管理类与中长期固收类产品，风格稳健，严控风险（理财非存款，产品有风险，投资须谨慎）。

（四）留学讲座及活动

中信银行在每年 6—9 月的留学旺季，会不定期举办留学规划、留学择校等讲座或沙龙活动，根据各地区留学特点，联合当地权威的留学机构，给家长和准留学生带来权威的政策解读与规划合理的留学方案。

（五）中信银行托福 Junior 专场考试

托福 Junior 考试（中学托福）适用于 11～17 岁且计划申请国际学校、美高及国际夏（冬）令营的学生，也适用于想要提高孩子的语言综合能力、培养国际化人才的家庭。

中信银行携手托福考试官方机构（托福®）在全国范围内打造"中信银行托福 Junior 专场考试"，学生可以就近选择中信银行网点统一进行考试，减轻舟车劳顿，享受优越的考场环境。专场考试内容包含听力、阅读、语言形式与含义三个模块，考试形式为笔试，时长约为 2 小时。中信银行精准助力客户子女考学、升学，提供属地便利化出国金融服务。

（六）中信银行托福在线模考

TPO（TOEFL® Practice Online）是托福考试官方机构（托福®）研发的正版托福在线模拟练习产品，完全还原了真实考试环境及操作界面，具有权威性和公信力，考试题目的质量与准确性有严格保证。

中信银行携手托福考试官方机构（托福®）在全国范围内向希望子女接受国际教育的家庭提供托福模考名额。模考在题目难度、考场环境、考试形式、评分系统等方面还原正式托福考试。TPO 模考是线上考试，时间为 2 小时，考题包含阅读、听力、口语和写作四部分。考生可即时获得阅读和听力两部分的成绩，并在 24 小时内通过官方评分工具获得口语和写作两部分的成绩，所有评分均贴近真实考试评分。针对留学客群备考时间少、临考心理压力过大等痛点问题，中信银行提供模拟考试的资格，考生可以足不出户在家进行托福模拟考试，提前熟悉考试流程，掌握答题技巧，为真实考试做好充分准备。

（七）研学派

研学派科研体验平台是中信银行整合优势资源，精心打造的由国际名校名师引领的高含金量科研项目，课题丰富，专业性强。学生通过该平台报名科研项目可获得与海内外名校导师交流的机会，以及高含金量的项目证书，还有机会拿到名校导师的推荐信，全面提升综合素质和竞争力。研学派可以助力学生提升背景，为升学择校加分。研学派还拓展了游学项目，比如夏令营、夏校、冬令营、名校探访、公益项目、双语日营等。

（八）EasyGo 会员

为更好地为留学家庭提供专业化、一站式的服务，中信银行在 2022 年推出 EasyGo 会员服务体系，学生和家长可在 EasyGo 会员页面一览签证、跨境汇款、资信证明等各项服务专享优惠与所有出境服务产品。EasyGo 会员服务体系不仅整合了一手资讯、旅游攻略等信息，还为留学生提供了境外保险、境外消费返现、跨境汇款手续费全免等多项专享优惠和服务，更提供了英才训练营、留学讲座、留学前辈交流会等活动，专业化的全旅程陪伴式服务可以满足不同留学阶段的各种需求。

在留学规划初期，留学家庭可以先注册成为中信银行 EasyGo 会员，领取会员专属优惠，在留学旅程的不同阶段享受相应的权益和服务（见表 7-2）。

表 7-2　EasyGo 会员的权益

权益	身份	类别	黄金会员	铂金会员	钻石会员
会员权益	家长	优惠券包	新户专享：单次优惠券 2 张，价值 300 元 ■ EVUS（签证更新电子系统）手续费优惠券 100 元 ×1 张 ■ 全球签手续费优惠券 200 元 ×1 张	持卡会员专享：每年优惠券 5 张，价值 900 元 ■ 全球签手续费优惠券 200 元 ×2 张 ■ 跨境汇款（含留学汇）手续费优惠券 250 元 ×1 张 ■ 结售汇点差优惠券 150 元 ×1 张 ■ EVUS（签证更新电子系统）手续费优惠券 100 元 ×1 张	VIP（贵宾）会员专享：每年优惠券 9 张，价值 1 600 元 ■ 全球签手续费优惠券 200 元 ×3 张 ■ 跨境汇款（含留学汇）手续费优惠券 250 元 ×2 张 ■ 结售汇点差优惠券 150 元 ×2 张 ■ EVUS（签证更新电子系统）手续费优惠券 100 元 ×2 张
	学生	境外保障	免费赠送：100 万元留学无忧险（包含境外医疗保险、境外意外保险、航空延误险等）或 1 000 万元航空意外险	免费赠送：100 万元留学无忧险（包含境外医疗保险、境外意外保险、航空延误险等）或 1 000 万元航空意外险；信用卡专享盗刷险 3 万元	免费赠送：100 万元留学无忧险（包含境外医疗保险、境外意外保险、航空延误险等）或 1 000 万元航空意外险；信用卡专享盗刷险 3 万元
		境外出行	—	—	机场贵宾厅服务 1 次（每季度）
		留学资讯	免费畅读留学蓝皮书（精华电子版） 留学精品课程及留学咨询	免费畅读留学蓝皮书（完整电子版） 留学精品课程及留学咨询	免费畅读留学蓝皮书（纸质完整版） 留学精品课程及留学咨询
		就业指导	免费赠送职业测评 1 次、名师专属规划 1 次	免费赠送职业测评 1 次、名师专属规划 1 次	免费赠送职业测评 1 次、名师专属规划 1 次

二、留学申请阶段

在留学申请阶段，许多国家将资产证明作为必须提交的材料。以美国为例，其每年 10 月份就要求学生提供资产证明。资产证明应证明申请学生或其家庭有足够的资金支付其在海外留学所必需的学习和生活费用。在后续办理签证阶段，学生也需要向使馆提供资产证明用于申请签证。一般情况下，我国银行提供的资产证明主要为"存款证明"。

（一）存款证明

个人存款证明业务是指银行为存款人出具证明，证明存款人在当前某个时点的存款余额或某个时期的存款发生额，以及证明存款人在该行有在以后某个时点前不可动用的存款余额，即在存款证明开具的时间段内，该笔资金自动被冻结且无法使用。

不同留学国家或地区对申请者提供的存款证明金额以及时长有不同的规定。

1. 美国

美国大使馆对存款证明的期限没有严格的规定，一般建议存期在 6 个月以上，学生可以以父母或者直系亲属的名字开具证明，但需要提供自己与存款证明开具人的关系证明。存款证明冻结分两次：第一次是在申请大学时使用，即 12 年级的 10 月份冻结 75 万元左右的资金，并开具英文版存款证明作为大学申请资料提交；第二次是在美国高校发放录取通知后，申请 I-20 表时冻结一年的学费，大约 75 万元，冻结日期可持续到办理签证后。大部分学校要求存款解冻日期在签证出签之后、正式开学之前。与其他国家不同，美国高校要求申请者在申请时就提供存款证明，申请者若同时申请 5 所高校，则需要分别向 5 所高校提供存款证明。在这种情况下，学生仅需提供一笔资金，并向银行提出开具与所申学校数量一致的存款证明份数。存款证明金额至少要与申请者在美国就读期间的学费加生活费总额一致。

2. 英国

除了录取通知书和英语能力达标证明，学生还需要开具说明个人有足够经济能力以支撑在英学习的存款证明。前往英国的留学生最好准备存款金额不低于在英国就读的学费加生活费总额的存款证明，以防被使馆抽查。

3. 其他国家或地区

不同国家或地区的存款证明要求可以参考表 7-3。

表 7-3　不同国家或地区的存款证明要求

国家或地区	学校申请阶段	签证申请阶段	存期
美国	75 万元	高中：80 万～120 万元 本科：75 万～100 万元 研究生：50 万～80 万元	建议 6 个月以上（学校另有规定除外）

（续表）

国家或地区	学校申请阶段	签证申请阶段	存期
英国	无	30万~50万元（不强制要求，建议提供，以备抽查）	28天起，建议3个月以覆盖签证申请周期
加拿大	无	80万~100万元	一年，金额能够支撑学业结束，要求提供6个月以上的存款流水
澳大利亚	无	小学：90万元以上 中学：45万~60万元 本科：45万元 研究生：30万元	建议3个月
新西兰	无	35万~100万元	要求提供6个月以上的存款流水，避免一次性大额存入
中国香港	无	建议20万元	建议3个月以上
欧洲其他国家	无	建议20万元	建议6个月以上
亚洲其他国家或地区	10万~20万元	无	6个月以上

中英双语+PDF（便携式文档格式）版存款证明更方便

中信银行可为留学家庭提供中英双语对照的存款证明，这在使馆具有较高的认可度。客户无须亲自前往柜台，凭本人（学生或家长）在中信银行的定、活期存款，即可通过手机银行或出国金融小程序线上申请纸质存款证明，银行会邮寄到家，或直接开具电子版存款证明并生成PDF文件。从存款证明开具当日起至证明期满，银行对客户的账户资金实施冻结，到期自动解冻并恢复使用。存款证明可用于在申请签证和学校时，将个人信用转化成银行信用，从而提高签证申请人的信用水平。

存款证明进阶百科

（1）在银行的所有资产都可以开具存款证明吗？

随着业务的不断发展，除了传统的存款产品，银行还发展出了银行理财及代理销售的基金、保险、贵金属等产品。根据境外留学机构的要求，存款证明是为一段时间内资金价值不会发生变动的资产开具的，也就是说，只有本外币存款（定期、大额存单）才能满足这一要求。

（2）开具存款证明的资金还能动用吗？

存款证明开具期间，资金需要冻结，客户是不能再使用这部分资金进行转账汇款、支付、投资理财的。冻结期限根据学校要求，一般为3～6个月，到期自动解冻，资金恢复可以使用的状态。

（3）存款证明只能去银行网点开具吗？

中信银行提供了在线存款证明办理服务，客户可通过手机银行来申请开具电子版存款证明，完成后打印即可。除此之外，部分地区还支持客户通过手机银行来申请纸质存款证明（邮寄到家）。

（4）签证通过后存款证明冻结的资金可以提前解冻吗？

存款证明冻结的资金可以提前解冻，但是申请人必须交还所有存款证明原件，并携带身份证前往银行柜台办理。如果申请人开具的是电子版存款证明，那么一般来说，资金不可以提前解冻。

个人资产证明业务是指银行为借记卡持卡人开具证明，证明持卡人在当前时点所拥有资产价值的证明文件，并以货币作为计量单位进行评估。

中信银行可提供中英双语对照的资产证明，客户无须前往柜台，凭本人在中信银行办理的活、定期存款及理财产品、保险产品、基金、国债等，即可通过手机银行或出国金融小程序线上开具电子版资产证明，并生成PDF文件。从证明开具之日起，银行不会对客户的账户资金进行冻结，资产证明仅用来证明客户某个时点在银行的大致资金余额情况。

三、签证办理一站式服务

（一）美国签证

在热门留学目的地中，美国签证的办理流程相对复杂，学生要预留充分的办理时间。提前办理可以为拒签等异常情况预留充分的处理时间。美国驻华大使馆于1998年和1999年分别授权中信银行提供代收赴美签证费和护照传递服务，在中信银行办理美国签证是赴美留学生的必经之路。

📍 美国签证代缴费、护照传递——中信银行一站式办理

中信银行受美国大使馆授权，为申请人提供网点柜台、官网、手机银行多种缴费渠道，申请人凭缴费参考号，可在全国 1 400 余个网点使用现金或银行卡就近办理，也可通过线上渠道便捷缴费。

如果申请人曾经获得过美国签证，其失效时间不超过 12 个月（根据使馆最新政策进行调整），且此次申请签证的类型与上次一致，那么申请人可能符合美国签证"免面谈"的条件，只需要按照预约时间将申请材料递交至最近的中信银行网点，由中信银行将材料传递至美国使领馆。"免面谈"服务免去了申请人往返奔波使馆之苦，为申请人节约了大量时间和差旅成本。

申请人如果不符合"免面谈"条件，就仍需前往美国使领馆进行面签，签证处会在签证审批完毕后，将护照交给中信银行专职信使。中信银行负责将护照传递至申请人指定的领取网点，遍布全国的 1 400 余个中信银行网点可为申请人提供护照传递服务，方便申请人就近领取护照。

📍 EVUS（签证更新电子系统）信息更新

对于已经拿到 10 年期签证的中国公民而言，在赴美前还有一件重要的事情，那就是进行 EVUS（签证更新电子系统）信息更新（见图 7-1）。自 2016 年 11 月 29 日起，根据美国国土安全部的要求，持有 10 年期有效 B1/B2、B1 和 B2 签证的中国公民必须登录 EVUS（签证更新电子系统）在线登记个人信息，才能顺利入境美国。

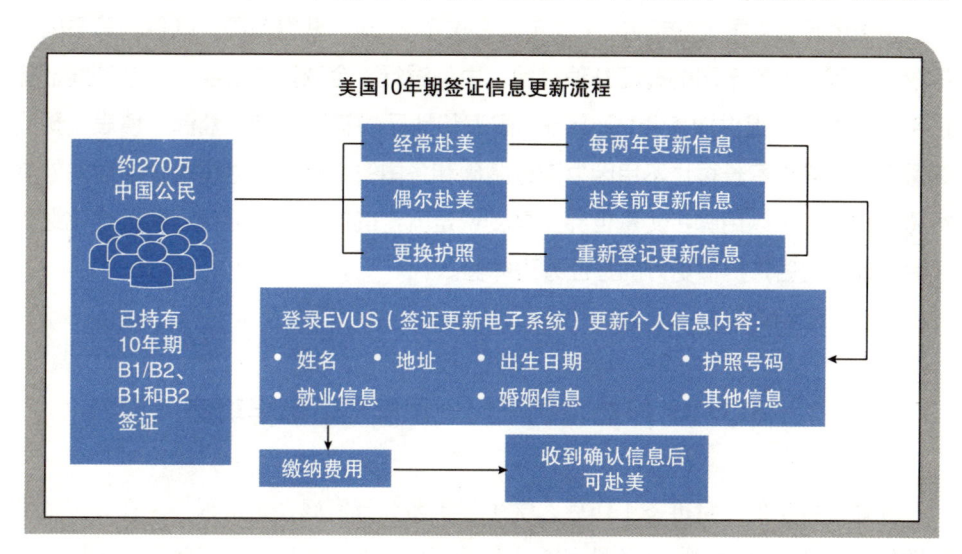

图 7-1 EVUS（签证更新电子系统）信息更新

（二）英国签证

相比美国签证，英国签证的办理流程更简单，拒签率也更低。办理前，家长需要确保资产证明等签证材料准备齐全，以防出现因签证材料不全而被拒签的问题。

英国签证办理可以不用去使馆——英国如意签

自 2018 年起，中信银行与英国签证中心合作推出英国"如意签"移动签证服务，即英国签证中心为中信银行客户提供上门采集指纹和接受申请材料的移动签证服务。上门地点可以是中信银行网点，也可以是申请人指定的地点。申请人可联系中信银行网点提出申请，由中信银行联系签证中心提供上门服务。该服务具有预约灵活、上门服务、人数不限、省时省力等特点，尤其对于 15 个英国签证中心以外城市的申请人而言，无须长途跋涉到其他城市去申请签证，这节省了大量时间和资金成本。

（三）其他国家签证

除去美国、英国两个国家，很多留学生还会选择澳大利亚、新西兰等英语国家。这些国家的学生签证拒签率不高。在准备好资产证明的情况下，拒签率会更低。

办签证也可以找银行

中信银行与美国大使馆自 1998 年起合作了 27 年，获得美国、以色列等多国使馆权威授权，有着丰富的签证办理经验。中信银行"全球签"是业内首创的线上签证平台，为客户提供覆盖 40 余个热门国家和地区的签证咨询、翻译、填表、预约等服务。留学生家长再也不用因为沟通障碍和各国签证复杂的办理流程而对海外旅行望而却步，可以用脚步丈量世界，享受说走就走的旅行。中信银行持续优化迭代平台功能，为客户提供更好的签证办理体验。

第三节
留学中：好的金融产品让留学生活事半功倍

在做好留学的大量准备工作后，学生终于要离开家庭，走出国门，在异国他乡体验留学生活。这个阶段涉及最多的业务是汇出学费、生活费及国际信用卡刷卡消费、境外医疗服务等。

一、留学启程阶段

在学生拿到心仪学校的录取通知书并通过签证审批后，异国学习、生活就近在咫尺。为了让日后的留学生活更便捷，很多学生选择在启程前购买外汇、缴纳学费、办理在国外可以使用的信用卡、购买境外保险等。

留学行前会

在留学生出行前，中信银行会不定期举办留学行前会，根据各地区留学特点并联合权威的留学机构，给家长和留学生带来留学出行最需要注意的方方面面的经验以及各个国家的生活习惯、法律政策等方面的介绍。

（一）购买外汇

个人结售汇业务是留学生在留学中接触最频繁的金融业务之一。留学生最常办理的业务是个人购汇，也就是将人民币兑换成外币的业务。绝大多数海外高校不支持用人民币支付学费，因此家长必须先将自己的人民币存款兑换成外币。

购汇没有地点限制

中信银行柜台、网上银行、手机银行可办理个人购汇、个人结汇和外汇买卖业务。除办理各类个人外汇业务外，中信银行手机银行还支持实时查询外汇牌价及汇率阶段走势。中信银行还提供外币预约兑换业务，客户可在出行前提前与银行预约并换取外币现钞。

（二）汇出学费、生活费

在留学生求学的过程中，境外汇款是必须用到的金融服务。一般来说，家长一年给留学生汇两次学费，生活费的汇款次数则因家庭而异，基本按照月、季、半年的周期来汇款，银行提供的国际汇款业务一般包含电汇和创新型汇款产品。

1. 电汇

电汇是跨境汇款最基本和最常用的方式，指客户到银行柜台或通过网上银行、手机银行等电子渠道，准确、完整地填写收付款方信息后，将外币汇到学校指定账户。境外电汇需要填写的信息全部为英文，常见的必填信息包括所在学校的账户名称、账号、开户行名称、开户行地址与银行国际代码等。

总体来说，电汇具有方便安全、到账较快、费用便宜等优势。

一次填单，汇款进度全流程可视化

留学家庭在中信银行的网上银行和手机银行办理电汇，只需填写一次汇款单。在保护客户信息安全的前提下，汇款系统下次将自动调出联系人信息，客户只需要核对，不需要手工填写境外银行名称、地址、国际代码、收款人名称、账号等信息。同时，汇往主流留学国家的款项支持汇款进度查询，客户再也不需要"苦苦等待"。

电汇小知识

电汇汇款的到账时间一般为 1~5 个工作日，如果汇款信息标准且不需要人工介入，那么最快数分钟即可到账。在进度查询方面，中信银行支持客户自主通过手机银行渠道查询汇款进度（部分汇款不适用），微信通知汇款到账金额及时间，这可以节约客户奔波于柜台的时间，也提高了查询的准确性和及时性。

银行电汇的手续费一般在 0.1% 左右（通常会设置手续费最低值和最高值），另有 80~150 元的邮电费（不同国家和地区有所区别），另有清算行手续费和收款行手续费等。成为 EasyGo 会员的客户通过"留学汇"产品汇款，可领取跨境汇款手续费 250 元优惠券（不含邮电费）。

---

2. 学费支付新渠道

中信银行留学汇——线上办理，不占额度不排队

为了让跨境汇款业务变得更加便捷、高效，中信银行不断优化汇款方式，推出了创新型汇款产品——留学汇。其优势主要包含以下几个方面：

- 额度便利：不占用个人年度购汇额度，支持全额到账，缴纳大额学费更省心。
- 操作简单：线上填信息，全程中文指引，无须提前购汇，汇款更轻松。
- 查询方便：受理进度实时跟踪，随时随地支持自助查询。
- 优惠权益：注册 EasyGo 会员，享跨境汇款手续费 250 元优惠。

> **跨境汇款建议选正规金融机构**
>
> 　　留学费用的支付渠道主要包括银行类金融机构和提供学费支付服务的第三方支付机构，考虑到留学费用金额较大，客户应首选银行类金融机构作为主要办理渠道。目前，部分银行已与第三方支付机构推出了合作产品，为客户提供多样化的产品选择。
>
> 　　在学费支付方面，银行可为客户提供跨境电汇、票汇、国际速汇等产品，国际速汇一般适用于个人对个人的跨境汇款，且受理金额相对较低，而票汇存在纸质票据丢失的风险。因此，最推荐客户使用的是跨境电汇产品。
>
> 　　在办理跨境电汇时，有一些细节值得注意：一是对于欧元、英镑等币种，校方可能同时提供了收款银行账号和IBAN（国际银行账户号码），我们建议客户在汇款时直接将IBAN填入收款账号处，否则可能会因为人工处理而发生较高的扣费甚至被退汇；二是全额到账服务并非适用于所有国家和地区，所以客户应在使用该服务前咨询银行客服；三是目前已有多家银行推出了跨境汇款状态查询服务，这能够帮助客户动态掌握每一个汇款环节。中信银行推出手机银行跨境汇款服务，加速汇款到账，免费通过微信、短信推送汇款状态信息，有效呵护资金安全。

（三）办理国际信用卡

　　国际信用卡是留学过程中最常用的金融产品，在缴纳申请费、考试费、国际快递费以及在海外生活时都会用到。根据发卡机构的不同，目前常见的国际信用卡类型包括万事达、Visa、大来卡、JCB（Japan Credit Bureau，日本信用卡株式会社）和美国运通。其中以万事达、Visa最为常见，在绝大多数的商家中都可以正常使用。

　　国际信用卡申请7～10个工作日可以完成，如果家长有连续社保缴纳记录和可查询的学历信息，银行一般不会再要求提供资产证明、在职证明、收入证明等材料。家长在办理国际信用卡的同时可以为留学生申请附属卡，方便其日后出国使用。因欧美发达国家的商家合规意识较强，留学生最好不要使用父母的信用卡，以防发生不必要的法律纠纷。

> **初中留学生一样能办附属卡**
>
> 　　专属的单币信用卡附属卡的持卡年龄下调至14岁（比如Visa逍遥白金信用卡、

Visa 少年行白金信用卡等），附属卡额度共享主卡账户额度且可以进行自定义限制，以满足留学家庭的需求。同时，各类信用卡机构提供海外人身安全、身体健康及法律纠纷等保障服务。

💡 境外刷卡消费也能省钱

国际信用卡组织和中信银行与境外商户合作，为留学生海外消费提供众多便利和优惠，是留学生消费、省钱的好帮手。国际信用卡境外权益与特色权益比较多，表 7-4 对其进行了总结分析。

表 7-4 国际信用卡境外权益与特色权益

中信银行 Visa 逍遥白金信用卡	中信银行 Visa 少年行白金信用卡	Visa signature 全币通信用卡	万事达 钛金信用卡	美国运通 白金信用卡
卡片有效期内免年费（无附加消费条件）	卡片有效期内免年费（无附加消费条件）	卡片有效期内免年费（无附加消费条件）	卡片有效期内免年费（无附加消费条件）	卡片有效期内免年费（无附加消费条件）
境外消费 2 倍积分	境外消费 2 倍积分	境外消费 2 倍积分	境外消费 2 倍积分	全年境外消费 6 倍积分
免 1.5% 境外交易货币转换费	免 1.5% 境外交易货币转换费	免 1.5% 境外交易货币转换费	免 1.5% 境外交易货币转换费	免 1.5% 境外交易货币转换费
外币消费，人民币还款	外币消费，人民币还款	航空意外伤害保险	航空意外伤害保险	白金尊贵卡权益
盗刷保障险：按客户出险当日的授信额度承保	盗刷保障险：按客户出险当日的授信额度承保	航班延误保险	航班延误保险	境外不定期消费返现活动
航空意外伤害保险	航空意外伤害保险	盗刷保障险	盗刷保障险	美国运通卡组织平台优惠
全新 EMV（简易移动值）芯片卡，安全便捷	全新 EMV 芯片卡，安全便捷	附属卡可申请年龄为 14 岁	附属卡可申请年龄为 14 岁	
免年费，免货币转换费	免年费，免货币转换费	境外不定期消费返现活动	境外不定期消费返现活动	
附属卡可申请年龄为 14 岁	附属卡可申请年龄为 14 岁	Visa 卡组织平台优惠	万事达卡组织平台优惠	

（续表）

中信银行 Visa 逍遥白金信用卡	中信银行 Visa 少年行白金信用卡	Visa signature 全币通信用卡	万事达 钛金信用卡	美国运通 白金信用卡
价值 100 万美元的国际救援权益	美国 CAG 公司法律咨询服务		指定品牌消费返现 20%	
留学缴费 8% 返现	盛诺一家美、日、英海外救援保险			
留学生活 2% 返现	少年行服务权益			
	留学缴费 8% 返现			
	留学生活 2% 返现			

注：国际信用卡权益具体以银行最新活动细则为准。

国际信用卡紧急服务

1.发现信用卡被盗刷怎么办？被盗刷的资金可以追回吗？

（1）发现信用卡账单出现非本人交易（或与实际交易情况不相符）的记账，在规定时间范围内（交易日起 60 天内）可向发卡行提出争议，由发卡行通过卡组织（如银联、Visa、万事达、JCB、美国运通等）向收单行提出调阅交易凭证的请求，以便了解交易的相关情况。

（2）调阅的交易凭证包括但不限于：签购单影像件、取现流水单据影像件、商户情况说明，以及与交易有关的截屏、电邮或其他与交易相关的资料。

（3）调单处理范畴：只针对信用卡交易是否成功、交易金额是否正确、有无重复入账以及商户是否按照卡组织规定进行收单操作进行核实（不针对签名笔迹、持卡人是否在现场等情况进行调查）。

2.什么情况下会提示信用卡被锁？发现信用卡被锁后如何解锁？

信用卡被锁的原因有很多，比如密码多次输入错误，客户可联系客服解锁或通过动卡空间 App 自助渠道解锁。

3.若进行大额消费时剩余额度不够，应该怎么做？是否可以临时提升额度？

客户可以尝试向银行申请临时额度。中信银行为了满足客户在境外的用卡需求，为优质客户提供海外专属额度，客户通过客服或短信激活该额度后，即可在海外指定地区消费。

银行系统会根据客户的用卡情况，自动审核生成海外额度，是否有海外额度及额度大小会根据客户的用卡情况有所变化，海外额度可在所有海外地区使用。海外额度激活后，符合条件的交易即可优先使用海外额度，再使用自身额度。

海外额度激活实时生效，有效期为一个月，有效期内未使用将自动失效。海外额度仅在客户在指定地区进行刷卡消费类交易时生效，提现、预授权、非刷卡交易等无法使用海外额度。海外额度激活成功与否，都会有短信提醒。在海外使用海外额度时无短信通知。

境外信用卡小贴士

1. 在境外用哪款信用卡较好？

推荐客户办理以下全币种国际芯片卡：中信银行 Visa signature 信用卡、中信银行 Visa 逍遥白金信用卡、中信银行万事达钛金信用卡及中信银行银联卡（62开头）。

办理方式：在中信银行信用卡官方微信中回复"办卡"，或前往动卡空间 App 的"境外专区"即可申请。

2. 境外用卡有哪些优惠活动？

具体活动可前往动卡空间 App 的"境外专区"了解。

3. 境外用卡怎么联系客服？

请拨打卡片背面的客服电话：+86-755-82380710（"+"为国际字冠，不能省去，客户要根据所处国家或地区进行拨打，常见的国际字冠有"00""011"），或者联系您的企业微信营销经理。

4. 境外消费在输密码时要注意什么？

在境外消费时，客户要根据商户要求及卡片种类确定是否可以凭密码消费，部分国家对芯片卡采取强制验密，建议客户在出国前设置好消费交易及取现密码。

5. 境外消费额度不够怎么办？

中信银行会根据客户的用卡情况不定期主动为客户提高额度，以方便客户的境外消费。客户也可以根据需要拨打中信银行信用卡客服热线（0060-95558）或登录动卡空间 App，通过"卡片管理—额度管理"路径进行操作，申请临时提额或长期提额。

6. 出境前如何确定卡片是否是可用状态？

客户可以在出境前登录动卡空间 App，通过"个人中心—卡片管理"路径对名下卡片进行状态调整，检查信用卡有效期。

7. 出国后如何办理信用卡退税？

境外购物后，客户可根据当地规定的具体条件享受退税，消费退税包括现场退税和事后退税两种形式。

在现场退税的情况下，客户可在购物前咨询当地商店并索取相关申请表格，建议仔细阅读退税条款，并将表格与购货发票收妥。

在事后退税的情况下，客户需要在离境前到机场海关柜台办理退税，提交免税申请表和购货发票，核对所购商品，并办妥其他所需手续。

客户可提供中信银行信用卡卡号，将退税款项转入信用卡账户。

8. 芯片感应卡"一拍即付"功能如何用？

"一拍即付"采用短距无线通信技术，在芯片感应卡与支持"一拍即付"的结账终端之间进行安全支付，支持小额交易免密码和签名，持卡人可以按照终端设备的提示进行操作。中信银行的银联、Visa、万事达芯片卡均支持全球多个国家或地区的公交、地铁商户等。

芯片感应卡"一拍即付"功能具有以下优势。

更安全：每次交易都会生成一个一次性代码，从而保护支付信息的安全。5厘米安全读取距离，更易防范信息盗窃，有效防止读卡器窃取信息。

更便捷：支付时卡不离手，只需轻轻一拍，轻松完成支付，无须等待找零。

9. 在国外丢失信用卡怎么办？

客户可以尽快拨打中信银行客服热线办理挂失，或登录动卡空间 App，通过"个人中心—卡片管理"路径进行卡片挂失。

10. 境外小额免密支付功能如何开通？

为提升境外消费体验，客户可在出行前开通信用卡"1 000 元以下小额免密支付"功能，具体路径为：登录动卡空间 App，进入"信用卡—卡片管家"，点击对应卡片，找到交易支付中的境外小额免密，打开境外交易小额免密开关。

（四）境外保险

境外保险是出行必不可少的要素之一。客户出行前需要通过银行或中介机构购买保险产品，以保障人身安全等。客户注册中信银行出国金融 EasyGo 会员，即可免费领取百万海外留学关爱险或航空意外险，保障海外留学之路。

二、海外就读阶段

从坐上国际航班，看着飞机上琳琅满目的免税商品杂志开始，学生的留学生涯就开始了，他们即将面对的是陌生的法律体系、社会制度、文化环境。因为各国的金融监管体系不同，留学生一定要多加重视，切莫因为无心之举被目的地认定从事跨境洗钱等非法活动。

（一）携带外币现钞

欧美发达国家仍旧广泛使用现金，所以留学生身上一定要带些外币现钞。但为了打击跨境洗钱，各国都规定了入境可携带的现钞限额，超过限额的部分必须申报。虽然各国都是随机抽查，但各国均有外币携带管制条件，所以各位留学生不要存在侥幸心理，一定要遵守当地的现金携带规定，避免不必要的麻烦。

> **温馨提示**
>
> 国家政策规定，携带超过 5 000 美元或等值外币出境，海关将对《外币携带证》进行核验。如果携带 5 000 美元以上、1 万美元（含）以下的等值外币现钞出境，可以到中信银行网点申请开具《外币携带证》，海关凭加盖银行印章的证明文件验放。如果携带超过 1 万美元的等值外币现钞出境，需要到外汇管理局开具《外汇携带证》，海关凭加盖外汇管理局印章的证明文件验放。

（二）境外取现

部分留学生担心携带的现钞丢失，选择到达留学目的地机场后用银行卡在自动取款机上取现。银联、Visa 等卡组织发行的借记卡和信用卡均可在国外消费和取现。但取现手续费和限额不同。

借记卡境外取现因卡组织不同而收费标准及限额各异。以银联和 Visa 为例，银联卡每笔取现手续费为 15 元；Visa 卡每笔取现手续费按照取现金额的 1% 收取，最低 2 美元。个人持境内银行卡（含借记卡与信用卡）在境外取现，每人每日取款限额为等值 1 万元，每人每自然年取款限额为等值 10 万元。

2025 年 1 月 13 日起，信用卡境外取现手续费调整为：境外（含港澳台地区）按取现金额的 2% 收取，最低为 20 元或 2 美元或 20 港元或 2 欧元。

> **中信银行专属活动**
>
> 中信银行万事达外币借记卡、万事达人民币外币多币种借记卡免每月前三笔境

外 ATM 取现手续费，详情可前往中信银行手机银行 App "出国金融"专区了解。

第四节
留学后：善用金融服务让归来之路更顺利

一、假期归来阶段

当留学生走出国门、踏上海外求学的道路时，除了丰富多彩的学习生活，他们还会迎接新的挑战。面对这些挑战，丰富的金融产品和增值服务能够为留学生的海外生活解决问题、增添便利。

▌ 英才训练营

英才训练营是中信银行面向留学生及有职业体验需求的学生提供的周末、暑期及寒假短期沉浸式体验项目，能丰富学生的职业经历，充实学生的假期生活。英才训练营依托中信集团优势，提供丰富多彩的职业类体验，还包含业界大咖、专业导师授课交流。这可以拓展学生的金融知识，提升学生的综合社交能力，让学生在丰富实践经历的同时结识志同道合的伙伴，更有超高含金量的双语职业体验证书，从而有效提升学生背景，助力其开展境内外高校及求职申请，为学生的职业规划助力加油！

二、学成归来阶段
（一）创业者融资

越来越多的海归选择创业，而融资困难是目前海归创业者遇到的难题。"巧妇难为无米之炊"，纵使留学归国人员具备先进的知识和极高的素养，拥有国际视野及跨文化沟通能力等优势，若不能获得足够的资金支持，成功也绝非易事。

▌ 创业启动金没那么难获得

从留学家庭的周期性需求出发，中信银行创新贷款方式，缓解留学家庭融资压力。留学家庭以核心房产为抵押，可以向银行申请综合授信额度（见表 7-5），额度项下贷款金额可用于消费和经营，其中消费用途包括购车、装修、教育、医疗、旅游、日常消费等满足家庭生活消费的用途。

个人房产抵押综合授信额度的授信期限最长不超过 20 年。授信到期日不得晚于抵押房产对应的土地使用权到期日。除了常规的等额本息和等额本金还款方式，中信银行还推出多种创新还款方式，以有效降低客户还款压力，提高资金使用率。

表 7-5 以房产抵押方式申请授信额度

序号	房屋类型	最大额度
1	住房	房屋价值的 70%
2	商用房	房屋价值的 60%

（二）留学剩余外汇管理

在留学生学成归国后，留学家庭手中一般都会持有部分结余外汇。留学家庭根据自身需要，可选择结汇或继续持有。

1. 结汇——多方比较，把握时机

个人结汇业务是指以外汇购买人民币的业务。由于国内各家银行结汇汇率不同，留学家庭在不同银行结汇的成本各异。留学家庭在选择结汇银行时应多方比较，关注外汇市场，把握最佳结汇时机。

2. 持有外币——储蓄投资两相宜

如果留学生归国后，留学家庭仍有出境需求，或希望进行多币种投资以规避风险，那么留学家庭可以在一定时间内继续持有部分外币。

结汇和外币理财也有窍门

中信银行每周通过手机银行直播等途径分析外汇走势，帮助留学家庭更好地了解外汇市场，把握结汇时机。

中信银行代销多款外币理财产品，币种涵盖美元、欧元、英镑。详情可见中信银行手机银行 App "外币理财" 专区。

中信银行出国金融业务，助力留学之路

中信银行于 1998 年推出出国金融业务，为出国人员和来华外籍人士等提供一整套安全、快捷、便利的多样化金融服务。中信银行深耕出国金融服务 27 年，针对客户的不同需求，提供出国留学、旅游探亲、商务出国、外籍人士四大系列的

一站式服务，业务范围包括签证、外汇结算、外币理财、跨境汇款、留学汇、资信证明、出国特色卡等。同时，通过与优质资源跨界融合，中信银行围绕留学周期提供专属增值服务，满足学生背景提升、海外安全等需求，打造"线上＋线下""金融＋非金融"的出国金融服务生态圈。

服务详情可拨打中信银行专属客服热线95558-6咨询。